黄裳集

古籍研究卷Ⅲ

清代版刻一隅（汇编本）

山东人民出版社·济南
国家一级出版社 全国百佳图书出版单位

2002 年 5 月在嘉兴曝书亭

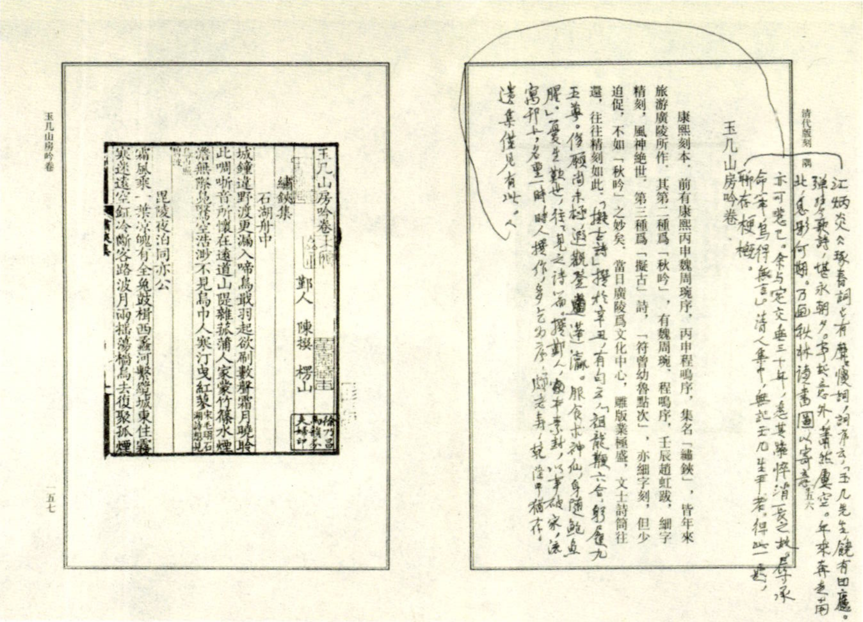

《清代版刻一隅（增订本）》手稿

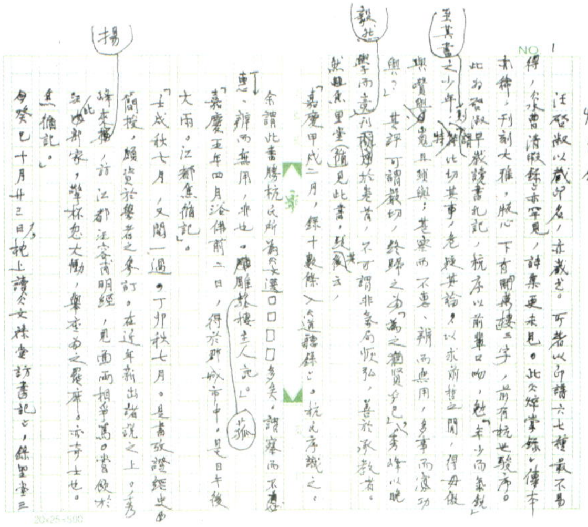

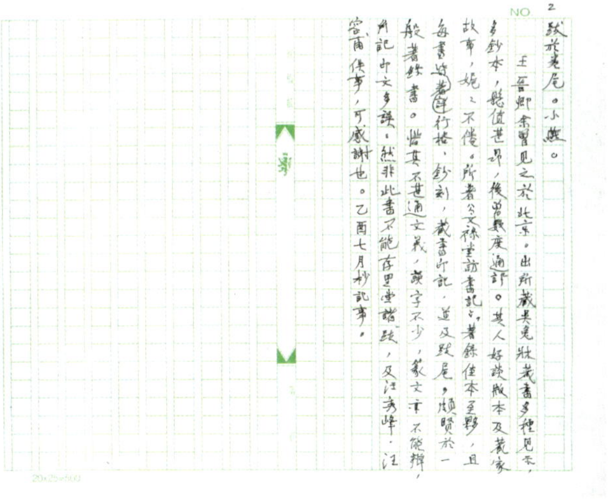

《清代版刻一隅（增订本）》手稿

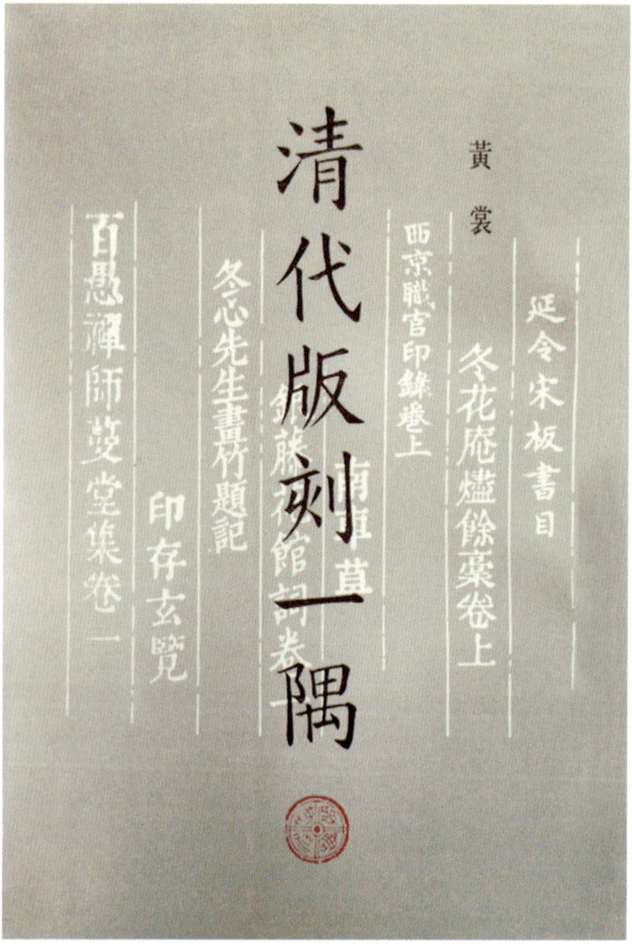

初版封面

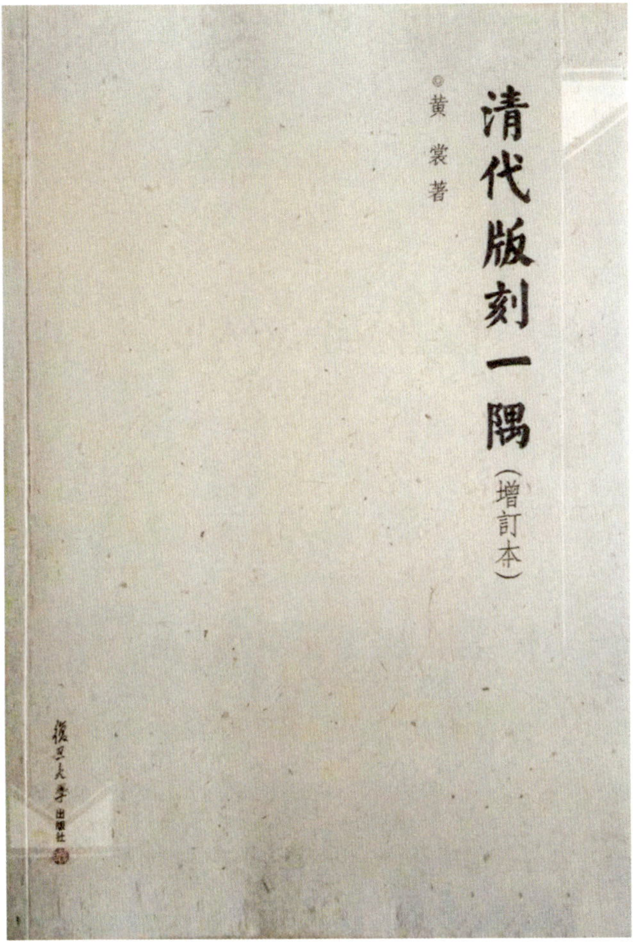

复旦版“增订本”封面

清代版刻一隅（汇编本）

《清代版刻一隅》，1992 年 1 月由齐鲁书社初版，1996 年 3 月重印。2005 年 11 月复旦大学出版社据作者增改修订，出版《清代版刻一隅（增订本）》。二者相较，《清代版刻一隅（增订本）》新增二十九篇，同时删去《清代版刻一隅》原有三十篇，篇目前后庶几相埒，但文字内容则多有修改增补。两书皆经作者手订，《清代版刻一隅（增订本）》除“增订本前言”之外，并附录《清代版刻风尚的变迁》一文于书后。

此次出版，意在使作者的相关文字内容尽可能得到全面完整的保存，故以《清代版刻一隅（增订本）》为底本，将《清代版刻一隅》中被作者删去的三十篇，附录于后，合璧为一，改题《清代版刻一隅（汇编本）》。

书中明显讹误或不合于现代语言规范者，误字加括号；随后出正字，加方括号，以尽量保持原貌，如（象）[像]；补字亦加方括号。至若“钞”与“抄”，“板”与“版”等，或因通假而互用，则皆仍其旧，不作校改。

增订本前言

《清代版刻一隅》一九九二年一月由齐鲁书社印行，初版仅千册。阅四年，于一九九六年三月重印八千册而止。

这其实并不是一本雕版史之类的著作。以“一隅”命名，意即在此。不过说明原意只是从赏鉴出发，草草巡览有清三百年雕版成绩一过，略存鸿迹而已。洪北江曾对藏书人加以品评，分为数等，而将赏鉴家与掠贩家（也就是书贾）列为最下。北江是学者，自然看不起“玩物丧志”、以书籍当古董、摩挲赏玩的人物。而《一隅》编写的出发点恰正在此，正被洪亮吉说着了。近来版本研究者对书籍属性有了较宽阔的看法，于学术性、文献性之外，也顾及了艺术性。不过洪先生已不及见，是一种遗憾。

以图录形式著录出版物的著作，已有多种。大抵以宋元刻为主。著录明刻的就很少，不过一种。顾及清刻的，在《一隅》出现以前，一种都没有。《中国版刻图录》总算留给清刻一点地位，但寥寥数通，不成系统。因此在《一隅》编写时别无援据可资参考，因而造成了种种缺点。大体说来，有如下数端。

此书取材，多出自藏。而个人收书，又有种种局限。如清代皇家内府刻本，晚清局刻本，仿明代凌、闵刻书而拙劣不堪的清代套印本……之类，都为我所不取，因而书中缺少反映。

清初以迄康、乾，实为清刻由罕传而臻极盛阶段，名作如林，所收亦最多。较之中叶、晚期，显然有头重脚轻之势。但实际情况如此，难以避免，只能于此次新版中少作调整。

所选以僻书为多。大家专集近来多有影印本，因避而不收。这也不免有畸轻畸重之憾。新版只能少作调整，读者谅之。

原书采用一图一文方式。说明往往失之过简，且多从雕刻精粗着眼，实在也是此书撰写初意所在。新版有所增改，少及书籍内容、书林掌故等，偶加评议，未必皆是，乞读者正之。

道、咸以还，版刻雕工，渐趋率易，然往往有奇书秘册，失收者多。限于学力，或遇而未收，或因版刻不精而不取，沧海遗珠，亦是一憾。

今承复旦大学出版社好意，重印此书。原书制版未精，往往失真，读者憾之。今将改作，或胜昔书。杂事丛集，勉为改定。少增新品，皆昔日匆遽成书所遗。或可一新耳目，希望读者喜欢它。

二〇〇五年国庆节

序

自从八世纪前后，雕版印刷术开始在我国发明应用以来，在长达一千二三百年的时间里，中国人民创造积累了无比丰富的雕版印刷品，为世界文明作出了辉煌的贡献。我国是造纸和印刷术发明最早的国家，历代出版物数量的巨大、品种的丰富、技巧的精美，都是无与伦比的。从很早以前，人们就开始注意到典籍的著录工作，经籍志、艺文志一类专著陆续出现，记录了历代书籍出版流通的情况。从明代起，公私藏书目录相继大量出现，最早只是简单地记录书籍名目，不详版本。这些目录书大部分按实物登记，因此能使我们约略知道不同时期书籍流转存佚的情况。但对版本目录家说来，还不能满足研究参考的需要。人们迫切希望了解原书的面貌，以便于考订、鉴别，不只以知道书名而满足。因此《行格表》《留真谱》这样的工具书相继出现了。在石印技术传入以后，各种书影也纷纷印行。这是顺应研究需要而出现的新事物，理所当然地受到读书界的欢迎。不过早期的书影，只以宋元刻本为收罗对象，明代刻本就少有著录，更不必说清代雕版了。这是藏书风气受时代局限的结果。自北京图书馆编印《中国版刻图录》起，才算打破了这种偏见，使明清两代的刻本书也能踏入书影的园囿，这自然是一种进步。

清代三百年的雕版事业在明代的基础上又有了长足的发展，远远超过了宋元。全国出版中心集中在南京、北京、苏州、杭州、福建、徽州等地。其他内地城镇、边徼省份也都散布着大小雕版业和工人。从中央政府的官刻本，一直到地方官署、书院、私家、书坊的出版物，显示了一派异彩纷呈、繁花似锦的兴旺景象。不同类别、等级的出版物形成了多层次、多渠道的出版发行网。对此，目录学家还没有进行过充分的积累资料、整理研究工作。过去人们多注意校勘学家校刻书，因为它质量好；也留心殿版一类的官刻书，因为它篇幅大、收罗广，印制豪华。眼光所及大抵以内容的精善为主，这是自然的趋势。不过同时也相对地忽略了作为雕版工艺美术品的特色，更不必说为广大人民群众所使用的通俗读物了。这也是一种时代的局限，应该逐步加以突破的。

《中国版刻图录》注意到了不同时代、不同地区的雕版特点，在版本目录研究上是有突破的。不过这是一部通史性质的开创性著作，不能要求它对每个局部都照顾得周全，譬如清代刻本书所收份量就过少。今天实在应该有一部较详的、能与一代雕版成就相适应的图录献给读者。但这工作是非常艰巨的，只有通过集体的努力才可望较为完善。作为一种尝试，一种摸索，这部《清代版刻一隅》只希望从雕版工艺美术的角度，开个小窗口，使读者能多少窥见这座宏伟殿堂的一个小小的角落。

清代初期的刻书，自然还保存着晚明的遗绪。但没有多久，就逐渐形成了自己的面目、风格。中间经过社会的变革，战乱的起伏，经济的兴盛与衰退，反映在雕版物上，痕迹也是异常清晰的。以时代为经，不只能显示一种完整、延续的概貌，较易看出发展变化的轨迹，实在也是鉴别不同时期产物的有效方法。鉴定版本并没有什么神秘，关键只在尽可能多观察实物的各个方面，进行对比研究，自然能掌握一种审定的可靠尺度。这是很难用文字加以表达的。这里所有的只是“一隅”，有很大局限性的“一隅”，它能起的作用也只是打开帷幕的一角，使人们有兴趣进而尽窥此外的“三隅”而已。

清代刻书家很少对雕版工艺过程发表意见，但这实在是许多人注意的焦点。例如康熙四十二年顷楼凤阁刻的《晚唐诗钞》，编者查克弘就在“凡例”中有这样的专条声述：

“是编意欲仿宋人刊本。字画疏密中少具错落之致。今杭郡刻工，得传者甚少。倘强而行之，未免有寿陵余子之诮。然较之坊刻，颇有可观。若近日吴趋新样，亦得其大略耳。”

这是难得的刻书家对杭郡、苏州两个出版中心雕版技术的评论，也表明了他们尽力把书刻好的愿望。《晚唐诗钞》是写刻本，确是精美的，可以代表一代精刻的面貌的。值得注意的是，一般所谓宋体字刻本，其精粗美恶也大相悬殊，其中佳品，写样的严整疏秀，雕工的工致不苟，所呈现的自然大雅风格，并不下于写刻本。应该破除只将写刻本归入精刻的习惯看法。

这本小书的局限性和缺点是很多的。首先材料的掌握就极不充分，只能就手头所有的素材进行选择。因为同样的原因，在体现不同地区的雕版成就时就更不完整；材料来源，十九出于东南雕版中心地区。版画、活字部分尤感贫弱，殿版官刻几乎没有触及，时代比重上也仍有前后轻重不谐的现象。这许多，只能等待今后更完整、成熟的著作的出现加以补救。

书中所用底本，十年动乱中曾遭抄没，匆促为遍加钤记，有如林教头脸上的金印，拂拭不去。大约也可以看作一种典籍聚散的时代印记。

一九八五年二月二十日

目　录

康熙

雍正

乾隆

嘉庆

道光

咸丰

同治

光绪

雍正

乾隆

嘉庆

道光

咸丰

同治

光绪

宣统

顺　治

詠懷古蹟

雲壑 余懷 著

金陵六朝建都之地山水風流甲於天下喪亂以来多為茂草予以暇日尋攬古蹟形諸歌詠以備採風然舉目河山傷心第宅華清如夢江南可哀其為悱惻可勝道哉

玄武湖

詠懷古蹟　浣花草堂

咏怀古迹

清初刻本。余怀手写上板，与手稿《玉琴斋词》《东山谈苑》风格如一。刻工亦精，可传原迹风貌。卷末有“浣花草堂藏书”大字牌记。

此本疑亦汲古阁刻。子晋常代友人刻书，所交多遗民野老，当天地翻覆之际，感事抒情，多存史迹。子晋死，文网亦渐密，诸子遂无能继其遗志者。此册为小绿天孙氏遗书，凡淡心著作三种，又《味外轩集》（戊申看花诗）及子鸿客《金陵览古》合订一册。

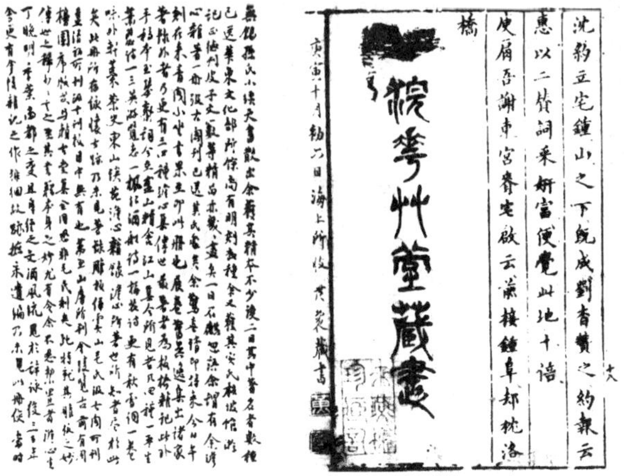

七歌

江表　余懷

效杜甫七歌在長洲縣作

有客有客字船子平生赤腳蹈海水身經戰鬬少睡眠功名富貴徒為爾自比稷契何其愚非薄湯武良有以嗚呼一歌兮歌激昂日月慘淡無晶光

其二

我生之初遇神祖四海蒼生守環堵旌旗杳杳三十年金銅仙人淚如雨皇天剝蝕國運徂況我無家更

七 歌

清初写刻本。卷尾有小字一行，云“琴川毛氏汲古阁镂”。毛子晋常代友人刻书，往往不著“汲古阁”名号，惟此为特例。澹心尚有《甲申集》八种，亦毛氏刻，开板风气与汲古阁他种并同。此本板心有“江山集”三字，是为总题。蒋生沐《东湖丛记》著录四种，《甲申集》中之《五湖游稿》板心亦题“江山集”，当日随写随刻，版式各异，终不知共有几种。

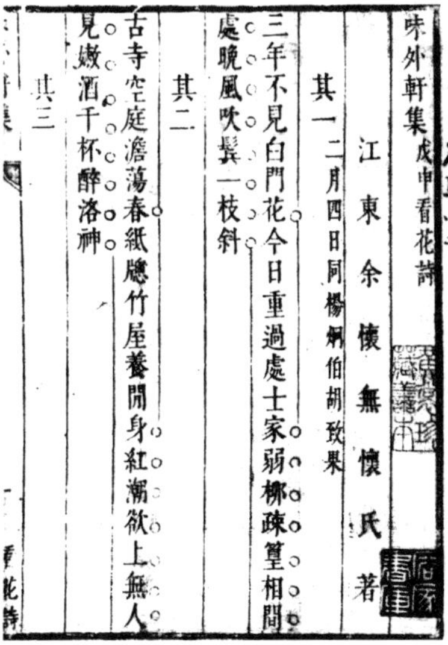
味外軒集 戊申看花詩
江東余懷無懷氏著
其一 二月四日同楊綱伯胡致果
三年不見白門花今日重過處士家弱柳疎篁相間處曉風吹鬢一枝斜
其二
古寺空庭澹蕩春紙窻竹屋養閒身紅潮欲上無人見嫩酒千杯醉洛神
其三

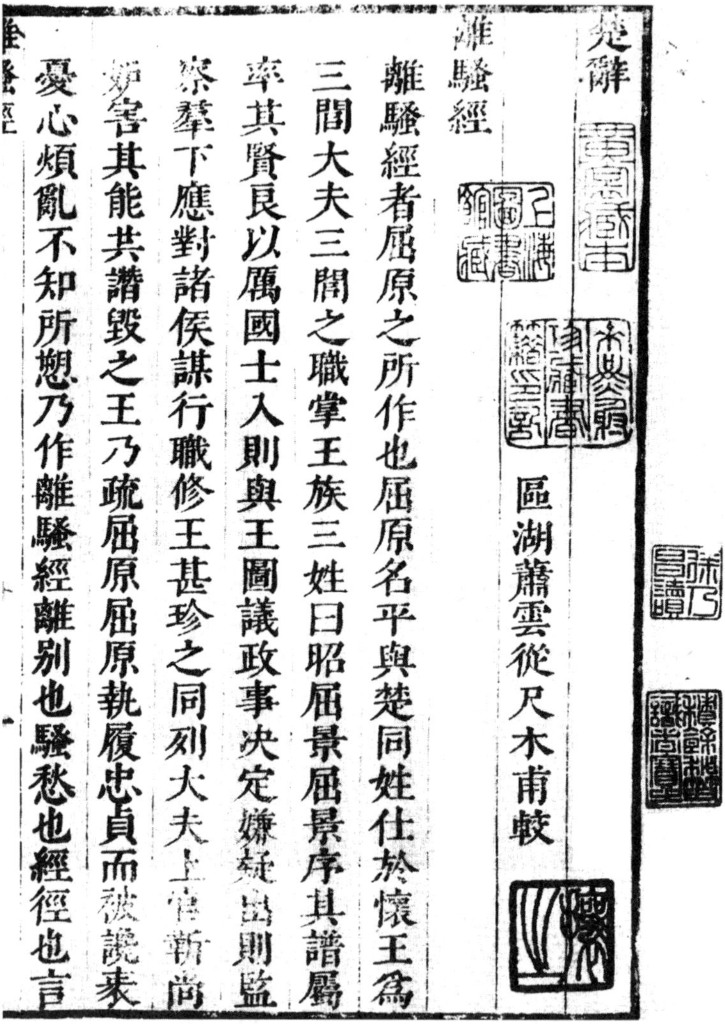

楚辭

離騷經

區湖蕭雲從尺木甫較

離騷經者屈原之所作也屈原名平與楚同姓仕於懷王爲三閭大夫三閭之職掌王族三姓曰昭屈景屈景序其譜屬率其賢良以厲國士入則與王圖議政事决定嫌疑出則監察羣下應對諸侯謀行職修王甚珍之同列大夫上官靳尚妒害其能共譖毀之王乃疏屈原屈原執履忠貞而被讒衺憂心煩亂不知所愬乃作離騷經離別也騷愁也經徑也言

離騷經

萧尺木绘画《楚辞》

《离骚》十卷，区湖萧云从尺木甫较并图画。有云从“乙酉中秋七日题于万石山之应远堂”序。书前扉叶题“萧尺木先生手授图画、汤复上绣梓”。是此书刊于乙酉，为顺治二年，即视为弘光刻亦无不可。有“三闾大夫、卜居、渔父”图，又目录，计有“九歌”图九，“天问”图五十四，“远游”五图则因兵燹，失而不存。云从芜湖人，崇祯丙子、壬午两科副榜。入清不仕，为遗民。工画，有宋人遗法。其为《离骚图》，写遗民心事，于所撰小序中往往见意。此书外，尚绘有《太平山水图画》，亦曾墨板。卒于康熙七年，年七十八。

此本罕传。曾别见一本，封面题汤用先绣梓。

又有河滨李楷序，有“或曰应东海宋荔裳之请”而作之语，皆传闻影响之辞，疑得原版重印时所增。此本为积学斋旧藏，钤有“积余秘笈识者宝之”印。徐氏书之有此印者，皆版本不易辨识、易滋疑误之书。劫中此书被掠，呼版本鉴定名家鉴阅，定为乾隆刻本，即因板刻风格相近致误。独不见印用绵纸，乾隆时久已绝迹乎？

兼山集卷之一

清江楊廷麟著

感遇詩

吾聞神農世網罟日相尋涔洞不足懟厥慰龍蛇心雲雨虢木石支祈因古今殺機發者誰徒然天地瘠區區秦君臣荒唐海物淫大魚幸不至中原已陸沈不有忠信人蜿蜒起高林為我語枯魚結網亦何深

寒風未至時古木無顏色雖無根柢容肅肅南山側鶢鶋不敢覦飽稼長大息達人貴心知愚者慕肉食各云中所適嗷嗷亦力力鶖粱望海魚蛸網離山蜮應短目何長終

兼山集

清初刻本。卷前熊文举大字序云："我昭代定鼎已十余年，其次公璹始长，乃以先生所刻《兼山诗集》问序于余……"是此刻前九卷尚是廷麟生前自刻于明清易代之际。卷十改题"兼山遗集"，下缀"乙酉丙戌"字样，当是顺治末补刻矣。梅村诗有《读杨参军钜鹿诗》七古一题，悲歌慷慨，直写抗清战事，自删不入本集，今只见于《吴越诗选》卷六。《梅村诗话》云"机部此诗，通首俱妙，而惜佚落不全"，即指钜鹿诗而言，其言诙诡，然犹存此集中，可为大幸。明清之际史事，每赖故老遗臣，留信史于词章，吴、杨两集是矣。

選刻釣臺集卷一

漢書列傳　　范曄

嚴光字子陵、一名遵、會稽餘姚人也、少有高名、與光武同遊學、及光武即位、光乃變名姓、隱身不見、帝思其賢、廼令以物色訪之、後齊國上言、有一男子、披羊裘釣澤中、帝疑其光、廼備安車玄纁、遣使聘之、三反而後至、舍於北軍、給床褥、大官朝夕進膳、司徒侯霸與光素舊、遣使奉書、使人因謂光曰、公聞先生至、區區欲即詣造、迫于典司、是以不獲、願因日暮自屈語

选刻钓台集

顺治七年刻本。前有钱谦益大字序，未入集。又有李际期、刘宪章序。又钱广居自叙。写刻精整，尚有晚明风韵。牧斋降清后，退隐林下，不忘故明，欲为兴复之业。顺治七年，曾为浙中之游，访总兵马进宝，欲有所进说，终废然而返。庚寅夏五，舟过子陵台下，撰为此序。其言曰："尘容俗状，靦然挂名斯集，贻逸民遗民之羞，亦所不暇计也。"心事错杂，于斯可见。序文未收入《有学集》，赖此仅存。

梅道人遺墨

詩

五言古

題畫

我愛晩風清順適隨所賞曩古竹林仙忽〻竟長徃荒除雜廢墟幾度蓬蒿長可人日相親言笑容抵掌靳餘一席寬何用居求廣荷鋤藝术

梅道人遗墨

此《梅道人遗墨》一卷，清初刻本。传世有钞本，俱从此出，原刻绝罕传。书为嘉善钱棻辑刻，有序。棻钱士晋子，钱士升侄。吴镇墓在嘉善，万历中士升兄弟修复之，至今犹存。

嘉善钱氏皆喜刻书，世代有名。集前有目录、本传。后附录一卷，存陈继儒《梅花庵记》、钱士升《修梅花庵缘起》、谢应祥《修梅道人墓记》、孙茂之《梅花墓考》，《四库》所收即此本。曾藏知非楼祝氏，手补《墨缘汇观》中所录吴镇遗诗及画记若干首。

陈古铭《定泉诗话》云，梅花道人云与可画竹不见竹，东坡作诗忘此诗，得力此二句。道人之画，宜其入化矣。道人题墨梅云“相适京洛还依旧，却恨缁尘染素衣”，盖讽同时仕虏者，极有余味。此二事都不见此集，知所佚多矣。客星山人生于明清易代之际，颇有家国之感。所引道人诗亦有憾于胡元者，可为知人论世一助，因漫录之。

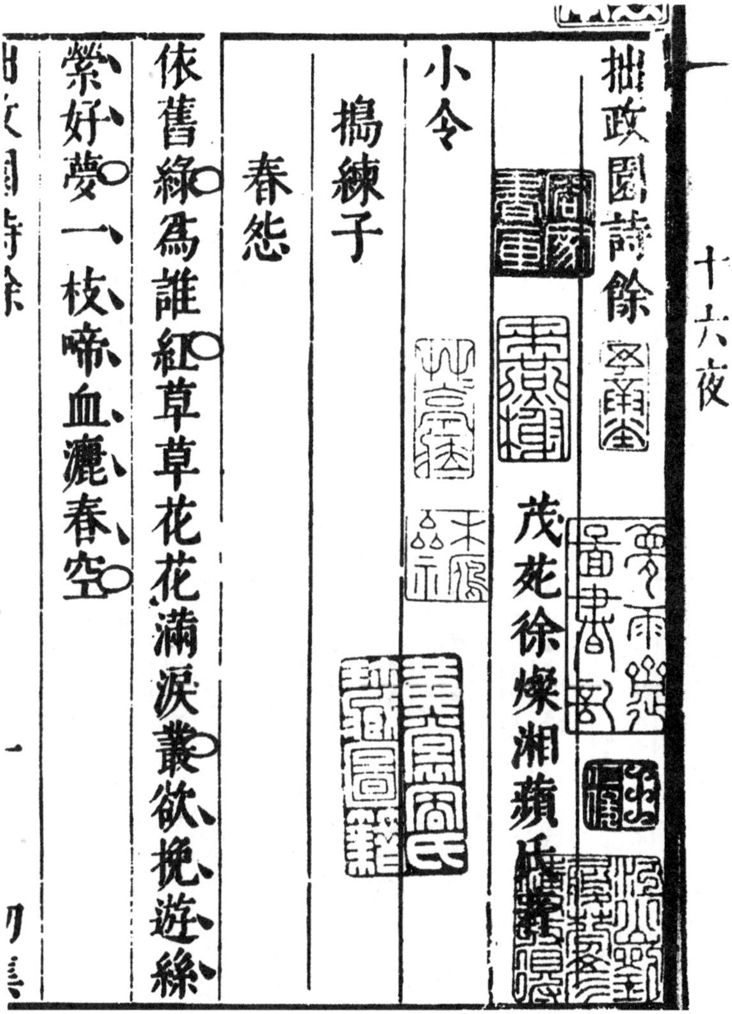

拙政園詩餘

茂苑徐燦湘蘋氏著

小令

搗練子

春愁

依舊綠，爲誰紅。草草花花滿淚叢。欲挽遊絲

縈好夢。一枝啼血灑春空。

拙政园诗余

顺治十年刻本。前有顺治庚寅长至素庵居士序，陈之遴作。卷尾有“癸巳孟冬男坚永、容永、奋永、堪永敬跋”。开板仍晚明风气。此书吴兔床曾重刊入《海昌丽则》中，此则原刻，旧藏江山刘履芬家。

此本刊成于顺治十年，时之遴方贵盛，后三年遂遣戍辽左。此书板片当亦化作柴薪。转眼烟云，都成故迹，可为叹

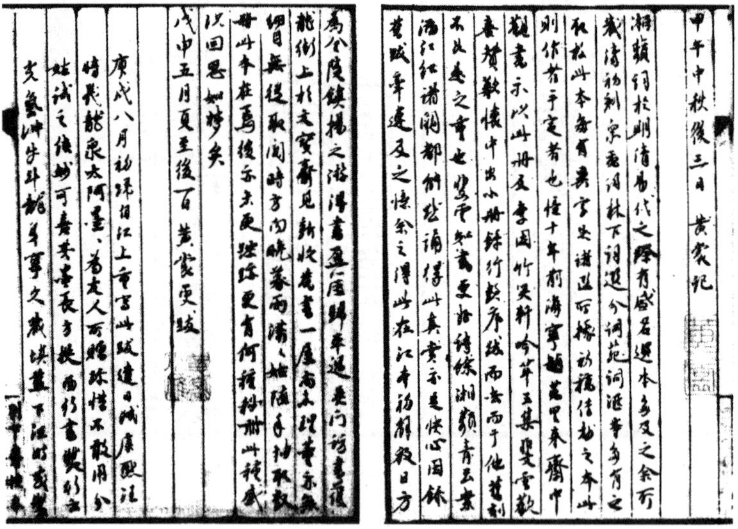

息。素庵一序，文情俱胜，贰臣心曲，亦有不能掩者。余数过此园，皆偕小燕同游，文衡山手植藤及梅村所咏山茶，迄今犹在，独无湘蘋一迹。今之道拙政园故事者，亦无一知有徐夫人者，是可叹也。

湘蘋词于明清易代之际有盛名，选本多及之。余藏清初刻《众香词》《今词苑》《林下词选》《词汇》等，多选其词。取校此本，每有异字。是诸选所据为初稿传钞之本，此则作者手定者也。

徵音詩集

自甲申以後丙戌以前流離間關痛遭賊虐偶記于衿袂間迨歸命

大清山高海曠痛定而思涓滴未答聊存歲月焉

河北　張縉彥坦公著

侄欲含蘿月錄

慶都道中語友　賊騎押變產納餉

吭斷餘魂路又岐。敢將故劒付江籬。宿業纏綿全未了。孤啼惟有杜鵑知。

徵音诗集

顺治刻本。共三集：《徵音诗集》一卷，《归怀诗集》一卷，《燕笺诗集》五卷。诸集前有熊文举、韩诗、黄国琦、刘正宗、胡世安、丁耀亢（顺治甲午）、王士禛序，皆手书上板。《燕笺》集后有“西湖隐民孙从龙监梓”一行，当是缙彦官浙中时刻于杭州者。写手颇用颜体，镌刻亦精。

缙彦崇祯十六年官兵部尚书，十七年李自成攻北京，缙

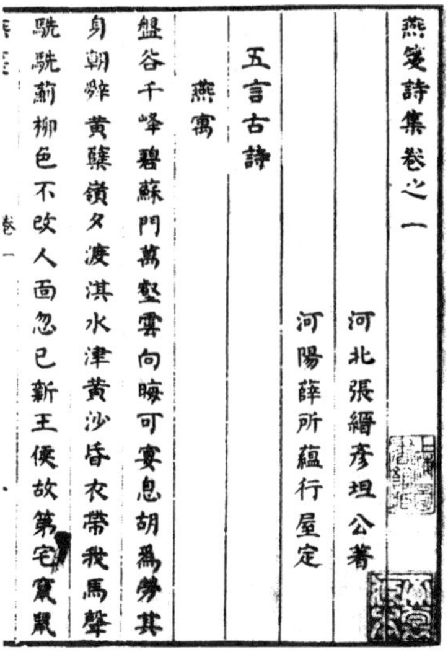
燕箋詩集卷之一
河北張縉彥坦公著
河陽薛所蘊行屋定
五言古詩
燕寓
盤谷千峰碧蘇門萬壑雲向晦可宴息胡爲勞其
身朝發黃蘖嶺夕渡淇水津黃沙昏衣帶我馬聲
駪駪薊柳色不改人面忽已新王侯故第宅竄鼠

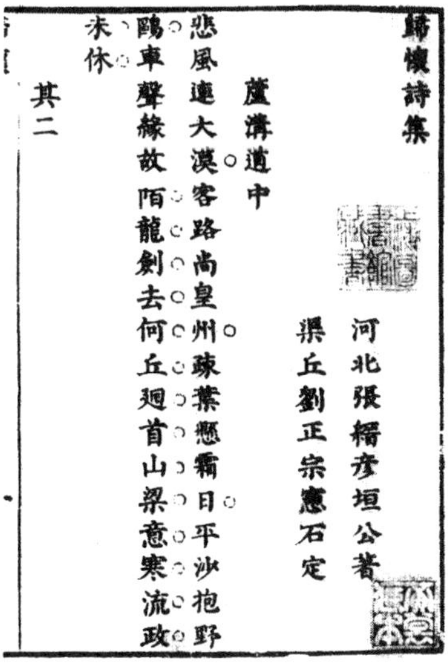
歸懷詩集
河北張縉彥坦公著
渠丘劉正宗憲石定
蘆溝道中
悲風連大漠客路尚皇州疎葉懸霜日平沙抱野
鷗車聲緣故陌龍劍去何丘迴首山梁意寒流政
未休
其二

彦开城门降。后遁归故里，福王授原官，顺治三年降清。曾官浙江左布政使，买钱牧斋宋板《汉书》，此诸集即刻于此时。党刘正宗，刻《无声戏》二集，自称“不死英雄”。拟斩，终流放宁古塔。与流人吴兆骞等结“七子之会”，相与倡和，终于康熙十一年顷。此三集皆明亡至降清之际所撰，颇存史事。遗著尚有《菉居诗文集》等，亦顺治刻。于戍所更撰《宁古塔山水记》《域外集》，有康熙松石斋刊本，为仅存孤笈，一九八四年黑龙江人民出版社有重刊本。

吴越詩選卷五

慈谿魏　畊雪竇

山陰朱士稚朗詣仝選

歸安錢纘曾允武

五言古詩四

顧有孝

寄友

恒饑非士耻道喪乃爲貧所以魯原憲力學忘其勤商軌雖云邈寤寐見斯人區區恭大夫辛苦著

吴越诗选

顺治冠山堂刻。选者三人皆山阴祁氏所结客，俱死于辛丑、壬寅之狱。冠山堂疑亦祁氏寓山一境。卷中允武跋梅村《听卞玉京弹琴歌》云“甲申后十年矣”，祁班孙诗题亦有“丧乱以来不觉十载”语，知集之编刻，必在顺治十年前后。祁理孙《奕庆藏书楼目》著录。

清初选诗之风甚盛，如余澹心选诗，见牧翁记；姜埰有《十五国风删》；龚半千选诗，犹有传本；程如婴有《明诗归》，多不胜记。皆遗民借此通声气，联络山海，图复故国。而易代诗人之作赖此存活者多矣。此书为山阴祁氏所刊，编者三人，皆以事见法，禁毁之余，诸书多灰飞烟灭，此本尚是祁氏寓山藏本、历劫仅存者。

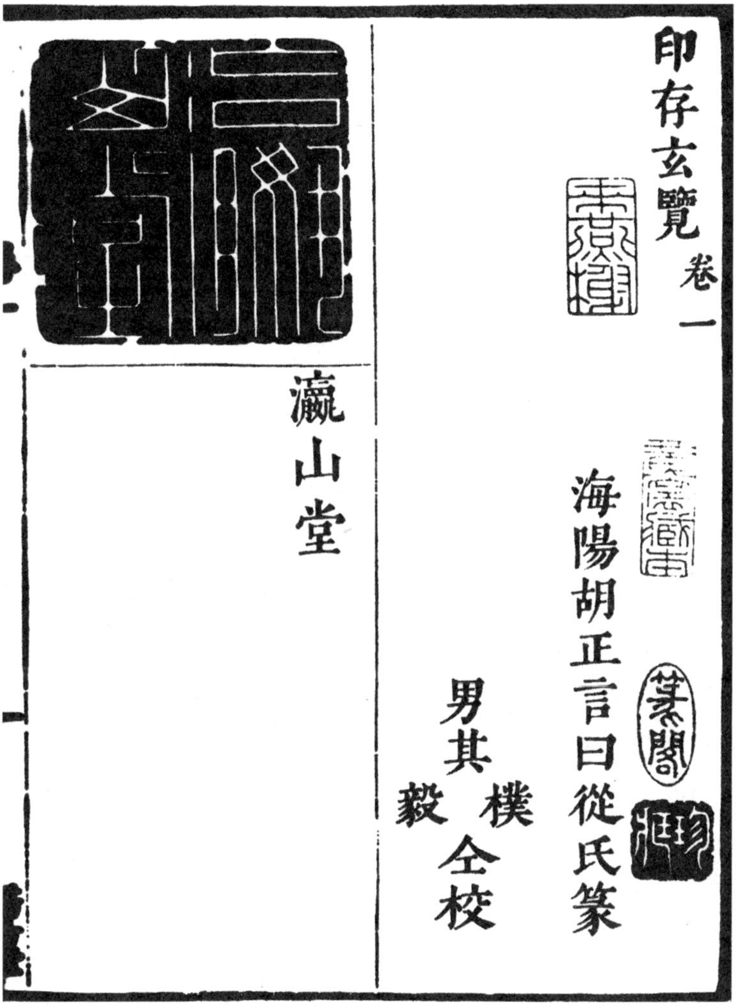

印存玄覽　卷一

海陽胡正言曰從氏篆

男其樸
　毅仝校

瀛山堂

印存玄览

顺治刻本。前有王相业、陈师泰（顺治十七年）、纪映锺三序，皆手书上板，雕椠精绝。此为十竹斋主人胡正言篆谱，板心题“蒂古堂”。胡氏印草，并世所存凡四种，而三为朱钤本。曰《十竹斋印存》，郑西谛曾得一本于陶湘，末附胡氏篆草；曰《印史初集》，有陈丹衷、杜濬序；曰《印存初集》，凡四卷，有释文，卷首陈丹衷、王相业、杜濬、韩诗、周亮工、钱应金序，后吴奇、彭源跋。周序题丁亥，顺治四年也。二书版心皆有“十竹斋”三字，三谱皆朱钤本。大抵一印初成，即钤若干纸储之，集有成数，乃分卷合订，冠以序言，遂成一书。其间或有错落，往往同是一谱，传本面貌亦不尽同。旧序新登，亦往往改易一二字。唯此《玄览》一书，刊成最后，约当顺治庚子之顷，且易钤朱为刊木，盖其时旧印多不复存，不再能集成一书矣。题名《玄览》，乃更别有微意。曰从治印，垂五十年。启、祯以来，大人先生，清流文士，往往皆存姓氏于其间。甲申以还，世变大亟，江湖魏阙，泾渭判然。其在旧人，不能无憾。遂别成此《玄览》一书，所以志缟剑而存龟镜，麟图鼎铸，非玩物丧志于天翻地覆之日也。此册前有栎园一印，赖古堂中视为长物，亮工旧序，则已削去。此中消息，亦可知已。曰从治印，纯是晚明风气，与张夷令学山堂谱所载风调正同。刀法失之于太工，笔端每沦于板滞，然镌本之精，则并世无两。十竹斋中雕版绝业，足与笺、画二谱鼎足而三，是可重之又一事也。

倚聲初集卷一

武進鄒祗謨程邨
新城王士禛阮亭 仝選
常州董以寧文友參閱

小令一

竹枝 平仄二體 一名巴渝辭

巴江辭　俞彥

白鹽山下竹枝白板扉女兒錦江城畔竹枝錦雞飛女兒
巴童愛唱竹枝巴渝曲女兒巫神夜歸竹枝巫廟宿女兒
不行朝雲竹枝行暮雨女兒子規西來竹枝泣相語女兒

倚声初集

清初词总集，此书先出而篇什最巨，明清易代词人搜罗几尽。武进邹程邨、新亭王阮亭所选辑也。顺治大冶堂刊本，前有顺治庚子邹序及王序，次词人爵里二卷，其曾仕于朱明者，以前字别之。钱谦益、阮大铖皆列名其中，二人皆未闻有词；无柳是、徐灿，不收女词人也。无朱彝尊，则时代少晚未及。次词话韵辨四卷，次目录。集凡二十卷，小字精刻，犹存明刻气度。渔洋时官扬州，肆意为词，后专意作诗，弃此不为矣。此书为林子有故物，身后书散，先入市者为总集钜帙，如《瑶华》《荆溪》《词洁》《记红》《留松阁》诸种，皆得之来青阁，乙未秋日事也。

所辑词论，诸家颇备；所选词阕后，亦往往著评语，辑之亦词论也。

符山堂詩

黃裳珍藏善本

淮陰張致中性符著

四言

維南有箕八章爲呂家園海棠易李子紅梅也

維南有箕離之斯風維子與女靡言不同予之同矣維女之從矣

符山堂诗

清初刻本。张致中子劭（力臣）手书上板。力臣曾为顾炎武写刻《音学五书》，为书林名物。此书已近宋体字刻，然清秀俊雅，仍是写刻余绪。卷尾有“男瑴、弨、弧较梓”一行。传本甚稀，阮葵生亦未尝见。《茶余客话》记力臣符山堂在清江浦。集不分卷，分体各作起讫。性符为复社眉目，卒于崇祯末。所与唱酬有万年少、陈老莲、刘同人、于奕正、谭友夏辈。与谭、刘、于诸君小集符山堂诗，有句云“示我帝京略，人海生辉光。捧读未及思，叫绝惊红妆”，盖谓《帝京景物略》也。

靖康盜鑒録

起自靖康二年即建炎元年至紹興五年止共九
年群盜姓名事跡開左

王善　河東巨寇擁衆七十萬車萬乘汴京失守
善欲進據之宗澤諭降澤殁復去剽掠圍陳州
攻淮寧府轉寇宿州

張用　相州人自號張莽蕩初受降後復叛去與
王善寇淮寧駐京西連亘數州自京西至光壽
據千里之地兵馬接迹不斷擄掠糧食所至一

靖康盜鑒録　一

靖康盗鉴录

此海盐胡震亨作，前有辛酉夏自序，当是天启元年。书与震亨《读书杂录》合订，开板或在清初。写刻奇古。序有云："所恨者七尺身躯，一腔智慧，不拼与建州钜敌博旦夕命，而或以污颠狂草寇手。何名何节，非罪非辜，共处堂巢幕之人俱尽，为可深痛尔。"其意可知。其不入禁网者，幸也。旧为吴兔床、查药师藏书。有"吴兔床书籍印"（朱长）、"石友过眼"（白朱文方印）、"岐昌之印"（白方）、"药师氏"（朱方）四印。

嶠雅

明福洞鄺露湛若撰

七言古

五日何次德邀泛桃葉渡

昆刀切玉不為利傅粉兒郎天廟器憐
余落魄金陵城孔融一去時輩輕君家
紫騮驕躞蹀踏碎桃花上桃葉五絲續
命還續愁昔人去國多離憂離憂若此

海雪堂 一

峤　雅

清初刻本。扉叶题“扶南海雪堂藏书”。前有雾灵山人阮自华隶书大字序，凡十五叶，次小像，自赞，石巢诗话一则。分体自为起讫，惟文部尾有“卷之二终”字样，是以诗文分二卷也。卷首有“族来孙邝瑞重镌”一行，似尚有原刻，唯未见。版式精雅，大字楷书，雕椠精绝。

畫像自贊

此书颇有疑为道光重刻者。友人以原刻影本一叶见示，卷首大题下无“字字离骚屈宋心”腰圆印及“族来孙邝瑞重镌”墨印。卷首《石巢诗话》文后有跋两行，亦此本所无。其文曰：“此吾师雅言也。郢人之质未亏，钟期之耳不作。天憗遗矣，世丧道矣。向秀所以援翰于山阳，羊昙所以殒涕于西州也。邝露。”似撰于大铖身后。细审二本，确非一刻。然翻雕极肖，非细阅不知。此两行为露自撰，所以示感激赏誉之意。阮髯晚节狼藉，子孙不欲留此话柄，因去之而不刻，然诗话仍在，石巢固大铖别署，何可掩也。又尝见一巾箱本，即据此本影印，亦精甚。

懷古堂詩選

長洲楊補無補著

丁卯初夏同姚園客李五卿王天樂闕褐公張同父胡公占吳國華于司直陳祗若汪無際茅止生温與恕惲道生張爾唯項不損謝長秋社集都門之金魚池

城隅林水生閑曠。帝里還將野廗移。嘉會有同修禊事。清流自不乏明時。閑魚食影如遊樹。高柳眠陰半在池。此日滄洲意無限。他年雲海更何期。

懷古堂詩選　卷上　一

怀古堂诗选 游黄山记

顺治刻本。前有钱谦益、金俊明序，又徐枋撰寿序，子炤撰行状，钱谦益撰墓志，吴门法柄撰传，金俊明撰诔。金俊明序略云：“方炤之谋刻也，过隐湖谒子晋。子晋拟独任，炤辞曰，毋重烦先生，吾乡数君子已刻其半。子晋遂任首卷，刻日而竣。”金序作于己亥（顺治十六年），知此书于是年前后陆续刊成，卷一则汲古阁代刻也。《游黄山记》一卷，刻甚疏朗，或在此前。旧为虞山王乃昭藏书。

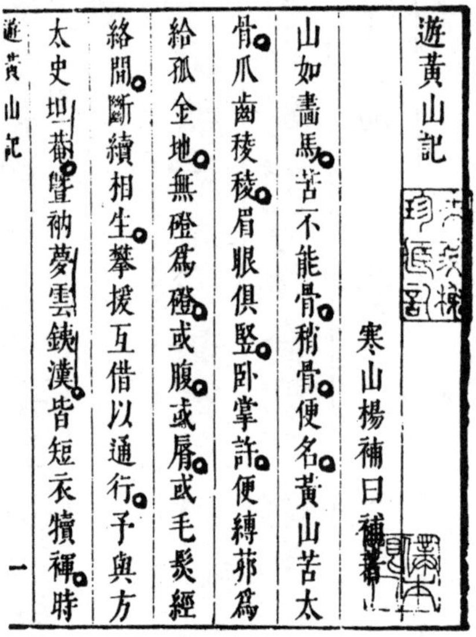
遊黃山記
寒山楊補日補著
山如畫馬。苦不能骨。稍骨。便名。黃山苦太骨。爪齒稜稜。眉眼俱竪。卧掌許。便縛茀爲給孤金地。無磴爲磴。或腹。或脣。或毛髮經絡間。斷續相生。攀援互借以通行。予與方太史坦菴。暨衲夢雲鋏漢。皆短衣犢褌。時
遊黃山記 一

康　熙

秦淮雜詩 小序

新城　王士禛阮亭著

青溪佳麗白下冶遊空存小姑之祠無復聖郎之曲渡名桃葉懷王令之風流湖近莫愁憶盧家之舊事高卧邀笛之步偶成擊鉢之吟調類清商語多雜興以所居在秦淮之側故所詠皆秦淮之事而以秦淮名篇此外有作則隸之白門前後集云爾辛丑暮春自記於古邀笛步之水閣

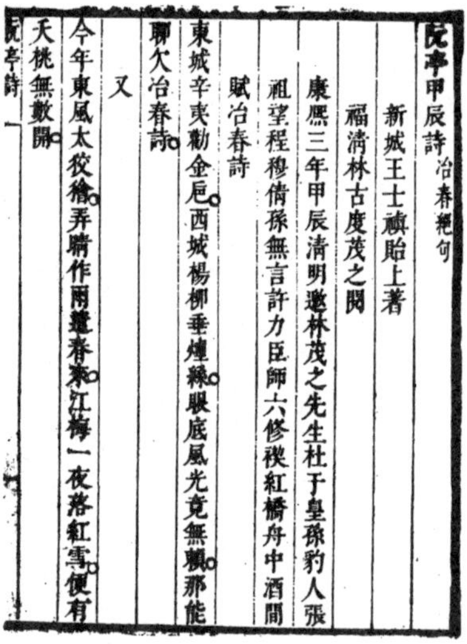

阮亭甲辰詩 冶春絕句

新城王士禛貽上著

福清林古度茂之閱

康熙三年甲辰清明邀林茂之先生杜于皇孫豹人張祖望程穆倩孫無言許力臣師六修禊紅橋舟中酒間賦冶春詩

東城辛夷勸金巵。西城楊柳垂煙綠。眼底風光竟無賴。那能聊欠冶春詩。

又

今年東風太狡獪。弄晴作雨遣春來。江梅一夜落紅雪。便有夭桃無數開。

阮亭詩　一

秦淮杂诗　阮亭甲辰诗　入吴集
阮亭诗余略

康熙刻本。王阮亭单刻小集，所见凡十数种。皆当日随时付刻，版式不一，然俱精整可爱。《阮亭诗余略》丙申一卷，顺治十三年阮亭始为词时作。前有唐允甲、丘石常、丁弘诲、邹祗谟、沈履夏、徐夜序及自记。写刻甚精。《秦淮杂诗》序题“辛丑暮春”，是顺治十八年。《甲辰诗》又题“冶春绝句”，康熙三年作。《入吴集》前有林古度、顾宸序，又自序。自《带经堂集》出而此种单行小册俱废。然持校原集，往往有异处，序跋题词，亦多删落。

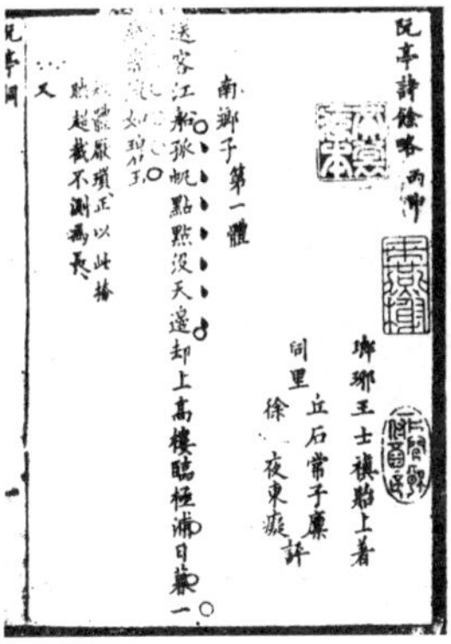
阮亭詩餘略　丙申
瑯琊王士禛貽上著
同里　立石常子粟
徐　夜東痴　評
南鄉子第一體
送客江船。孤帆點點沒天邊。却上高樓臨極浦日暮一。
又

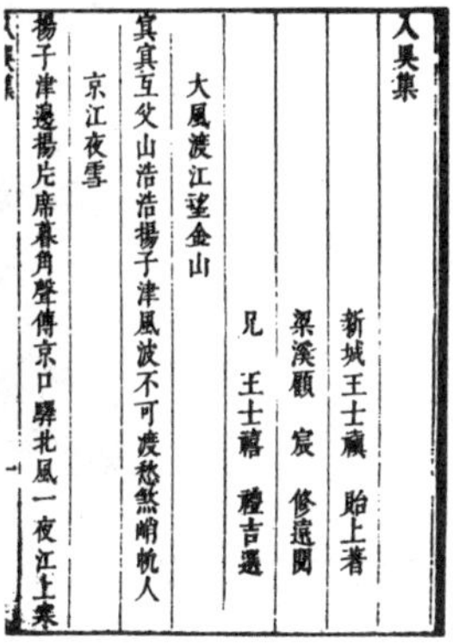
入吳集
新城王士禛　貽上著
梁溪顧　宸　修遠閱
兄　王士禧　禮吉選
大風渡江望金山
寘寘互父山浩浩揚子津風波不可渡愁煞峭帆人
京江夜雪
揚子津邊揚片席暮角聲傳京口驛北風一夜江上來

載書圖詩

载书图诗

康熙四十年春，渔洋乞假葬亲，辑《载书图诗》一册。前列总目，为图一叶，奏疏、序二首。诗一卷，赠行诗一卷，赐沐纪程一卷，末附朱彝尊《池北书库记》。诗作如林，皆出门人及同官，荣宠极矣。禹之鼎为作《载书图》，兼具传统山水画及写实风格。镌刻精妙，为清初版画佳品。都门一角，垂柳成行。行车数乘，载药裹尊彝，而书籍独多，至十余乘。图仅车四，见意而已。祖道者揖让殷勤，侧有行马。笔墨简净，实为佳制。

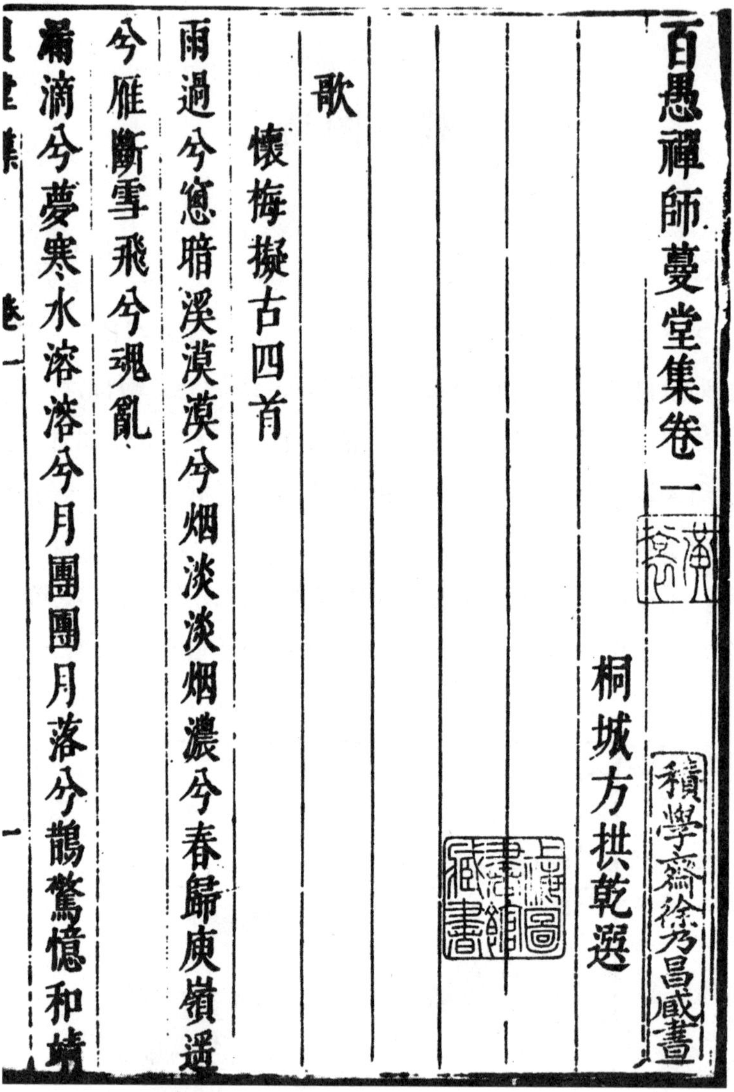

百愚禪師蔓堂集卷一

桐城方拱乾選

歌

懷悔擬古四首

雨過兮窗暗溪漠漠兮烟淡淡烟濃兮春歸庚嶺遥

兮雁斷雪飛兮魂亂

漏滴兮夢寒水溶溶兮月團團月落兮鵲驚憶和靖

百愚集　卷一　一

百愚禅师蔓堂集

康熙甲辰（三年）方拱乾手书序刻本。此为百愚净斯诗。师南阳桐柏谷氏子，卒于康熙四年，年五十六。方拱乾为撰塔铭。此为卒前一年所刻，大字疏朗，板式与当时梵夹颇肖，当是倩刻经人代刊者。清初禅门诗文语录，类如是也。卷前有“黄梅寺记”四字楷书朱印，知流传亦出佛寺。卷尾有“居士蔚小庄法名智钦同妻法名智恭捐刻”两行。卷二以下大题次行属“嗣法门人智朴编，桐城方拱乾甦庵阅”。师寂后，弟子寒松智操继主善权，为玉林琇凌逼以去，徒白松丰继席。后为争陈祠寺爇焚死，为清初僧诤一大案。详新会陈氏记。

丙寅北行日譜

文之獲交慕洲周公也則自先慈旌節事始也先慈苦節四十有六年緬維免喪之日爲庚申歲同庠欲以苦節狀聞之當事文私以商之今太史湛持文先生時先生猶孝廉也先生曰此事非財力兩足之家不可今子家徒四壁一青衿其何能辦雖曩者吾甥姚現聞曾於孝廉時獲旌其母吾蘇顧岩叟亦曾於諸生時獲旌其母亦皆有大力爲之援今子無可傍借將若何文曰毋節艱辛爲人子者不能一爲表揚

丙寅北行日谱

此朱祖文完天记周顺昌狱始末之书。前有崇祯己巳朱陛宣序，张世伟序（邵弥手书上板），金日升撰《任侠传·朱文学传》。传后有康熙丙午周茂兰识语，略云："岁久原板残缺，将不能垂后，会子叔高，广搜镌补……"是崇祯原刻，康熙补板。然颇不易辨，于此可觇板刻风气继承变化之迹。卷中经旧人墨笔删定。鲍氏知不足斋本即据此翻出。卷后附周蓼洲、文湛持、姚现闻、范质公、鹿乾岳诸君书，颇记当时史事。毛汲古为茅止生刻《江村筒寄》，所收皆崇祯中人函札，与此对读，晚明史事乃历历可数。

讀畫錄卷之一

櫟下周亮工減齋撰　男在浚編次

李君實

李君實太僕日華、一字九疑、別字竹懶、予向未見先生畫、讀先生恬致堂集紫桃軒雜綴及畫賸、始知先生精繪事、遍覓其手跡不可得、後見先生與董獻可札子云、頃在貢院中偷讀古人書、意味浹心、有欲起舞者、大都古人不可及處全在靈明灑脫、不掛一絲、而義理融通、備有萬

讀畫錄　卷之一　一　烟雲過眼堂

读画录

周亮工逝世前，尽焚平生著作，而独遗此书。康熙十二年，子在浚等为刊之。倩唐萝赍、毛甡、张遗序之，而自记刊刻始末。版心下有“烟云过眼堂”五字，刊刻工致，初印精美。原签犹存，书名下题“赖古堂藏板”。此吴静安遗书，庚寅春得之叶铭三许。静安好事，藏书皆初印精本，装治复极讲究，一望而知为其家书也。又二十余年，于古书店又见其藏书余烬，价甚廉，真所谓“不值当时装订钱”也。

亮工善为文，所记画友佚事，如陈章侯、杨龙友、马瑶草，皆妙。如见发眉，宛然可亲。《四库》本著录亮工著作五种，存目三种。乾隆五十二年覆勘全书，详校官见书中有“人皆汉魏上，花亦义熙余”句，特为签出，以为违碍，于是亮工著作，一律扣除。“提要”中亮工名字，亦一律抽改，真可谓昏横无比。《录》中赠胡元润诗，亦有“生当魏晋后，诗续邶鄘前”句，亮工所交明清易代之际画人，多荒江野老，缅怀故国，见之诗篇，无可异也。全书四卷，后“附画人姓氏”二叶，一时画人，尽见于此。

字觸卷之一

櫟下老人　輯

青溪蘿隱　校

庚部

越絕書

越絕書云以去爲姓得衣乃成厥名有米覆之以庚禹來東征死葬其鄉不直自斥託類自明又文屬詞定自於邦賢以口爲姓承之以天楚相屈原與之同名　楊用修曰去得衣乃袁字米覆庚乃康字禹葬會稽是會

字　触

此周亮工所著书。早于《读画录》诸种，其板刻相似，而更疏朗可爱。前有康熙六年徐芳序，后有黎士弘跋，周婴跋（顺治六年）。

亮工撰作多可观，惜为馆臣所诛求，著作不见于《四库》，卒前尽焚书稿，然遗集犹存，未尽废也。曹寅为撰《重修周栎园先生祠堂记》，详著其生平始末。更记儿时旧事云："余丱角侍先司空于江宁，时公方监察十府粮储，与先司空交最善，以余通家子，常抱置膝上，命背诵古文，为指摘其句读。"知亮工行辈之尊，且与曹氏有旧也。

秬園倡和詩

萊陽宋　琬荔裳著

庚戌春過練川侯記原以所居秬園館予晨夕晤言睠懷疇昔漫成十二律記原依韻見答兼謀刻諸石焉

繫舟猶未穩邀我過西軒舊好敦三世新知在一言空餘袁粲宅不返汨羅魂君問浮生事蒼茫掩淚痕

其二

明月诗筒

康熙刻本。大题“秬园倡和诗”，是宋琬客嘉定侯氏与余怀、陆元辅、叶奕苞等倡和诗。首有康熙庚戌周茂源序。此为康熙南中刻本典型风格。

嘉定侯氏，以震旸子峒曾最知名。清兵下江南，南都不守。峒曾乡居守城，城破，赴水死。子演、洁同死。弟岷曾丙戌坐陈子龙案死。子汸，字记原，有弟研德。汸子策，字天存，即此倡和集中两侯氏也。此集刻于康熙九年，距乙酉“三屠”之后已二十五年。侯氏家破六年后，诸子始得归里。此倡和集存宋琬、余怀、叶奕苞等人诗，各附评语，多存故实。陈其年后追和卷中诗，并作小序。吴梅村作“临江仙”词，意境凄惋。有清一代无人敢道侯家故事，只乡人钱竹汀有句云“忠义文章有嗣响，故家乔木重东南”，为可贵也。

雨泉龕合刻 詩集

昭昜李季嫻靜娟氏著

樂府變

河中之水歌

河中之水滔滔疾流汨我田苗齧彼高丘河魚大上萬民以愁我謂河伯伊誰之羞茗茗佚女抱持筌篗哀聲入雲長歌未休何辜令人癲疢曷瘳

採蓮曲

雨泉龕合刻　樂府變　一

雨泉龛合刻

季娴，宁静姎，泰兴人。明铨部季因是女。弟冠月给谏、诜兮柱史、天修水部。适兴化李维章子为霖。泰兴季寓庸因是，天启二年进士，官吏部主事，名在逆案，以行盐为钜富。尝斥十万金买书画古书。子开中、振宜先后登第，官科道。振宜以藏宋板书知名。归玄恭尝言，四衙门贵要，季氏有其三，即开生、开中、振宜也。开生字天中，娴大弟，沧苇三弟，南宫则四弟也。

此集二册，刻于康熙中，犹具晚明气息。不分卷而以诗体各为起讫，起“乐府变”讫“五言绝”，是诗集独存。丁酉十月游姑苏，得于文学山房。同时见有振宜手批明刻《通鉴》一叠，皆估人得之泰兴季氏者。时风雨如晦，忧患频仍，仍不废游观访书，是可记也。此集中与天中唱酬哀悼之作最多，天中顺治六年进士，官礼部给事中，十五年谏买扬州女子，几置法。卒戍尚阳堡，居四年，为人殴死，年三十二。有《冠月楼诗》《赣臣诗稿》，有恽寿平识语，亦娴所刻也。

東江集鈔卷之一

仁和沈謙去矜著

門人潘雲赤夏珠

男聖昭弘宣輯

賦

太湖望雪賦

歲聿云暮晻藹窮陰爰淅瀝而集霰加飈戾之廻風慨遠遊之未旋叩舷窓而悲吟賦曰惟震澤之瀇滉兮導三江而奠之跋禹功之足尚兮亘萬禩而若斯郡邑包而糾盤兮巖巒鏡而崒嵂何雨雪之瀌瀌兮日無精而西匿歘浮雲之互馳兮二儀闇而合并行旅阻而邅遰兮儗鴻鴈之南征橈人噤而墮指兮斧

東江集鈔　卷一　一

东江集钞

此沈去矜集，前有蒋大鸿序，顺治乙未毛先舒序，顺治壬辰祝文襄序，刊刻犹有晚明遗意。后附本传及墓志、像赞、行状，按去矜卒于康熙庚戌，是此集刊于顺、康之间也。

此书前有蒋大鸿序，已在去矜身后、遗书刊行之时。又有祝文襄旧序，则撰于顺治壬辰。书九卷，后附传状一卷，刊刻精谨，犹存晚明气息。书旧藏归安沈氏，有手跋："钱唐屠孟昭是程堂二集，有题沈去矜先生手书诗卷后五律二首，注云，先生所著《东江集》世不多见，此卷庚寅四月二十三日舟中书，诗格近少陵，读之可以概先生之诗矣。当时读手书诗卷，已深忻幸，今得快读全集，宜何如珍重耶！同治戊辰季秋之月归安沈秉成读竟，谨识于鲽砚庐。不栉书生沈严永华同读。"沈钤"香案西偏旧史臣"白文方印，严钤"永华"朱文方印。

炳燭齋稿

海虞顧大韶仲恭父著

洪範書蘇子由五事說後

予讀蘇子由五事說，深喜其立意之善，而竊恨其引證之疎，而修詞之未工也。夫以五事分配庶徵，此洪範之明文也。以五事分配五行，則洪範未有明文也。于是爲漢儒之學者，以貌屬木，以言屬金，以視屬火，以聽屬水，以思屬土。爲宋儒之學者，以貌屬水，以言屬火，以視屬木，以聽屬金，而以思屬土，則同焉。此皆

炳燭齋稿　一

炳烛斋稿

此集前有康熙十年钱陆灿序。次目录，云“已上先刻共二十三篇”，“已上续刻共六十五篇，男晶公臣父、森禹臣父校刻”。前后版刻亦微异，尚存晚明风气。门人钱陆灿序撰于康熙十年，书即刻于是时。距大韶之逝，已三十余年。钱谦益曾为撰传。兄大章，天启中死奄祸。大韶以文名，陆灿以归熙甫拟之。集中有《温陵集序》，为李卓吾作。略云：“迹其居身夷惠之间，游意儒禅之表，弃家依友，好辩贾祸。庄生所谓真人，尼父列之狂士者也。”然亦有“谓落笔惊人，吐辞为经，斯言过矣”之说，能得其平。又撰《先兄尘客行状》，皇皇大文，记事详悉，情感激挚。为集中重要篇章，更可见其文字之美者。

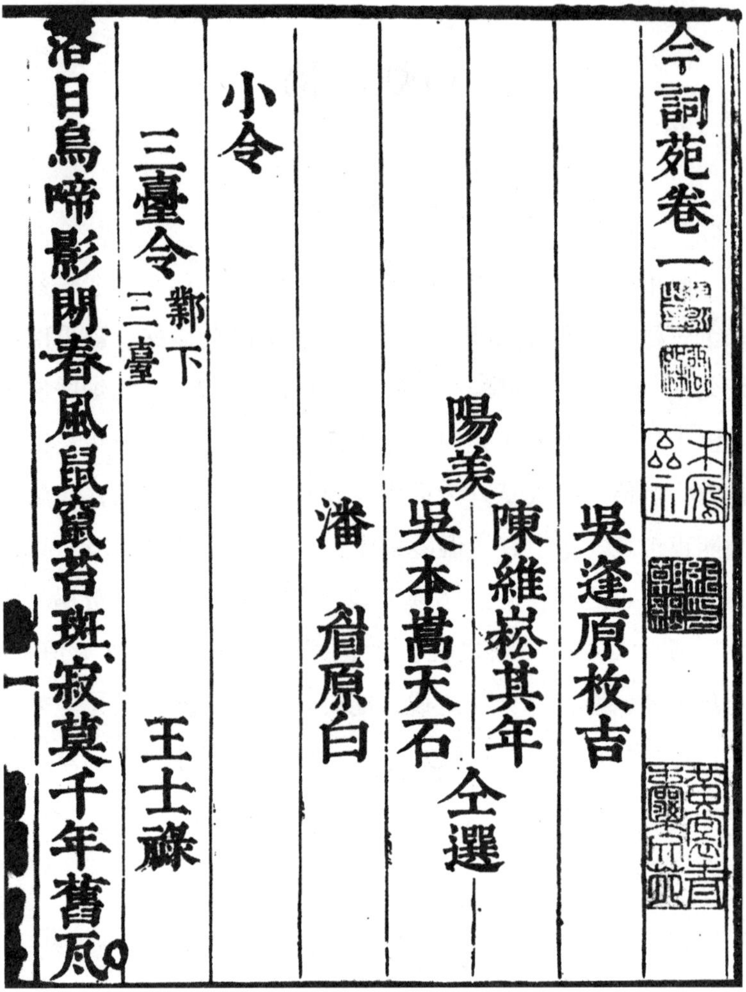

今詞苑卷一

吳逢原校吉

陽羨 陳維崧其年

吳本嵩天石 仝選

潘 眉原白

小令

三臺令 鄴下三臺 王士祿

落日烏啼影閉、春風鼠竄苔斑、寂莫千年舊瓦。

今词苑

康熙刻本。前有康熙辛亥徐喈凤序，陈维崧序，吴本嵩序，吴逢源序，潘眉序。次姓氏、目录。此本刊刻与汲古阁风格最近，版心下有“南涧山房”四字，疑亦毛氏代刻。

余箧中所藏词集不少，总集尤多。清初所刊，十得八九。亦有未见诸家著录者，此《今词苑》其一也。《荆溪词》亦有一本，尚不如此本之秘。此种总集所收，多诸家原集未收之作。又可据校异字，往往有妙解。知此意者少矣。

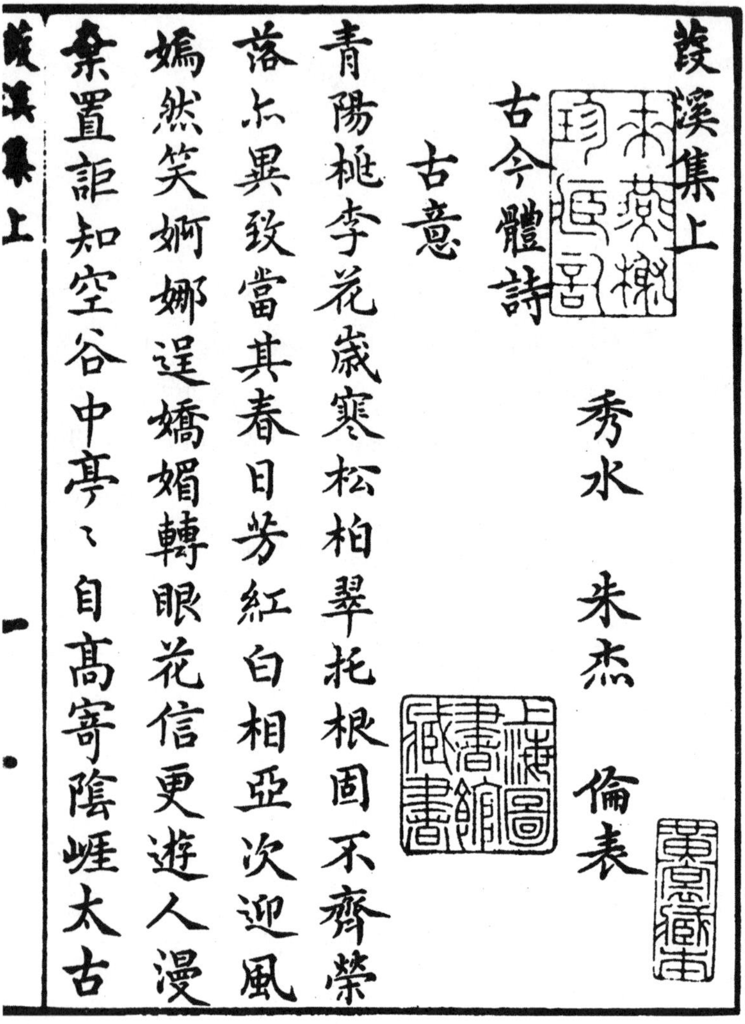

蕿溪集上

古今體詩

古意　　秀水　朱杰　倫表

青陽桃李花歲寒松柏翠托根固不齊榮
落亦異致當其春日芬紅白相亞次迎風
嫣然笑婀娜逞嬌媚轉眼花信更遊人漫
棄置詎知空谷中亭亭自高寄陰崕太古

蕿溪集上　一

葭溪集

康熙刻本，写刻精绝。版心有“钟仁山梓”字样。卷尾有震泽王源跋，云“因不惜手录其生平韵语，付之梓行”，是手书上板者即王源。书为朱彝尊藏，扉叶八分手书书名及“竹坨居士藏”，皆出彝尊手。

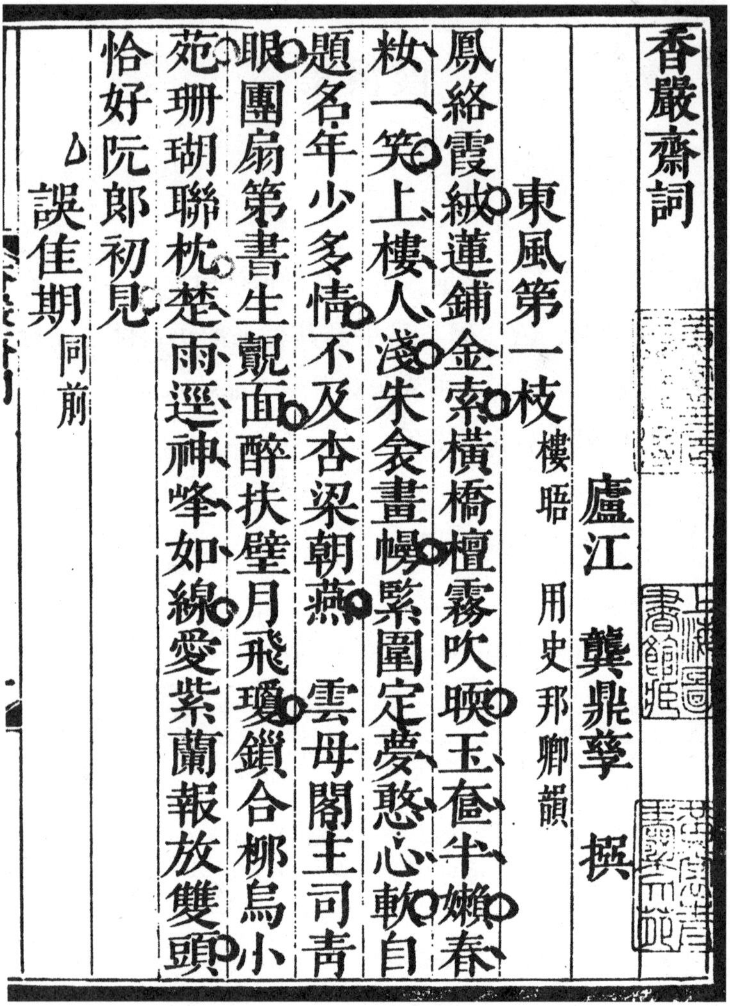

香嚴齋詞

盧江　龔鼎孳　撰

東風第一枝　樓晤　用史邦卿韻

鳳絡霞紱，蓮鋪金索，横橋檀霧吹暝。玉奩半嬾春粧，一笑上樓人淺。朱衾畫幔，縈圍定、夢憨心軟。自題名、年少多情，不及杏梁朝燕。　雲母閣、主司青眼。團扇第、書生覿面。醉扶壁月飛瓊，鎖合椰烏小苑。珊瑚聯枕，楚雨遥、神峯如線。愛紫蘭、報放雙頭，恰好阮郎初見。

△誤佳期　同前

香严斋词

康熙刻本。前有康熙壬子尤侗序，宋实颖序，《香严斋词话》，目录后有“吴江徐釚电发校镌”篆书双行牌记。徐电发所刻此种尚有《棠村词》《锦瑟词》及自作《菊庄词》等，版式如一，终不知共有几种。此书后有徐釚跋：“康熙壬子梅花开日，过玉磬山房，宋既庭先生手校合肥尚书香严斋三十二芙蓉词一卷，命釚效校雠之役。”是当为龚芝麓词之第一刻。

集中词多为顾媚作。开卷有“楼晤”四阕，卷中“丑奴儿令”四阕，皆为顾横波作。后者有词序，略云，“五月十四夜，湖风酣畅，月明如洗，繁星尽敛，天水一碧。偕内人系艇子于寓楼下，剥菱煮芡，小饮达曙。人声既绝，楼台灯火，周视悄然。惟四山苍翠，时时滴入杯底，千百年西湖，今夕始独为吾有。徘徊顾恋，不谓人世也。”龚词选入清初词总集时，往往删去词序，赖此原刻仅存。芝麓为时人目为“江南五不肖”之一，其浪子襟怀，于词序中尽见之。郁达夫诗云，“莫怪临危艰授命，只因无奈顾横波”，为龚作也。

荊溪詞初集

曹亮武南耕
同里陳維崧其年選
潘眉原白
吳雯天篆評

小令

閒中好 本意　史惟圓

青團扇風動砑羅衣莫打花蝴蝶由他各處飛

又

荆溪词初集

康熙刻本。凡七卷，首有康熙戊午曹亮武序，潘眉序，吴雯赋，姓氏，目录。刻工精整，为康熙初期名作。诸家藏目俱未尝见，与《今词苑》等均为清初刻地方词总集之罕本。

陳巖野先生集

門人何絳錄

卷前一　附錄　行狀　傳

兵科給事中贈資政大夫兵部尚書先府君

巖野陳公行狀

公姓陳氏諱邦彥字會份廣州順德人先世自銅陵入粤曰陳璽仕宋爲機宜文字從端宗南遷卒于廣州爻子大謨元樞密副使樞密之子徙家南海龍山世以貲雄于鄉曰小圃陳氏景泰初析南海置順德

陈岩野先生集

康熙刻。前有南昌彭士望躬庵叙，略云："先生殉难二十九年，余始得与先生子恭尹为兄弟交，恭尹出先生文集属余叙……"是此本之刻，当在康熙十五年前后。"卷前一"为行状、传，"卷前二"为恤典各疏，"卷前三"为诰命。皆永历三年中事。诸文绝无讳饰，是亦不妨目之为永历刻也。

杲堂文鈔卷一

甬上李鄴嗣著　壻萬斯備

姚江黃宗羲選　男　暾　仝較

自序

先曾大父太保公博覽史籍凡已讀書必論定再四朱藍爛然其必得所閱史記歲讀一過及初爲古文輒思學其敘事苦不得彷彿然某惟及事先大父參軍公至年十三參軍公謂諸孫曰學者不讀史不能見古今是有目無視也不言詩不能申胸臆是有口無聲也因授某通鑑使日

杲堂文钞

康熙刻本。上下黑口，双鱼尾。尚有诗钞，亦同时所刻。文钞六卷，前有康熙戊午姚江弟黄宗羲序。诗集七卷，前有康熙戊午徐凤垣序，林时对序。

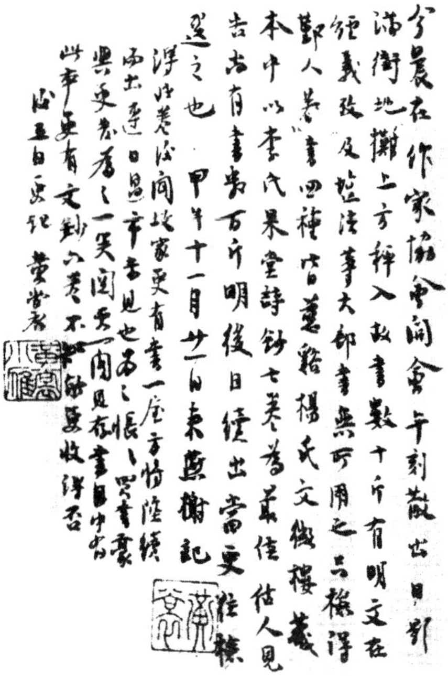

郧嗣本名文胤，后以字行，与余姚黄氏交，在师友之间。父㭎，崇祯九年进士，礼部仪制司主事。入清，家居。为谢三宾密告，死于狱。郧嗣亦缚置定海马厩中，七十日后狱始解。没于康熙十九年，年五十九。诗文俱有奇气，喜为逸民遗老作传，实为浙东史学开山之作。全谢山继其绪余，蔚为大宗。文集自序云有文集二十卷，诗十八卷，乙卯岁所订

也。谢山则以刻本为外集，未刻者为内集，知必有避忌而不敢刻者。逸民之逃禅者诗集多为手定制序，多属文胤旧名。其为万履安撰墓铭，开篇数语云："吾亡友孝廉万先生，即甲申以前南方名士所推甬上万子，而丙戌以后遗民故老称为悔庵先生者也。"可见一斑。

蘧廬詩

吳興韓純玉子蘧著

古體 四言

感遇詩

陽春肇啓萬物和柔東風動揵鷹化爲鳩天心未改孰爲四時嗟予不悳抱手踟躇

又

高岸爲谷深谷爲陵欃槍晝見黃河倒傾孰持其衡造物作子杞人憂天不知所始

蘧庐诗

康熙刻本。前有自序，属“康熙甲子七月上浣蘧庐居士书于德未暮斋”。椠刻精甚。张秋水《冬青馆集》甲集六有《书诗兼逸集稿本后》一文，云：“蘧庐为吾湖明状元韩求仲少子，乙酉后以兄茂贻之祸，避迹栖贤山中，杜门谢客，撰《诗兼》，时年几八十矣。”诗仅选本，杨秋室纂《吴兴诗录》，亦只就选本收拾，皆未尝见此集。

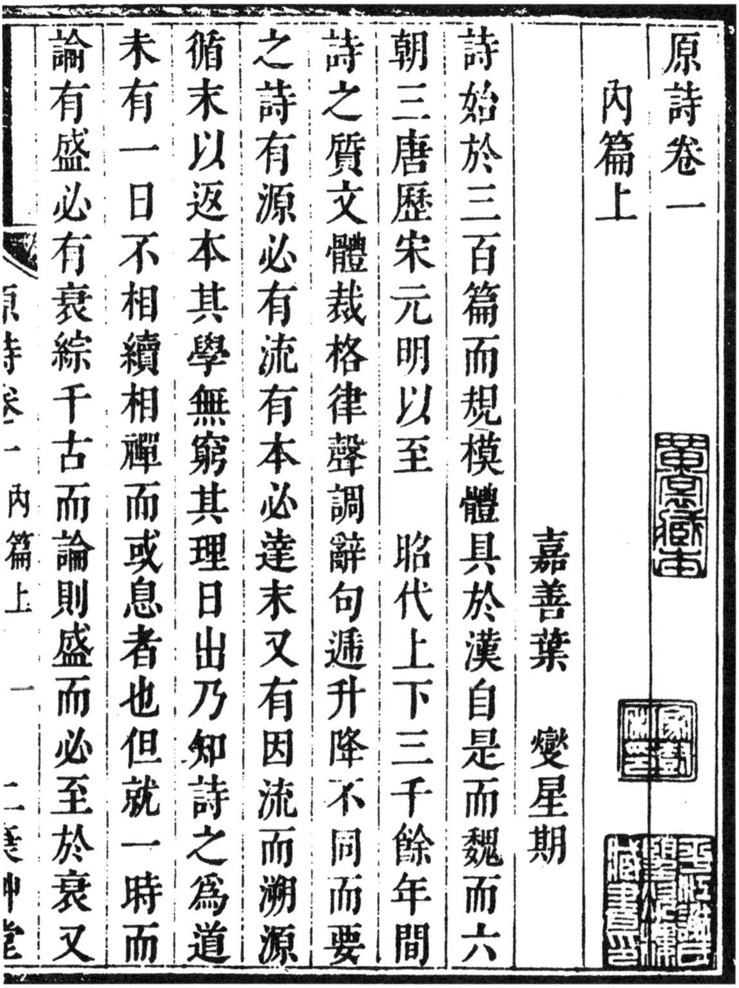
原詩卷一

內篇上

嘉善葉　燮星期

詩始於三百篇而規模體具於漢自是而魏而六朝三唐歷宋元明以至　昭代上下三千餘年間詩之質文體裁格律聲調辭句遞升降不同而要之詩有源必有流有本必達末又有因流而溯源循末以返本其學無窮其理日出乃知詩之爲道未有一日不相續相禪而或息者也但就一時而論有盛必有衰綜千古而論則盛而必至於衰又

原詩卷一　內篇上　一　二棄艸堂

原诗内外篇

康熙刻本。是早岁单行刻本，籍里尚属“嘉善”，不作“吴江”。扉叶云“二弃草堂藏板，杂说嗣出”，是刻于全集之前者。雕板精美，与全集之写刻本各擅胜场。

樗亭詩稿

雲間董　俞蒼水撰

賦

述幽賦

述幽賦者、董俞之所作也、俞少負奇志、不見知於世、抑鬱無聊、彳亍於荒畦窮谷之間、仰天太息曰、嗟乎昔之賢喆、懷材抱道而坎壈失職者何限。況俞上鮮特達之遇。下絕親故之援。其終困也不

賦

樗亭诗稿

《樗亭诗稿》十二卷，云间董俞苍水撰。康熙刻本，光复堂藏版。前有年家弟娄东吴伟业题于鹿樵溪舍序，东海年家同学弟宋琬序。两序皆旧序，不著作年。次陈维崧序，总目。苍水为阆石弟，生于天启七年。赋、古乐府、古诗共六卷，占全集之半。诗笔健举。《将军篇》，系“亥夏雨窗，偶抚一时目见耳闻事”所作，时为顺治四年，所咏则“中有将军踞坐五彩舆”之新朝将帅也，“黄金为丘积，白金如山高，诛杀聊快意，人命如菅茅，道傍虽虽咸谓将军豪，嗟嗟将军何其豪”，讽刺之意显然可见。是当时诗史也。所交有陈其年、田髴渊、彭骏孙，吴日千辈，于钱芳标尤称莫逆。于吴伟业奉为前辈诗老，卷八有《赠梅村》诗四律，句云“疏灯谈轶事，半是义熙前”。又有《赠吴梅村先生五十韵》五言长律，则不殊梅村小传。梅村为俞大父友人，以同时晚生后辈记同时人事，自早岁之无限风华至晚年之无端落寞，感慨苍凉，欲言又止。于梅村之出山也，句云：“爰奠熙朝鼎，重沾圣主恩。艰难身渐老，感激泪潜吞。霁雪游燕市，凉飔客蓟门。新篇人脍炙，旧事独消魂。题叚辞华甸，牛衣返故村……”宛转言之，而梅村出处大节，已可见矣。诗后小注云“时拙稿初成，求先生作序”，是梅村曾见此篇而默许者也。卷十二有《燕台杂诗》十绝句，其四云：“昨夜花飞凤辇春，椒宫新纳李夫人。管弦声里微风度，缥缈炉香出紫宸。”疑写董妃事。又有《镜湖竹枝词》十首，其六云：“祁家台榭尽倾颓，无复游人载酒来。君看园外东流水，好似繁华去不回。”则写祁彪佳家事也。卷十有《公谳梅村暨许九日诗》，附梅村七律一首，则《家藏稿》未收之佚作也。顺治十八年辛丑，世祖卒，旋即兴江南奏销案。董俞及兄含、撰序之吴伟业，俱为案中人。含撰《三冈识略》，记狱事甚详。俞诗亦多牢骚指斥语，非无故也。

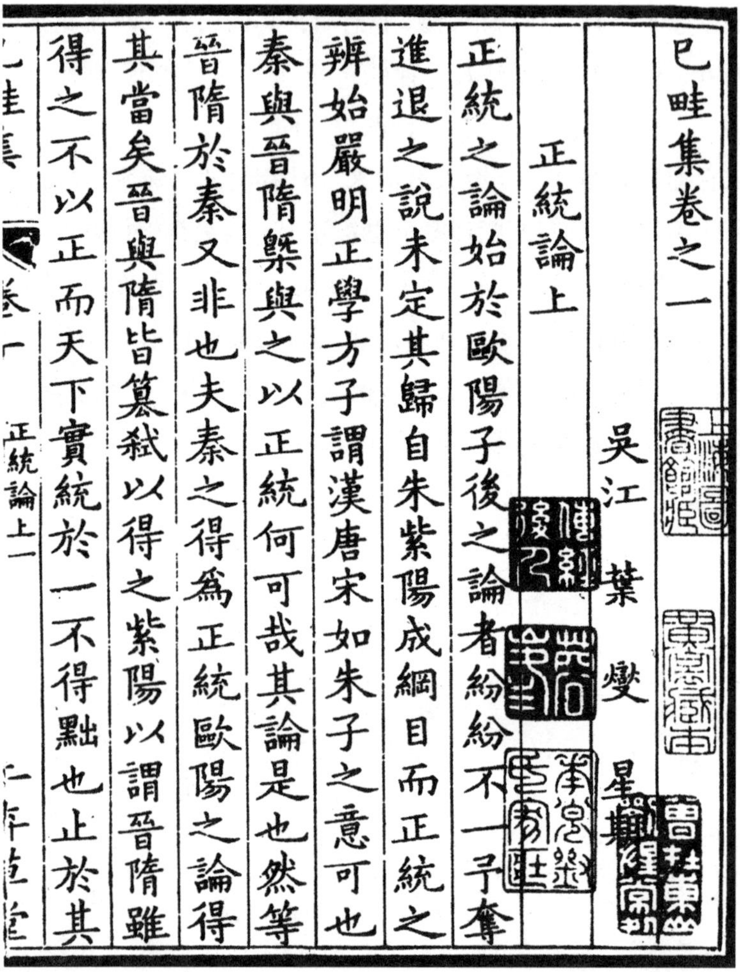

巳畦集卷之一

吳江葉燮星期

正統論上

正統之論始於歐陽子後之論者紛紛不一予奪進退之說未定其歸自朱紫陽成綱目而正統之辨始嚴明正學方子謂漢唐宋如朱子之意可也秦與晉隋槩與之以正統何可哉其論是也然等晉隋於秦又非也夫秦之得爲正統歐陽之論得其當矣晉與隋皆簒弑以得之紫陽以謂晉隋雖得之不以正而天下實統於一不得黜也止於其

巳畦集　卷一　正統論上　一

巳畦集

康熙刻本。前有康熙甲子春自序。写刻精绝，有明嘉靖刻吴元恭本《尔雅》、万历东雅堂本《韩文》余韵，是中吴开板特色。为刘蓉峰故物。此全集本亦附《原诗》，则是重刻之本。

無悶堂集卷之一

閩 張遠 超然

古詩

詠懷

鼓車有騏驥天閑多駑駘金勒錦障泥能使神權奇
渥洼汗血駒蹀躞身虺隤垂頭絡青絲伯樂猶猜疑

其二

岡前橫虎豹岡後騰猿猴岡南走窫窳岡北啼鵂鶹
問有玄虛人抱道勤清修既已木石居還與鹿豕遊

其三

麒麟若數見可作轅下牛鳳凰若卑棲何異雞鳧流

无闷堂集

康熙刻本。扉叶题“金阊刘汝洁梓”，是亦吴下开板。全书似非刻于一时，其卷十三至二十三则写刻也。后有男继超跋，云“家君《无闷堂集》前为友人梓于粤东，中多误入，舛错殊多，今悉改削，合近刻前后定为三十卷，藏于家”，似此十一卷即是广东开板。目录后有“男继曾、继超、继祖校字，海虞门人言梦奎、王在郊、丘芳、陈云栋同订”题记。《脉望馆藏古今杂剧》曾藏远家，集中有文记之。世之考是书授受源流者，郑西谛、孙子书皆未见此。

半園唱和詩

孫錦榮 編

程文彝 梓園

余流寓吴門割辟疆園之半以居名之曰半園地不盈數畝而頗饒林木水石之勝就中脩然亭依雲樓髣髴游小山芙蓉澗其最也四時之花略備而松梅爲尤盛己巳春日杜門養痾與金子亦陶唱和得詩八首題曰漫興以誌閑居之樂幷以傳示同志屬而和之辟如時鳥候蟲自鳴自止聊以適吾之適而已若曰嗣響於王裴之輞川皮陸之松陵則

半園唱和詩 一

半园唱和诗

康熙刻本。前有叶燮题辞。梓园小序云诸诗作于己巳春，唱和者金侃、朱陵、蒋泩、汪言、吴瑶、汪琥、金上震、劳澂、顾霭吉、程枚吉、谢纮、朱璇、翁澍、程励、王声闻、吴元鉽等凡十七人。此当日诗筒传唱之册，精写付刻者，为康熙中典型写刻本，与顾嗣立集绝肖，当同出吴门良工之手。

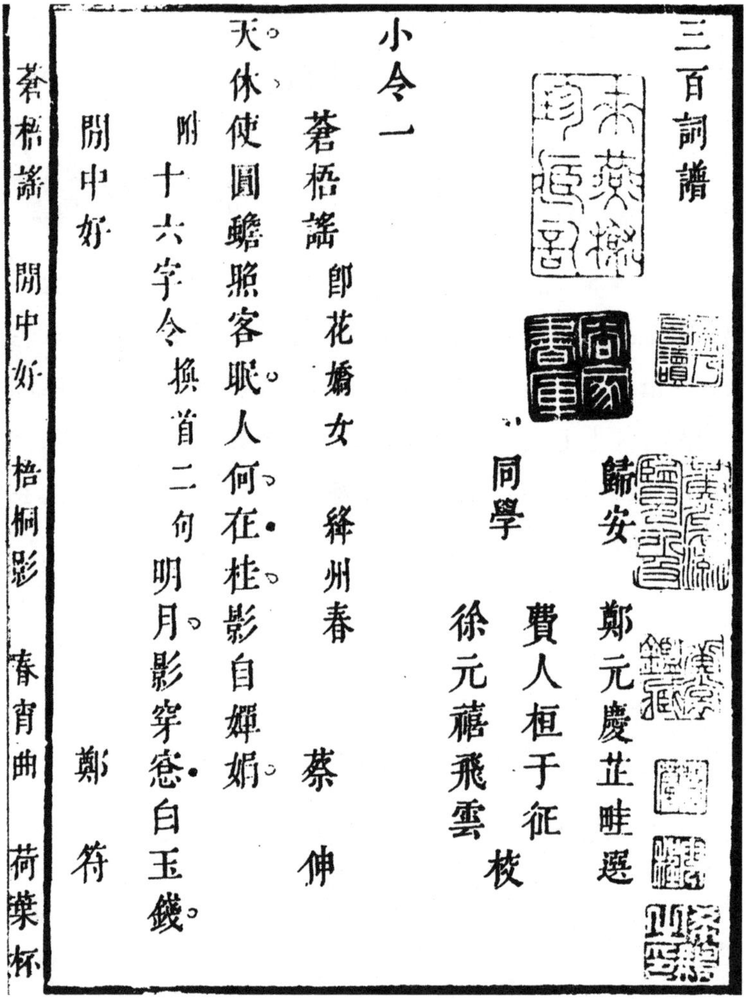

三百詞譜

歸安　鄭元慶芷畦選

同學　費人桓于征
　　　徐元禧飛雲　校

小令一

蒼梧謡　即花嬌女　緈州春　蔡伸

天。休、使圓蟾照客眠。人何、在•桂。影自嬋娟。

附　十六字令　換首二句　明月。影穿窓•白玉錢。

閑中好　鄭符

蒼梧謡　閑中好　梧桐影　春宵曲　荷葉杯

三百词谱

康熙刻本。分上下册，六卷，卷六为词韵。前有康熙己巳自序及《征新声谱逸词启》，例言。刻工是西吴风气，与所著《石柱记笺释》之作写刻者不同，板式精雅。

此为清初词总集罕见异本之一，其作意于例言中论之最详："旧谱有用黑白圈者，亦有明书平仄者，更有侧用方界者。兹集假圈点为韵句，用角圈为可平可仄。"其同调异名者，概为标出，词题悉载于调下。如"念奴娇"有十一异名，七异体。"蝶恋花"有异名七，皆详著于目录。尤着意于句中节奏。如论稼轩"寻芳草"词"枕头儿放处都不是，旧家时，怎生睡"，而以"放处"作一句，"都不是旧家时"作一句者非是。辨体最严。"虽断于三百，调已过于半千。"选词迄于清初，是皆此书特色。

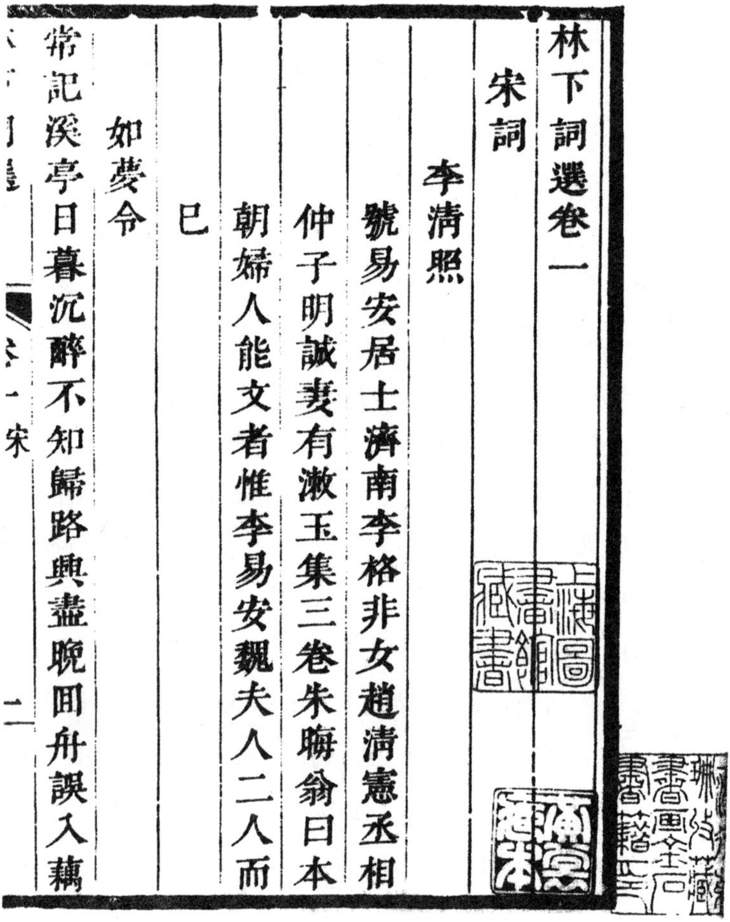

林下詞選卷一

宋詞

李清照

號易安居士濟南李格非女趙清憲丞相仲子明誠妻有漱玉集三卷朱晦翁曰本朝婦人能文者惟李易安魏夫人二人而已

如夢令

常記溪亭日暮沉醉不知歸路興盡晚回舟誤入藕

林下詞選　卷一　宋　二

林下词选

此为词苑名书，刊于康熙中。松陵周铭勒山编集。前有尤侗、吴之纪、赵沄三序（俱康熙辛亥），次周铭题词，凡例，参校姓氏，目录。后板归金氏，于总目大题下别增“海阳金成栋天三重校”一行。板心下“宁静堂”三字，每卷末“丰草庄定本”五字俱削去。余先得残卷于吴下，后得重订本全书于海上，为徐紫珊藏书，印本明丽，然较初本已微不及。前扉叶有“宜堂藏板”四字，卷十四后别增一叶又半，则张淑芳琴操作也。版本细事，然藏书家所当知也。勒山尚有《松陵词选》四卷，与此刻于同时，亦丰草庄本也，后附勒山撰《华胥语业》一卷。亦徐乃昌藏书。

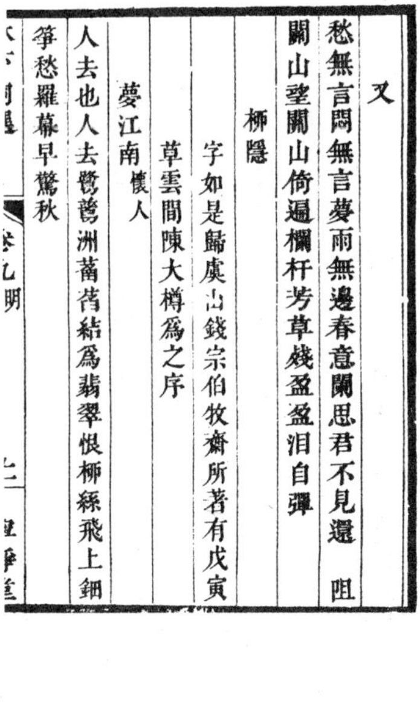
又
愁無言悶無言夢雨無邊春意闌思君不見還 阻
關山望關山倚遍欄杆芳草殘盈盈淚自彈
柳隱
字如是歸虞山錢宗伯牧齋所著有戊寅
草雲間陳大樽爲之序
夢江南 懷人
人去也人去鷺鷥洲菡萏結爲翡翠恨柳絲飛上鈿
箏愁羅幕早驚秋

此为原刻初印本，板心下有『宁静堂』三字

凝香集卷之一

宧隱子　祥裔耦漁氏著

十六字令

燈

燈風拍窗紗小暈生向夢裏偷見客中情

琵琶

絃指上輕將心事傳還又住爲惜賞音難

荷葉杯第一體

荷葉燈

凝香集

康熙漱雪轩刻本。祥裔姓陈，所作尚有《蜀都碎事》，与此刊刻正同。前有康熙辛未西湖李式琏序。集凡四卷，雕椠甚精，为康熙中蜀刻佳册。陈氏喜创新体，如“合欢”，“上五句万年欢，下五句归朝欢”之类是也。篇章之富，于清初词人中为罕见，然多不能举其姓名，集更罕传。叶玉虎旧藏。

召問恭紀

康熙貳拾柒年拾月拾貳日

皇上駐蹕三河縣城中侍衛欽傳

聖旨引三河縣知縣彭鵬進

見臣鵬肅具朝服隨侍衛進是時

上御木榻榻前金蓮雙輝臣跪

御座旁咫尺瞻仰

上問你是那裏人鵬奏臣是福建人

中藏集

康熙刻本。扉叶题“敬斋藏板”。书二卷，前有目，凡“召问恭纪”“赐金特纪”“圣恩初纪”“圣恩再纪”“保留汇纪”“奖荐汇纪”“洵生祠纪”“洵去思碑”等八题，为彭鹏于康熙三十年前后为三河县令时奏疏及自撰召对纪事之作。鹏尚有《古愚心言》，亦康熙刻，小字狭行，与此不同。书记当日奏对问答甚详，不作修饰。小说《彭公案》所记鹏事，虽敷衍夸示，然亦有所本，往往可于此书见之。京剧名优杨小楼唱“保镖路过马兰关”，人所习知，此关此书中亦记其梗概。

翁山文鈔卷一

番禺屈大均

常熟薛熙評

洪範皇極大義序

洪範之篇商之家學在焉考商之家學始於契而契之母簡狄爲帝嚳次妃契與堯皆帝嚳之子也史稱帝嚳執中溉天下堯傳其統亦以執中命舜舜使契爲司徒以敷五敎以其能承帝嚳執中之家學也其後契十四世湯復以執中繼之至箕子而其統將墜苟不傳之武王則執中之家學將絕

翁山文钞

康熙刻本。十卷，前有常熟薛熙孝穆序。此本刊于康熙三十四年前后，尚是康熙印本，未经挖改。翁山著作旧刻传世，以此为最罕。《广东丛书》一集所收为残本，只存前四卷。开板疏朗明净，是康熙本之别格。惠周惕《研溪先生诗集》有答薛孝穆、屈翁山诗，谢其以新刻见贻。时孝穆寓翁山三间院，知此书刊于粤中也。

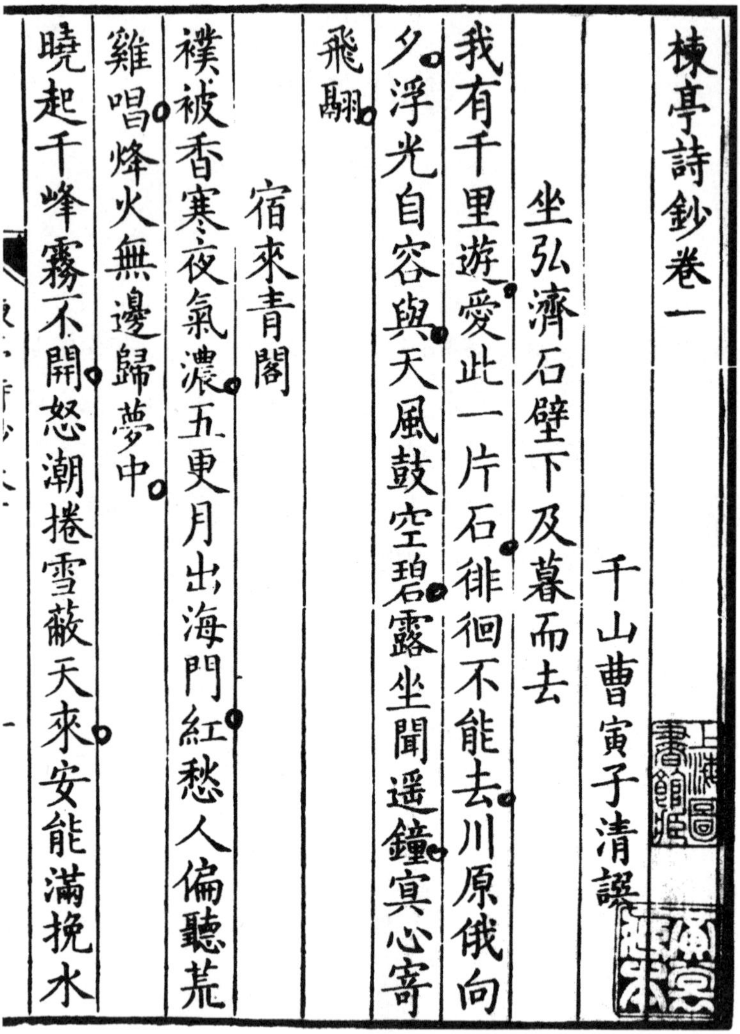
楝亭詩鈔卷一

千山曹寅子清譔

坐弘濟石壁下及暮而去

我有千里遊愛此一片石徘徊不能去川原俄向夕浮光自容與天風鼓空碧露坐聞遥鐘冥心寄飛翮

宿來青閣

襆被香寒夜氣濃五更月出海門紅愁人偏聽荒雞唱烽火無邊歸夢中

曉起千峰霧不開怒潮捲雪蔽天來安能滿挽水

楝亭集

曹寅集凡五种、十五卷。《诗钞》刊于生前，余卷则身后及门诸子续刻者也。余先得《诗钞》八卷于九峰王氏，系真州吴氏旧物。桃花纸精印，然后附《词钞》《文钞》，知印成已在楝亭身后。吴氏藏印侧有墨书小字，云“四本一函一圆”，知当日书价如此。按《楝亭诗钞》八卷，“千山曹寅子清撰”，前有己未黄公顾景星书于都门旅次序，些山学弟杜芥书、时年七十有三序，遂安毛际可序，康熙乙酉朱彝尊序，四明教弟姜宸英序。每卷前有目。《楝亭诗别集》四卷，版刻题署同前。有蕲州顾昌序，受业郭振基序。顾序云“乙酉秋仲，仪真使院稍暇，取前后诸作录其

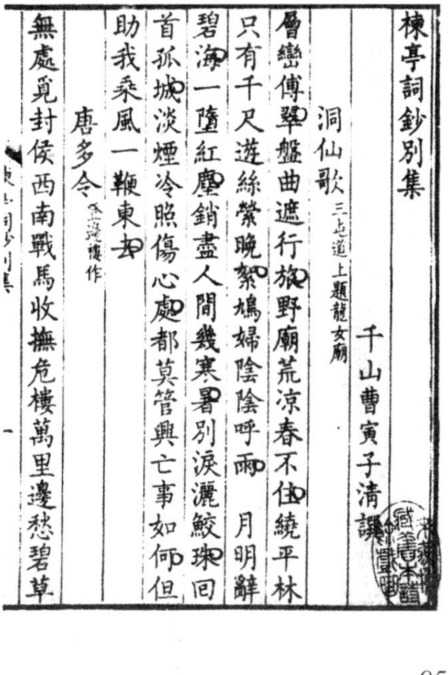
楝亭詞鈔別集
千山曹寅子清譔
洞仙歌 三屯道上題龍女廟
層巒傳翠盤曲遮行旅野廟荒涼春不住繞平林
只有千尺遊絲縈晚絮鳩婦陰陰呼雨 月明鮮
碧海一墮紅塵銷盡人間幾寒暑別淚灑鮫珠回
首孤城淡煙冷照傷心處都莫管興亡事如何但
助我乘風一鞭東去
唐多令 [illegible]作
無處覓封侯西南戰馬收撫危樓萬里邊愁碧草
楝亭詞鈔別集

惬心者为若干卷计若干首，而欲尽弃其余”，知《诗钞》为楝亭手订，此《别集》则当年弃余，身后门下士为收拾付刊者也。举凡《别集》四卷附词二卷杂文一卷，皆同时所刻。《楝亭词钞》一卷，《词钞别集》一卷，刊刻同前。前有康熙癸巳受业王朝瓛序，略曰：“公尝自言，吾曲第一，词次之，诗又次之。”此楝亭自评，虽谦语，实当注意。寅祖孙父子承袭织造六十年，恩遇无比。寅之官南中，实供帝耳目侦伺之役。郭振基序云：“（寅）既官于南，江左贤士大夫及缝掖之士，凡通声韵者，咸以公为宗工喆匠，趋风恐后；而公倾心晋接，文酒讌酬，殆无虚日。片词之善，必为弘奖。”其好士爱才如此。然为朝廷笼络故明遗民逸士之作用，亦于斯可见。邓之诚撰《清诗纪事初编》，所见寅集只三种十卷，非其全也。寅诗笔雄健昳丽，多近宋调，为清初诗人一大作手，匪独以考《红楼梦》作者家世为可重也。

揖山集卷一

太倉　王　撰

遊十八澗

谿山深處路難分奇石嶙峋護蘚紋喬木蔭兼巖
翠滴野花香帶澗聲聞樵歌嶺上驚棲鳥僧磬天
邊入亂雲到此頓忘塵世想悔留蹤迹在人羣

煙霞石屋

振衣扶杖躡丹梯絕壑攀緣路不迷洞口懸厓無
客過雲端虛室有僧棲松林虎迹開新徑石罅鴉
巢沒舊題漸覺蒼茫人境遠夕陽回首萬峰低

揖山集卷一　一

揖山集

康熙三余堂刻本，十卷。前有康熙己卯黄与坚《王异公诗序》，戊寅唐孙华序，癸酉王摅序。写刻甚精，字体端严，卷尾有“旌邑张湛卿刻”一行。扉叶有“随庵”“诸缘忘尽未忘诗”朱白文印，皆王氏印。撰时敏第三子，弟摅有《芦中集》，刊刻与此正同，殆同时墨板者。纳兰《通志堂集》刊板风格与此相类，《经解》诸种亦近似，殆是一时风气。为陶兰泉故物，有双行长印，曰“阳湖陶氏涉园所有书籍之记”。撰颇老寿，卒于康熙四十八年，年八十七。诗中不乏故实，记泰兴季氏、如皋冒氏诗皆长句，存遗事颇多。

出塞詩

漁洋先生批點

芝仙徐　蘭芬若

出居庸關

將軍此去必封侯士卒何心肯逗遛馬後桃花馬前雪出關爭得不回頭

寫出異方風景極饒姿制

居庸道中六絕句

疊翠峰

欲對芙蓉結一亭雲供怡悅水供聽只嫌天際桃

出塞诗

康熙刻本。前有王士禛序，戊寅姜宸英序，万斯同序。卷尾汪灏后序。此亦写刻，大抵清初写手多尚端整，后来乃渐趋流丽，而名家手写上板者渐出，于书手影响甚大，开板亦更多华美，此风气转变之大略也。

叶名沣《桥西杂记》云，常熟徐兰，字芬若，一字芝仙。康熙中王师北征，曾从出塞，赋诗一卷。渔洋山人称其精悍雄拔，似供奉、嘉州。卷末附塞上集唐六歌，歌各为序。名沣详著于《杂记》中，可补此本之缺。

姑讀軒文集　卷一

海昌查　旦孟耀甫撰

祝陸太夫人伯母六十序

西陵陸母年六十有子皆賢則所以壽其母者至矣小子旦有母而不能事也其何有於小子之一言以爲母壽然吾聞之子有善歸之親親有善及其子則猶爲善于家耳其達諸鄉黨州郡者朋友之責也且不文與其長君圻交且有年矣于是捧觴載筆再拜以進于母曰古人之所爲壽者吾知之矣合樓鯖調房醁陳主父之五鼎供傅玄之七謨母顧而樂之曰吾享此壽無算甚

始读轩文集

康熙闲闲庐刻本，四卷。前有甲午陆圻原序，康熙庚辰壻朱达后序，集即刻于是年。又鸳湖徐盛全《查隐君本传》：“查旦，字孟耀，海昌人。崇祯壬午举乡进士。甲申国变，归隐龙山。与陆丽京、陈乾初交善。”集即丽京选定撰序。诗文慷慨激荡，遗民心事，不可掩也。集中有《海上迂人传》，实自传也。略云：“年三十时，闻其曾举乡进士，会世变，放浪山水间，或歌或哭，人难测其意。诗有奇气，所交有黄梨洲、黄九烟、卓珂月、查伊璜。”集中有《秋兴八首》，仿杜陵作；有句云“宦游处处饶金穴，降表时时出石头”“兴亡何物能销酒，岁月无情不驻年”“登禾了税皆鳏寡，披葛负薪旧达官”。又有诗云“盗梳兵栉尽山村”，自注云“出时人谚语”，可见乱后情状，年五十一卒。

古香樓吟藁卷一

休陽汪　文柏　柯庭

古香樓

何物滿高樓。宋鐫與秘錄。青藜最可人。黄妳吾所欲。香清凝座隅。色古悦心目。焉敢傲百城。擁書聊自足。

展硯齋

曲水通花徑幽閑亦可詩誅茅貯片石孰謂我非癡清賞供晨夕嗜痂誠有之空悲梧竹老鳳兮來

古香楼吟稿

康熙刻本。前有万斯同序，辛巳温睿临序，王晫、黄玢、臧廷鉴、魏坤、沈兆麟等“书前”。稿三卷，后附《西山纪游诗》《古香楼词稿》《平北颂》。休阳汪氏兄弟，皆藏书有名，古香楼、裘杼楼，其藏书处也。亦喜刻书，多精好。

儋園文集卷第一

賦

温泉賦 并序

古者詞賦之作所以鋪揚鴻業詠歌盛治然竊怪相如子雲之徒侈陳羽獵組織雖工於主德奚裨焉夫帝王之至德要道無逾於孝曾子曰孝者置之而塞乎天地施之而横乎四海大哉其言之也

臣備員史館伏見我（凡頂格者今擬止空一字）

皇上奉事

兩宮先意承志聽微察渺可與虞舜姬文比烈矣

憺园文集

康熙冠山堂刻。徐乾学撰，三十六卷。前有宋荦序。写刻精绝，与《通志堂经解》风格如一。板心上记字数，下有刻工姓名。传本颇稀。光绪中金吴澜刻此书改本，云集初刻成，乾学即殁。丧中以数十部赠人，或有言其非者，秘不肯出，故流传不广。

歲寒詠物詞

辛巳十一月十六日[illegible]

梁谿王一元晼仙著

同學弟汪灝紫滄　賚傅巖評

沁園春　料絲燈

一片空明，似寄似疎，縱之橫之。訝蘭膏乍試，凝成恨縷，銀釭重翦，映出情絲。異彩千條，光芒四射，琢玉鏤冰未是奇。玲瓏甚，愛廣寒宮裏，織就清輝。　相看莫認琉璃。[illegible][illegible]上天孫雲錦機。笑鮫人綃斷，痕偏重疊，媧皇石補，迹尚參差。花鳥如生，山川競秀，隱隱冰紋欲裂時。斜鋪

岁寒咏物词

康熙刻本。前有壬午汪灏序，庚辰自序。刻手甚工。卷前有“王一元印”“蓉渔”二印，是作者自藏或赠人之本。

程子曰洒掃應對進退造之便至聖人今日為學正當以此為第一事能文其次也其共勉之

晨起必蚤面水未至先入位習業盥櫛衣冠畢進揖同學相揖即就位從容莊肅展書開讀聲必明朗毋含糊低懈

吕晚村先生家训真迹

康熙刻本。前有康熙癸未三原门人负赓载识语，云："壬申岁始得造南阳讲习之堂，而先生谢世已近十年矣。……无郮复尽出先生遗书手泽，共相展阅。……因与无郮共相简缀成一编。"书凡五卷，皆以原迹上板，不著大题，仅标卷叶。抚刻甚精，能传原作精神。清初以原迹上板之书，此为钜编。家书数通，颇道金陵贩书事，盖晚村以批点时文资生，从中可觇清初书肆经营种种；与胡正言子静夫往还，知十竹斋亦以经理时刻为业者。又多交金陵藏书家，借本传抄则吕家藏书故事也。

浮谿館吟稾卷一　乙丑

休陽汪森

乙丑元旦立春漫成二首 以百年……朝春爲……

百年恰遇歲朝春雨雪相兼入望頻……

舊臘黏雞綴燕接芳辰陽和已動苾寒減雲物先

淸淑氣新一聽鞭絲拂牛土醒來卯酒正宜人

百年恰遇歲朝春里俗相呼賣困頻雞犬待占看

雨霽年庚初試鬧邨鄰 陸務觀詩呼盧院落誇新歲賣困兒童起五更鄉俗

歲夕聚博謂之試年庚立春未明相呼賣春困亦

其俗也又正月一日爲雞二日爲犬以陰晴卜之

梅雪堂诗稿

康熙刻本。二卷。前有癸未盛远序。此休阳汪氏家集，此外尚有《月河词》一卷、《桐扣词》二卷、《浮溪馆吟稿》三卷、《裘杼楼诗稿》六卷、《豫行吟稿》《粤行吟稿》《粤行外稿》《粤归杂咏》，共九种十八卷。

秋查集卷上 起乙酉四月盡丙戌三月

康熙乙酉春　上南巡江浙嗣立以商丘中丞疏薦

名試秋八月應　詔壯發十月抵　闕奉　敕開

館選錄四朝詩潛鱗弱羽倏荷吹噓玉檢瑤函親承

繙披不翅海客之乘查浮天也遂名其詩爲秋查集

云

恭讀

御製幸雲棲詩敬賦七言律詩一首

幽寺花香引　翠輅洗心亭上好逍遥輝分天竺三春

日氣湧錢唐八月潮竹韻敲風添　蕊忍泉聲激石助

簫韶小臣何幸瞻　神筆爛熳光華仰　帝堯

书馆闲吟

康熙刻本。此顾侠君都下诗初刻本。起康熙乙酉，迄己丑，四年中诗，刻成十卷：《秋查集》二卷，《双井书屋集》三卷，《枣下小集》一卷，《春树草堂集》四卷。早于《秀野草堂集》之刻，写本工雅，当出名手，惜不著姓名。康熙乙酉，嗣立入京。开馆，选录四朝诗，凡二年。所见内府藏书及四方购求四朝遗集，不下万余卷，遂成“论宋金元明诗”三十首。居京师时常有诗酒之会，一时名下朋辈和作，俱见集中。各存姓氏，不殊诗人主客图也。

闾丘诗集

《闾丘诗集》，康熙刻本。分装二册，原书签尚存。上册为《秀野草堂集》五卷，下册为《小秀野集》三卷，《金焦集》一卷，《山阴集》一卷。写刻精雅，秀美无俦，康熙间吴中刻书最精本也。为嗣立康熙二十七至三十八年诗。前有乙亥（三十四年）张大受骈文长序，徒逞词藻，羌无故实。书刻成约在康熙三十八年顷，尚早于《书馆闲吟》之刻。诗皆南北漫游、朋侪唱和之作。秀野草堂落成于戊辰（康熙二

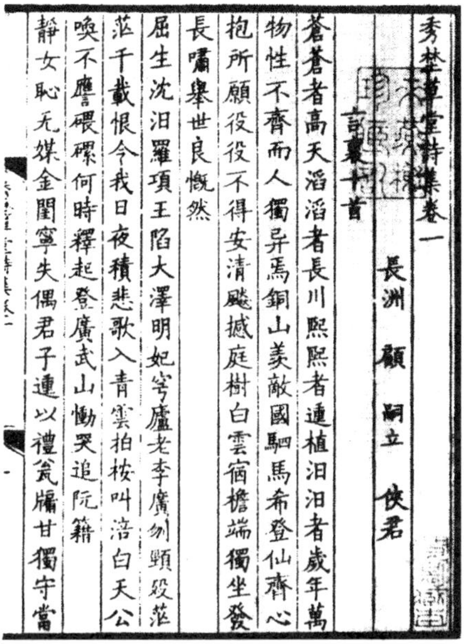

秀埜草堂詩集卷一

長洲 顧嗣立 俠君

言[illegible]十首

蒼蒼者高天滔滔者長川熙熙者連植汨汨者歲年萬物性不齊而人獨异焉銅山美敵國駟馬希登仙齊心抱所願役役不得安清飈撼庭樹白雲宿檐端獨坐發長嘯舉世良慨然

屈生沈汨羅項王陷大澤明妃穹廬老李廣刎頸歿茫茫千載恨今我日夜積悲歌入青雲拍按叫浩白天公喚不應礧磥何時釋起登廣武山慟哭追阮籍

靜女恥无媒金閨寧失偶君子連以禮貧牖甘獨守當

十七年），有诗记之。《小秀野集》卷二有“不到京华十有一年”语，入都在丙子（康熙三十五年）。卷二有《自题小秀野四绝》诗，前有小序，略云：“入都后于宣武门西三忠祠内僦屋数椽……因属海宁查二德尹颜之曰‘小秀野’。”后附和诗，作者二十八人，都下名士，一时俱在。如王贻上、姜西溟、唐实君、徐昂发、张超然辈皆是。又有戴名世、刘大山、钱名世等诗，此数人或遭大辟，或被遣戍，或遭雍正深恶，不得善终，遗篇赖此仅存。嗣立此后刻全集，亦不能不芟之，知初刻之可贵也。乙酉重九后二日。

離騷辯

一麟瑞書

吳門朱冀悔广氏論述　男佐周聲越較

玉蛟雲友

孫　羲念祖

離騷

帝高陽之苗裔兮。林註顓頊後。與楚同姓。爲世官。便有宗國不可去之義。

朕皇考曰伯庸。原父字攝提貞于孟陬兮。惟庚寅

离骚辩

康熙绿筠堂刻本。前康熙丙戌自序及自为小引，凡例。写刻工致。行间用密圈、实圈、尖圈、×号、墨勒帛等标识，扉叶大书曰“别开生面”，亦雕板之别格也。

岡州遺稾卷第一

三洲顧　嗣協　迂客　編集

閭丘顧　嗣立　俠君　同選

羅蒙正

蒙正字希呂其先江西廬陵人父稽叔以遊學至新會遂家于文章都之斗岡蒙正弱冠有詩名縣令沈壽創古岡書院禮之師席學者雲集尊為高州學正秩滿歸仍授徒書院元至正丁亥赴省試遇開武功或勸其借注廵檢不屑就以詩荅之曰儒冠不是將軍具只作當年措大看後遭亂避地郡城館司椽趙式家式薦于行省授南恩州教授

冈州遗稿

康熙绿屏书屋刻木。六卷。前有康熙庚寅顾嗣协序，又顾嗣立序，《征新会先贤遗书启》。此编为迁客官新会时搜集里人诗篇，自元罗蒙正而下，共得五十九人，各为一传，得诗凡一千一百七十五首。字体瘦劲工妙，实为佳刻。

蓉槎蠡說卷[illegible]

天官書杓攜龍角（攜者連也 角東方宿）衡殷南[illegible]（衡斗[illegible]）[illegible]首（魁斗之首）用昏建者杓（杓昏指寅）夜半建者衡（衡夜半指寅）平旦建者魁（魁旦指寅）第一至第四為魁第五至第七為杓魁下六星兩兩相比為三能按繞斗七星俱明為天綱諺云莫認天綱作北斗而漢書玉衡杓建天之綱日月初躔星之紀殊未分明

石氏星經蒼龍司鱗蟲玄武司介蟲白虎司毛蟲朱鳥司羽蟲各三百六十朱鳥者鳳也禽經鳳青者鶡赤者鶉白者鷫紫者鸑鷟鳳生丹穴而鶉其赤者故取象南方

蓉槎蠡说

康熙刻本。前有辛卯王士禛序。七略书堂藏板。书十二卷，写刻，端楷中已微有行书意味，刻工亦足以传之，遂为名刻。

懷古堂詩選卷第一

長洲楊炤明遠

懷古十詠

於戲周武王二士猶非之義不食其粟西山可樂飢奈何後世人受祿罔不宜大都惜一身何暇顧四維無如此二士視死甘如飴采薇非續命兄弟聊相嬉

世亂願身隱食力思躬耕入山早決計（甲申七月卽移居鄧尉山）逝將老此生爲農良不易寇盜復從横同羣遂散去子立竟無成遠慚沮與溺一德齊高名

怀古堂诗选

康熙刻本。十二卷。杨炤集也，与父补集名相同。卷前有壬辰钱谦益序，辛卯顾梦游序。雕椠精绝。顾侠君藏书。

炤父子为明遗民，集中多缅怀故国之作。以“三月十九日”为题之诗有两首。有句云“身是崇祯士，生从万历年”。然甚佩钱谦益，因曾赏其父子两人诗并为制序也。卷二有哭杨龙友诗并缀长序，记文聪死事甚详，足称诗史。清初人记龙友故事者，只见邢孟贞作及此篇耳。集绝罕传，遂不为馆臣所见，不入禁网，亦大幸矣。

瘞鶴銘考

吳郡　汪　士鋐　編

邵資政考次瘞鶴銘文（資政名亢字興宗）

鶴壽不知其紀也壬辰歲得於華（闕一字當為亭）甲午歲化於朱方天其未遂吾翔（闕一字當為寥）廓耶奚奪（闕一字）遽也迺裹以玄黃之幣藏乎茲山之下仙家無（闕四字）我（竹此字不全）故立石旌事篆銘不朽詞曰

相（闕一字）彼胎禽浮丘（闕二字）余欲無言尔（闕五字當雷門二字）有去鼓（闕一字當作華）表留（闕二字當為形義）唯髣髴事亦微冥尔將何之解化（闕五字）厂（此字不全又闕五字）惟寧後蕩洪波前固重扃右害荓尸氵冫字（又闕八）華亭爰集真侶瘞尔（闕二字或文血）

瘗鹤铭考

康熙五十三年岁在甲午九月松南书屋开版，卷尾有此牌记。开板精雅。出作者手书，草草不经意处乃别有佳处。旧为吴兔床藏书。首自叙，次瘗鹤铭图四。首陈沧洲出石于水，现存原石面貌；次张力臣原图及原石定位行数、及张图补全原文；次考证，取《东观余论》《广川书跋》《辍耕录》等所记，直至张力臣之论辩，凡若干事，各为评跋。最后殿以士铉五跋，又何焯、王澍跋。向来记此铭故事者详悉无逾此者矣。士铉善书，自写付刻，尤可珍。

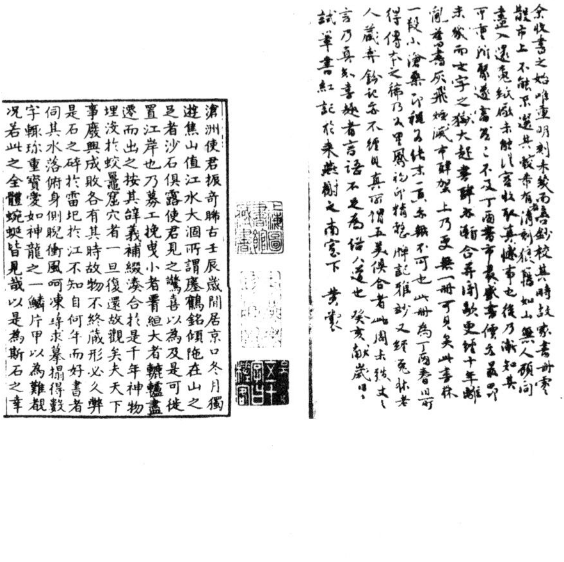
潤州使君振奇睇古壬辰歲閒居京口冬月獨
遊焦山值江水大涸所謂瘞鶴銘傾陁在山之
足者沙石俱露使君見之驚喜以為及是可徙
置江岸也乃募工挽曳小者胥絙大者轆轤盡
遷而出之按其辭義補綴湊合於是千年神物
埋沒於蛟鼉窟穴者一旦復還故觀矣夫天下
事廢興成敗各有其時故物不終藏形必久弊
是石之碎於雷圮於江不知自何年而好書者
伺其水落俯身側睨衝風呵凍埒求摹搨得數
字輒珍重寶愛如神龍之一鱗片甲以為難覯
況若此之全體蜿蜒皆見哉以是為斯石之幸

天籟集卷上

蘭谷白朴太素著

春從天上來

至元四年恭遇聖節真定總府請作壽詞

樞電光旋應九五飛龍大造登乾萬國冠帶一氣陶甄天眷自古雄燕喜光臨彌月香浮動太液秋蓮鳳樓前看金盤承露玉斝霏烟　梨園太平妙選贊虎拜猊觴鷺序鵷聯九奏虞韶三呼嵩嶽何用海上求僊但巖廊高拱瓜瓞衍皇祚綿綿萬斯年快康衢擊壤同戴堯天

天籁集

《天籁集》二卷，兰谷白朴太素著。此本在康熙刻中实为至精之作，为环溪王皜重校并手书上板者。书体秀挺俊爽，刻复能传笔情墨趣，即诸序跋亦无不据手书上板，信雕椠之绝业，书林之名物矣。前有朱彝尊序，至元丁亥王博文子勉序，次兰谷先生小景，笑貌俨然。后附江阴孙大雅、淞曹安、吴兴陈霆、绣水王著“像赞”四通，俱以手书上板。尾有康熙庚辰竹垞校后跋、庚寅王皜跋。付刻者六安杨希洛也。后附摭遗一卷，为套数小令。有戊子雪萝真隐杨友敬识跋，庚寅王皜跋，姜颖新跋。最后附钱塘洪升昉思《檃括兰亭序》词一篇，有杨友敬题，沈红祚题，又庚寅徐材仲堪跋。时稗畦先没于水，不及见此书之行矣。徐乃昌旧藏书。

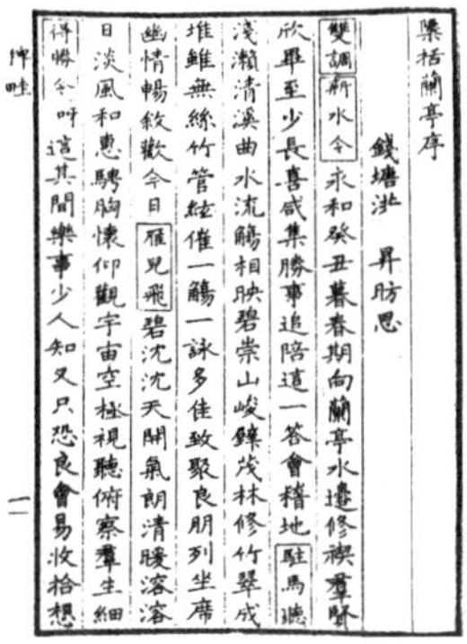
檃括蘭亭序
錢塘洪　昇昉思
雙調新水令 永和癸丑暮春期向蘭亭水邊修禊羣賢
欣畢至少長喜咸集勝事追陪這一番會稽地 駐馬聽
淺瀨清溪曲水流觴相映碧崇山峻嶂茂林修竹翠成
堆雖無絲竹管絃催一觴一詠多佳致聚良朋列坐席
幽情暢敘歡今日 雁兒飛 碧沈沈天開氣朗清暖溶溶
日淡風和惠騁胸懷仰觀宇宙空極視聽俯察羣生細
得勝令 呀這其間樂事少人知又只恐良會易收拾想
稗畦
二

馬臻開鑑湖原不從遊覽起見八百里肥饒不必與西湖較淡豔也

西湖夢尋卷一　鏵式宣

古劍蝶菴張　岱著纂　男　鏞式黼編輯

山陰曲藕王雨謙評定　鐄式貞

西湖總記

明聖二湖

自馬臻開鑑湖而繇漢及唐得名最蚤後至北宋西湖起而奪之人皆奔走西湖而鑑湖之澹遠自不及西湖之冶豔矣至於湘湖則僻處蕭然舟車罕至故韻士高人無有齒及之者余弟毅孺常比西湖為美

西湖夢尋　卷一　總記　一

西湖梦寻

康熙凤嬉堂刻本。五卷。前有武林道隐金堡、古夔旧史李长祥、社弟查继佐、祁豸佳、王雨谦等五序及辛亥自序。次凡例，末属“康熙丁酉年十月望日孙礼谨识”，略云：“先王父生平素多撰述。所著如《陶庵文集》《石匮全书》以及《夜行船》《快园道古》诸本，皆探奇抉奥，成一家言。以卷帙繁多，未能授梓。是集为从弟集携来岭南，而韶州太守胡

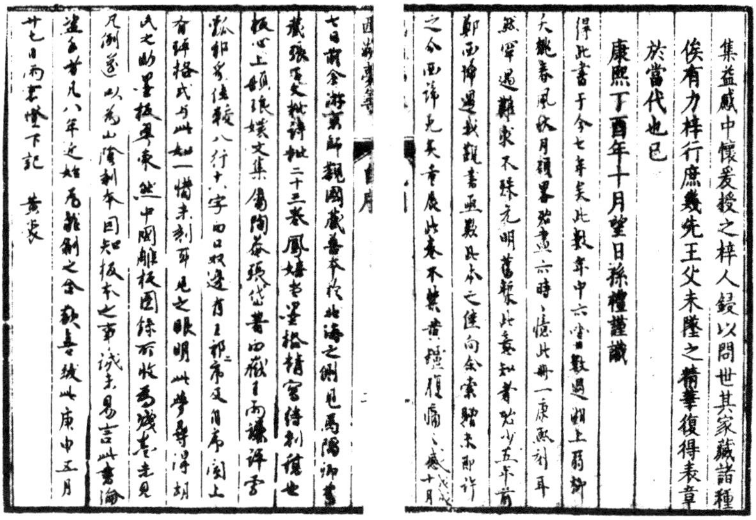
集益威中懷爰授之梓人鋟以問世其家藏諸種
俟有力梓行庶幾先王父未墜之精華復得表章
於當代也已
康熙丁酉年十月望日孫禮謹識

公，见而称赏，令付剞劂，以张前徽。余小子自顾颛愚，不克仰承先志，而奉兹遗集，益感中怀，爰授之梓人，锓以问世。其家藏诸种，俟有力梓行。庶几先王父未坠之精华，复得表章于当代也已。”是此集稿本，携来岭南，而刻于韶州也。每卷尾有参订姓氏，为孙“陈书字通、礼　立亭、国鼎字渊、濬　字哲、濂字清，瀚字漉、潗若水，曾孙肇柏廷坚”。书眉有细字评语，皆出王雨谦手。

藝菊志一卷

嘉定陸廷燦扶照氏輯

考

經

禮記季秋之月菊有黃華

大戴記九月榮鞠鞠草也鞠榮而樹麥時之急也

周禮蟈氏掌去鼃黽牡蘜以灰灑之則死註云牡蘜

菊不花者

又后服鞠衣其色黃也

爾雅鞠治蘠

艺菊志

康熙棣华书屋刻本。前有硃印《御制菊赋》，末题“康熙五十七年菊月穀旦，福建崇安县知县臣陆廷灿薰沐敬录”。次康熙戊戌王复礼序，次凡例。书八卷，分“考”“谱”“法”“文”“诗”“词”“题槎溪艺菊图”。幔亭刊书甚多，只《王常宗集》为精写刻本，此本与《孤山志》刊刻正同，当同时刻，已渐入雍正刻风调矣。

江泠閣詩集卷首

京江冷士嵋又湄氏著

擬琴操古辭

猗蘭操

猗猗幽蘭隱谷獨秀不采其香列艸並茂列艸之茂陰雨膏之歸哉歸哉乃不逢時嗟予一身老之將至日月其馳九州安逝

將歸操

狄之水兮湯湯瞬流莫濟兮空翱翔還原息陬兮

江冷阁集

此京江冷士嵋《江冷阁诗集》十二卷，首末各一卷，《绪风吟》三卷，卷分上下，则八十后作。诗集刻成于康熙四十三年甲申，寄存于焦山枯木堂中。此诗集卷六七律诗题自记也。书颇初印，然中有挖板数处，当是违碍字句。然三月十九日诗有两处，故国之思显然，却得幸存，不知何也。集绝罕传，道光丙午，族孙冷鹤、冷鹏重刊先集，只文集正续两编，依旧刻付梓，诗集以旧本残蠹，先后刻为两编，次序紊乱。近横山草堂本亦只据道光本重梓。丙子秋柳翼谋丈得宗冷合刻于北京，遂补校重印，并附全目。取校一过，此本挖去诗篇，柳本亦不存，且于全目中泯其旧迹，大是憾事。此书刻成，初印无多，禁网渐密，刷印皆删后本也。集前有广陵同学宗元豫、宁都魏禧两序，又丁未（康熙六年）自序，略云“己亥之难，旧作散亡略尽”，是顺治十六年郑成功江上之役也。士嵋古风多佳作，少时随父居金陵，因多咏石城古迹诗，孝陵山下，旧院遗踪屡有吟咏，故国之思，不可掩也。邓文如举杨宾亡友诗，于士嵋云“冷氏举义旗，全家著忠烈”，知其曾参反清军事。卷八“石城感秋”八首，皆缅怀故国之作，颇有碍语。卷十二有“经金陵旧院废址赋得十二楼”四绝句，录其四云：“绮罗香散彩云收，燕子空归十二楼。惟有白头丁老在，向人犹说旧风流。”诗后小注云：“丁名胤，字继之。家秦淮上。少习声伎，多出入市曲中，能道曲中遗事。王阮亭过金陵，尝主其家。因掇其语入秦淮杂诗中。”此亦秦淮故事也。《绪风吟》首有自序，皆八十以后诗，多纪游之作，虞山、洞庭、西湖、嘉禾，所在有诗。游兴不浅。有梦亡妇诗，妇亦能诗，名秦芷，字端容。附所作寄外诗两首，亦不凡俗。

奁网蛛丝久不开，天涯人去几时回。也知零落双蛾瘦，总只无心傍镜台。

关河望断不还家，落尽春风几度花。强把音书托飞雁，未知何日到天涯。

泊齋集卷上

鹽官沙門元尹宇亭著　海寧　查雲標學菴閲

陳邦懐栖霞梓

詩略

七言律

山居二十首　吳興吳山歸雲菴作

南山山北北山南就樹依巖縛箇菴滿地無塵唯自識

到門有路更誰諳眠來否枕松千尺定起蒲團月一龕

葉葉不隨流水出復何踪蹟與人探　葉葉洞山訪龍山事

山居無事日幽哉一卷楞伽茗一杯清磬只從獅窟去

泊斋集

康熙刻本。前有康熙戊戌陈勋序，己亥陈世仁序，徐有纬序，康熙庚子施谦序，自序。此本每半叶双边，版心上下有空框、墨钉，皆刻经体式，方外人著作刊刻往往如此。师毗陵吕氏，集凡三卷，卷上诗，卷中偈，卷下赞、对、杂著。《北平图书馆善本乙目》著录，稀见罕传。

秋林琴雅卷一

錢塘厲鶚太鴻一字樊榭山民

國香 素蘭

路遠三湘向幽崖泠谷覔徧瑶房仙人鍊顏如雪尚怯春霜玉戟參差搖翠返魂處多謝東皇飄零遇張碩已謫紅塵還舞霓裳　月中無限怨念王孫草綠孤負空香冰絲彈徹清夜如訴悲涼粉指何堪摘取除非是連理唐昌閒堦澹成夢白鳳梳翎寫影雲窗

如此江山 吳山望隔江殘雪

孤筇翼我登臨去江空雪晴風小溼粉樓臺釅寒城

秋林琴雅卷一　一

秋林琴雅

康熙无尽意斋刻本，传世甚稀。前有康熙六十一年徐逢吉序、吴允嘉序，康熙壬寅陈撰序、吴焯序、符曾序、赵信序。卷尾有壬寅宛平瓮熺履吉刻书跋，又“秦邮夏秉谦校”一行。此为康熙季年浙中刻本标准体式，同时尚有《浙西六家词》，与此刊刻正同。自然大雅，二百年来浙刻类此者间出不穷，然时代更易，气息亦多变化矣。此本旧有冯氏勺园抄本，罕传可知。为毛叔美、张次柳藏书。

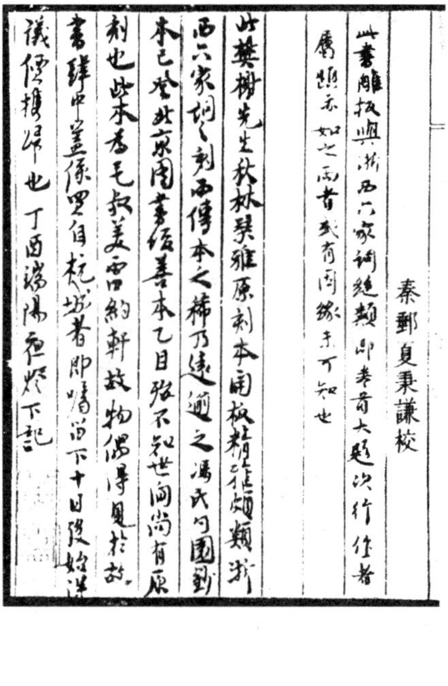

節必居槀

長洲劉曙公旦

五言古

詠雪送楊子維斗計偕

楊子今日行雪光照征車初從臘氣凝旋與春風舒縱橫若無端爛熳疑有餘造物此豪縱大文許誰如抱策三千言開箱鬬瓊琚浩歌金昌樓矯首承明廬銀闕畫氤氳玉階夜虛徐君王飄飄思端因頌子虛勗哉凌清寒相須勿踟躕

节必居稿

“长洲刘曙公旦”撰。康熙刻本。卷首道隐金堡今释性因撰《南昌尹刘先生传》；次殉节遗事，甥李炳谨录；次《狱中寄示男侄书》及《自述连日问答语》；次遗像，朱用纯赞，吊诗。写刻绝精。案公旦传尚有徐晟《续名贤小记》本，与金堡撰传详略不同。晟父徐树丕，于公旦通家，宜所撰传之详赡也。

[illegible]泉子石苞

古鄮錢光繡較閱

東友

我思東園翁，偪側屋廬古。鬻蔬供晨炊，蓬藋頗環堵。散帙手忘倦，把鉏亦艮苦。長時喜晏眠，卽事嬾經覩。昨過輓我宿，聽言到肺腑。時値菊亂開，老眼愧莽鹵。愛君檐下池，有鳥好毛羽。長鳴不向人，胡爲繫玆土。

苞　一

寒泉子石苞

康熙刻本。前有法侄超睿序。此天岳本昼诗集，刊刻古拙，亦如清初他种禅门语录。光绣为肃乐从弟，木陈忞弟子，与本昼同门。本昼于丁巳仲春，重主平阳，是为康熙十六年，集中有诗，后注语颇多，于本师极致推许。平阳寺在会稽化鹿山，旧为祁彪佳别业。木陈应召南还，构御书楼，复恢大其基为平阳寺。是此集当刊于越中。

遊廬山記

天都吳菘綺園纂

匡廬梵剎以百數余所歷者曰歸宗開先萬杉棲賢巢雲峰巒以百數山之陽可指數者曰金輪雙劍鶴鳴黃巖行龜紫霄漢陽慶雲石人五老斗笠九疊歸宗在金輪峰下開先在鶴鳴峰下香爐黃巖雙劍出兩寺間行龜出開先之背萬杉在慶雲峰下紫霄漢陽皆道中所經也棲賢在石人峰下五老峰前則白鹿洞在焉書院之存惟此而已斗笠九疊諸峰則入玉川門上

匡庐集

康熙刻本。前有程元愈序，后先著、戴名世、蔡擎、张师孔跋。绮园所撰尚有《娑罗草堂诗》五卷三种：《白华集》二卷，《四明集》二卷，《黄山唱和集》一卷。此书版心下所著者是也。只此本稀见，无著录者，旧为堇斋昌龄藏书。

平北頌

汪文柏

自昔堯舜禹湯之治統元建極之君文德誕敷湛恩汪濊六幕之内罔弗嚮風然猶制五兵張九伐者蓋欲文武兼資安不忘危也我皇上御極以來智勇天錫神聖丕承肅清海外妖氛掃蕩羣酋背逆固已化及無雷威加鑿齒亭障無虞邊方罷戍林林總總咸沐浴於光天化日之中下至含血帶角草木蟲魚莫不自育於生成矣獨有厄魯特噶爾丹者梟獍難馴豺狼成性跳梁

柯庭文薮

康熙刻本。此汪文柏文集，与古香楼他种刻非一时。卷首无大题，每篇题下皆著作者姓名，亦一别格。雕写之精，为同时翘楚。康熙写刻以谨严端秀为最大特色，后渐趋率易，姿媚转多矣。

曝書亭集卷第一

秀水　朱彝尊　錫鬯

賦

謁孔林賦

粵以屠維作噩之年我來自東至於仙源斯時也壇杏花繁庭檜甲坼元和之犧象畢陳闕里之榛蕪盡闢既釋菜於廟堂旋探書於屋壁乃有百石卒史導我周行牽車魯城之北緤馬洙水之陽即大庭之遺庫循端木之故場驕孫衲子居前聖子藏兮在左自黃玉之封緘閟幽宮而密鎖隕長鯨兮不驚慵祖龍乎遠禍除荆棘之叢生罕翔禽之飛墮雨露既濡遲景東隅整衣裳之肅肅正顏色之愉愉展謁方終誕尋往蹟超白兔之深溝撫青羊之卧石爰有草也苞著其名守

曝書亭集卷一　一

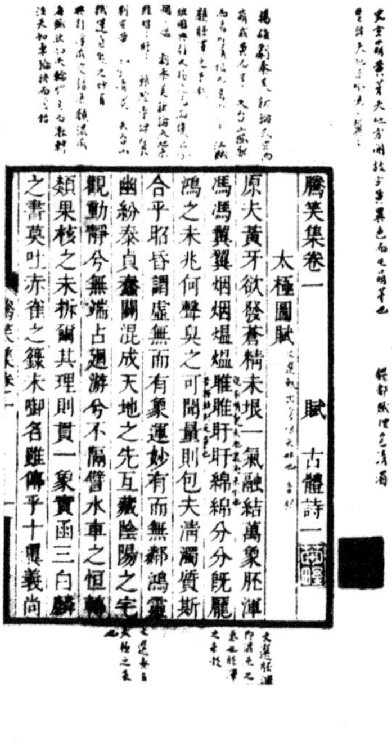

騰笑集卷一　賦　古體詩一

太極圖賦

原夫黃牙欲發蒼精未垠一氣融結萬象胚渾馮馮翼翼烟烟熅熅睢睢盱盱綿綿分分既麗鴻之未兆何聲臭之可闚量則包夫清濁賫斯合乎昭昏謂虛無而有象運妙有而無鄰鴻靈幽紛泰貞蠢闢混成天地之先互藏陰陽之宅觀動靜兮無端占週游兮不隔譬水車之恒轉頖果核之未拆衍其理則貫一象實函三白麟之書莫吐赤雀之籙未啣名雖傳乎十翼義尚

騰笑集卷一　一

曝书亭集　腾笑集

《曝书亭集》八十卷附《叶儿乐府》又朱昆田《笛渔小稿》十卷，康熙刻本。初余有此书之洞庭葛香士旧藏本，少后印。近日收得汪日祺《读书堂诗》稿本，乃检此书对读。见日祺名俱挖去，知是雍正三年后印本也；卷廿三《喜青宫再建》诗亦挖去，是此书刊成未几，康熙五十一年太子再废，即有削板重印之本矣。会见书肆架上有此书，都无所失，遂商孙实君为余易之。可知版本之事，亦正难言，虽一清人别集，亦颇有关涉也。然竹垞与梅里祁氏及朱朗诣诸子往还诸作都未削去，时代较远，渐无避忌，不徒竹垞笃于风义也。此本为曹楝亭代刻，与诗局本风格正同，亦非最初印本。前竹垞小像尚存，亦可珍重。旧为江夏徐行可藏书。

竹垞少年时客山阴梅市祁氏，结客图故国兴复之业。祸起，竹垞跳而免，事解归。后应鸿博之选，得官禁近，自谓两橛人。罢官后居京师，刻此集。自序称取意于《北山移文》，不畏人笑，亦自笑也。集凡八卷，前二卷古体诗，有查嗣琏序。陈古铭《一斋杂著》录谢南铭论此集语，皆诛心论。李秋锦与竹垞齐名，同举鸿博，而独归田。见此集题诗云“供奉吟笺绝可师，换来风格又经时。风人不信偏愁好，才脱朝衫便有诗”，亦于言外见意。此集刻成于康熙二十五年，颇罕传。卷中多酬应及应制之作，有删削不入《曝书亭集》者。别有旧人批语甚多，详著故实。有朱文印曰“菊墅”。九峰旧庐王氏旧藏。

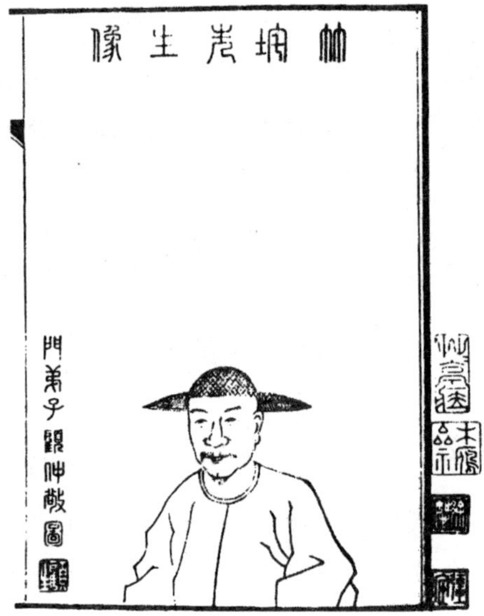

之溪老生集卷第一

嚴許集上

幼年率意爲詩雜然滿紙不知何者爲是後得交嚴克宏稍知下筆措語然有句而無篇苦於力之不充每舉以示克宏顧多所許可少所裁正心竊疑而問之克宏告予曰譬之良馬當極其馳驟所至極騁而思返然後安於轡勒若氣方長而驟遏之其去駑足無幾矣非予不言懼傷君之才氣也予時感誌其言已而克宏早死同輩分異志意零落中間又以困苦奪之亦嘗妄有意於學問之事然皆毫髮無成於此道初無専功棄之久矣間有

之溪老生集

康熙刻本。作者泸州先著，迁南京十世，为金陵客籍。卷首扉叶钤“玉渊堂”白文大方印，知是项氏刻。雕椠甚精。集首有《盍旦子传》，其自叙也。言世为蜀之泸州人，迁南京已十世。别字蠲斋、染庵。晚更号盍旦子，为鸟名。夏月毛生五色，辄鸣曰，凤凰不如我；至冬，毛落如雏，则曰得过且过。用意如此。诗风健举，古诗尤当行。居金陵，于一时名士交往颇稀。仅石涛、王昆仑、胡致果、何义门、顾秀野为人所习知，余皆荒江野老。然于金陵胜迹，多驻足流连，咏歌不倦。亦能诗余，有《劝影堂词》。又与人同辑《词洁》，多附评语，为人所重。集绝罕传，缪艺风求之二十年，终未得见。

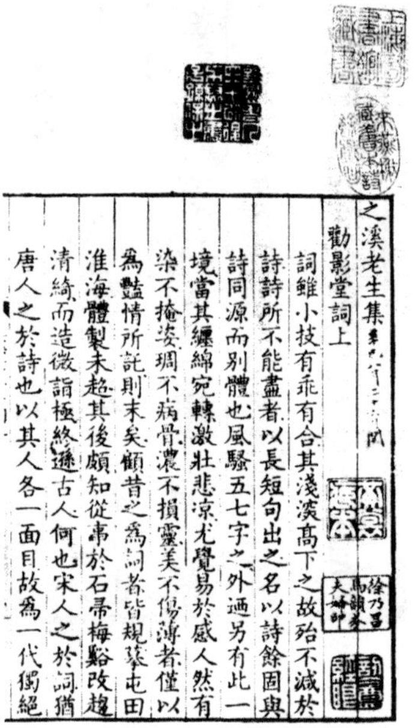
之溪老生集
勸影堂詞上
詞雖小技有乖有合其淺深高下之故殆不減於
詩詩所不能盡者以長短句出之名以詩餘固與
詩同源而别體也風騷五七字之外迺另有此一
境當其纏綿宛轉激壯悲涼尤覺易於感人然有
染不掩姿堈不病骨濃不損靈美不傷薄者僅以
爲豔情所託則末矣顧昔之爲詞者皆規摹屯田
淮海體製未超其後頗知從事於石帚梅谿改趨
清綺而造微詣極終遜古人何也宋人之於詞猶
唐人之於詩也以其人各一面目故爲一代獨絕

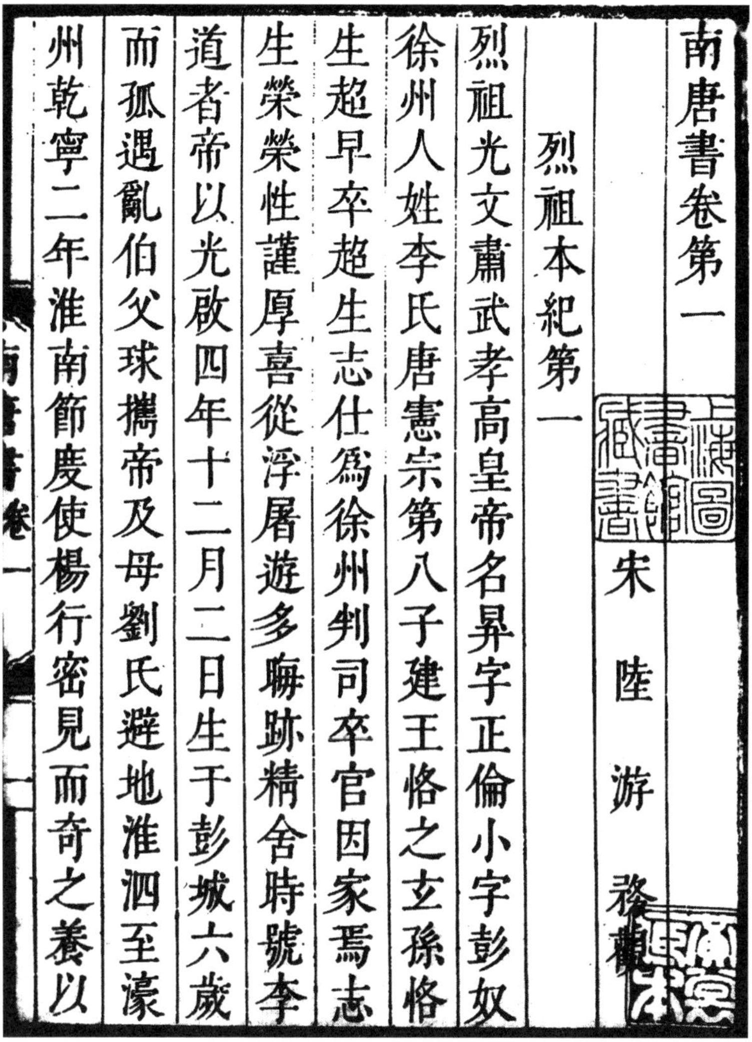

南唐書卷第一

宋　陸游　務觀

烈祖本紀第一

烈祖光文肅武孝高皇帝名昪字正倫小字彭奴徐州人姓李氏唐憲宗第八子建王恪之玄孫恪生超早卒超生志仕爲徐州判司卒官因家焉志生榮榮性謹厚喜從浮屠遊多晦跡精舍時號李道者帝以光啟四年十二月二日生于彭城六歲而孤遇亂伯父球攜帝及母劉氏避地淮泗至濠州乾寧二年淮南節度使楊行密見而奇之養以

南唐書卷一

南唐书

康熙刻本。此陆氏《南唐书》，十八卷。目录大题下有“襄平蒋国祥蒋国祚校”一行。前有集贤大学士奎章阁大学士光禄大夫知经筵事赵世炎序，卷尾有《南唐书音释》。

《南唐书》马令本余藏嘉靖刊，钱叔宝朱笔校；又有啸园沈氏木活字本。唯陆书佳本难得，汲古阁刻外绝少概见。此为宋体字刻，但绝无通常厚重拙滞之势，清疏可爱，传本甚稀。蒋氏亦藏书家，有藏书大印，文云“堂名拱璧，惟书是宝。无意无必，随得随校，惟蒋氏子孙，永以为宝”。

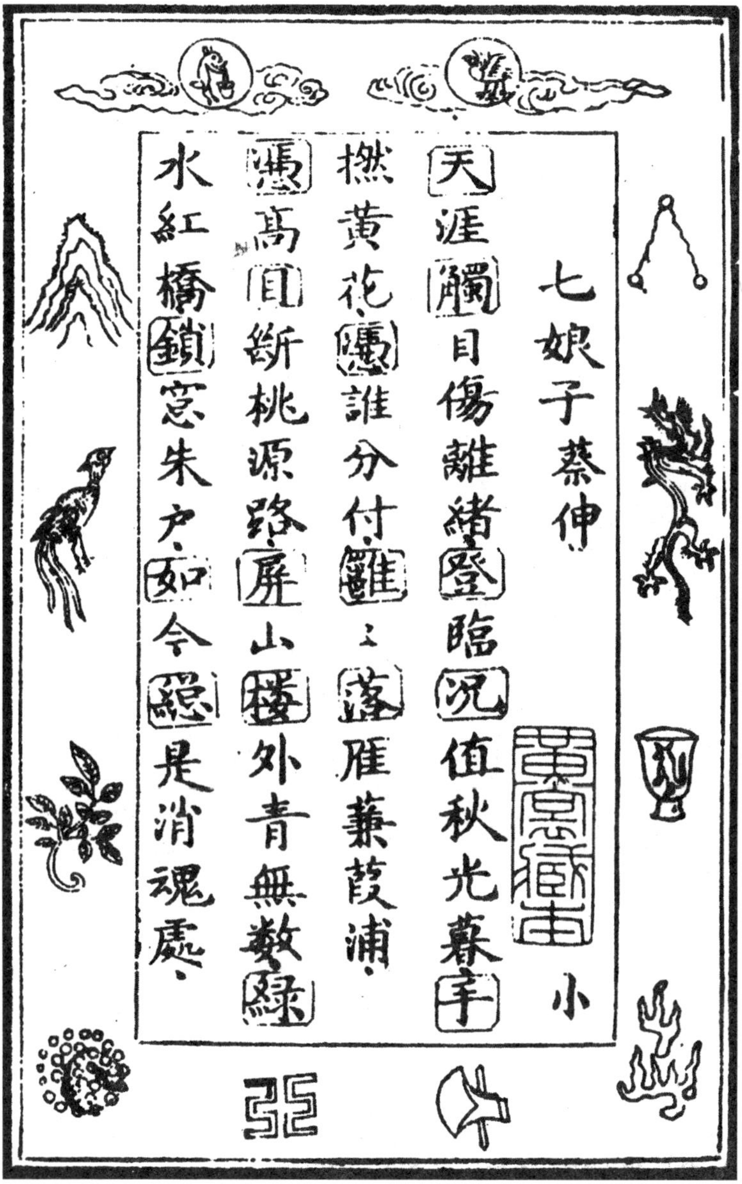

七娘子 蔡伸 小

天涯觸目傷離緒登臨況值秋光暮手撚黃花憑誰分付雝雝落雁蒹葭浦憑高目斷桃源路屏山樓外青無數綠水紅橋鎖窓朱戶如今總是消魂處

红萼轩词牌

康熙刻巾箱本。孔传铎作。传铎有《红萼轩词》，亦康熙中刻。此本前有“词坛雅致”牌子，又自为“诗余牌引”，又东吴顾彩湘槎序。传铎与彩尝同辑《草堂嗣响》，亦有康熙刻。此本雕椠颇精，每半叶一词，因小令长调而行格各异，四围边框，亦每叶不同。卷尾有孔传志跋，略云：“韵牌之作，便于即席赋诗，今词亦酒人一政也，未闻有词牌者，有之，自兹帙始。……帙成刊之为牌，使即席拈之，可以依调度曲，不相雷同。即座客不尽善此，亦可借调名、词名，用为觞政，发挥不穷。诚游具所必携，亦鸡坛之赤帜也。”晚明叶子、酒牌盛行，入清余风尚未消歇，此其一例也。

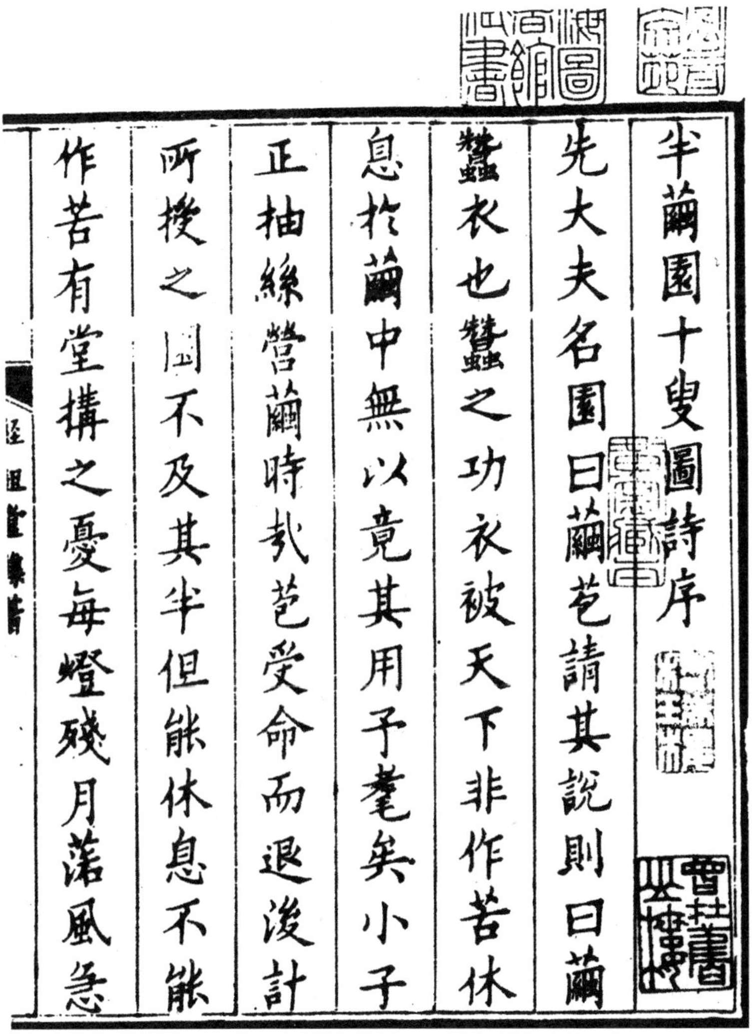
半畝園十叟圖詩序
先大夫名園曰畝苞請其說則曰畝
蠶衣也蠶之功衣被天下非作苦休
息於畝中無以竟其用予耄矣小子
正抽絲營畝時執苞受命而退後計
所擬之園不及其半但能休息不能
作苦有堂構之憂每燈殘月落風急

经钼堂杂著

康熙刻本。昆山叶奕苞撰。首《半茧园十叟图诗序》《醉乡从事图传》，各附精图，大抵祖于明人《欣赏编》而自出新意。文稿不分卷，为《金石小笺》二卷，《杂著》《附集》各一卷。《附集》收陈维崧、姜宸英、施闰章、葛芝、归庄、彭士望、徐开任、李良年、顾苓、魏禧等记半茧园诸境文赋。全书半为写刻，半是宋体，刊俱佳妙。旧为曹彬侯、稽瑞楼、旧山楼藏书。吴梅村《琵琶行》，前有小序，盖为通州白氏父子作也。此书有《赠白生璧双序》，前半隐括梅村诗序，后记白生世系及乐曲授受源流甚详，可为吴诗作笺。

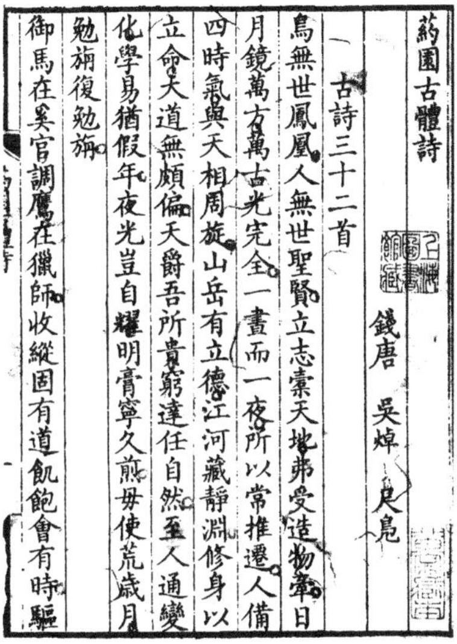

葯園古體詩

古詩三十二首

錢唐 吳焯 尺鳧

鳥無世鳳凰人無世聖賢立志槖天地弗受造物牽日月鏡萬方萬古光完全一晝而一夜所以常推遷人備四時氣與天相周旋山岳有立德江河藏靜淵修身以立命天道無頗偏天爵吾所貴窮達任自然至人通變化學易猶假年夜光豈自耀明膏寧久煎毋使荒歲月勉旃復勉旃

御馬在吳官調鷹在獵師收縱固有道飢飽會有時驅

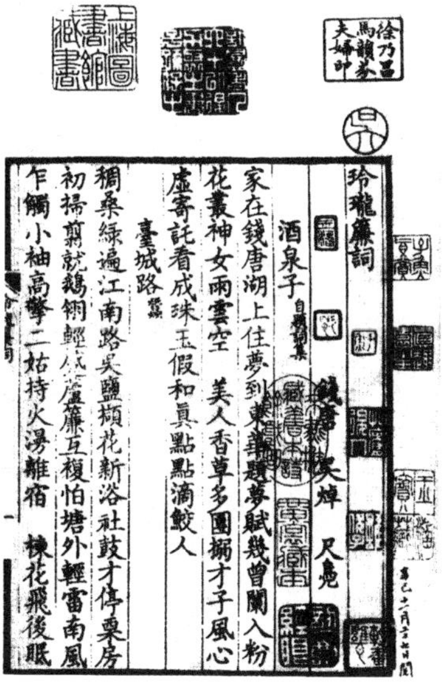

玲瓏簾詞

錢唐 吳焯 尺鳧

酒泉子 自題詞集

家在錢唐湖上住夢到東華題夢賦幾曾關入粉花叢神女雨雲空 美人香草多團掬才子風心虛寄託看成珠玉假和眞點點滴鮫人

臺城路 蠶

稠桑綠遍江南路吳鹽擷花新浴社鼓才停桑房初掃翦就鵝翎輕紙蘆簾互覆怕塘外輕雷南風乍觸小袖高擎二姑持火湯雛宿 楝花飛後眠

药园诗稿　玲珑帘词

钱塘吴尺凫焯，藏书处曰瓶花斋，收藏甚富。精校勘，喜作跋尾，小楷端丽，为藏书家所重。吴伯宛昌绶搜集先世著作甚勤苦，其言曰：“尺凫老人著述，惟《南宋杂事诗》盛传于世。《径山游草》一卷，手稿仅存。光绪丁丑族兄文祐刊行。兄跋《游草》，记老人所著有《药园诗稿》《渚陆鸿飞集》（按此册亦曾重刊，甚精）、《瓶花雅集诗草》《红豆花轩诗草》《玲珑帘词》《蝉花集》，皆梓行于世。”“庚子秋，独山莫棠楚生以所藏《药园诗稿》二卷归昌绶，版刻精妙，犹是初印。”是昌绶所藏亦仅诗集耳。余于辛卯冬日获此集于海上，凡二卷，大题作“药园古体诗”“药园今体诗”，前康熙庚寅毛奇龄序，每卷前有目录，有愚斋图书馆大印，盛宣怀藏书也。诗笔颇不凡俗，湖上诗人之翘楚也。诸老过从无虚日，遂多存西湖故实。有《度岁朝杂感》十六首，序云“余遭逢奇难，自秋徂冬，奔走百四十日”，则不详何事。

其《玲珑帘词》一卷，流传更罕，昌绶亦未见。乙未秋于林子有家词集中，忽见有此，欣喜逾望。书刊于雍正中，前有雍正七年厉鹗序，云其为词在中年以后，继龚蘅圃之旨而行者。浙西词派渊源，樊榭所说如此。此本写刻精甚，有草庐吴氏藏印累累，其人当是吴家后劲，有名印曰“子鱼”、曰“玉涵”，又有积学斋印，盖自南陵徐氏归林家者。

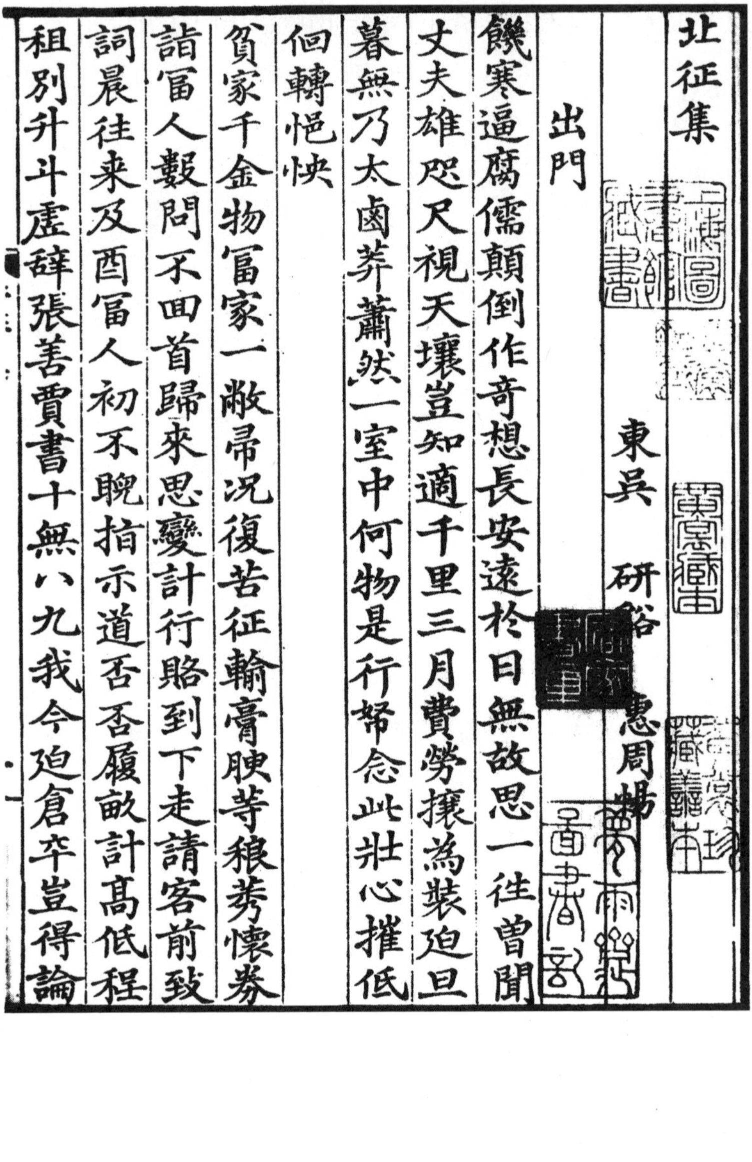

北征集

東吳　研谿　惠周惕

出門

饑寒逼腐儒顛倒作奇想長安遠扵日無故思一往曾聞丈夫雄咫尺視天壤豈知適千里三月費勞攘為裝廹旦暮無乃太鹵莽蕭然一室中何物是行帑念此壯心摧低佪轉悒怏

貧家千金物冨家一敝帚況復苦征輸膏腴等稂莠懷券詣冨人數問不回首歸来思變計行賂到下走請客前致詞晨往来及酉冨人初不睨指示道否否履畝計高低程租別升斗虛辞張善賈書十無八九我今廹倉卒豈得論

研溪先生诗集

康熙刻本。集凡六种七卷:《北征集》《峥嵘集》（二卷）《东中集》《红豆集》《吃语集》《谪居集》。每卷后有“小门生长洲王薛岐谨录”一行。写刻精绝，与顾嗣立《书馆闲吟》风格颇类。康熙中名手写样付刻之风甚盛，林佶人所写诸种最有名，此集流传却罕。周惕别有《诗说》，亦王氏手写上板，当是同时付刊者。周惕善画，曾见所作山水册叶，笔墨精雅。集中颇存题画诗，与揆叙过从投赠颇多。又有《答薛孝穆书兼寄屈翁山》一诗，题注云“翁山孝穆，俱以新刻见贻”“时孝穆寓翁山三间院”，薛熙曾刻《翁山文钞》，此诗所记当是此书，刻于粤东者。周惕与子士奇，孙栋，并称吴门三惠。

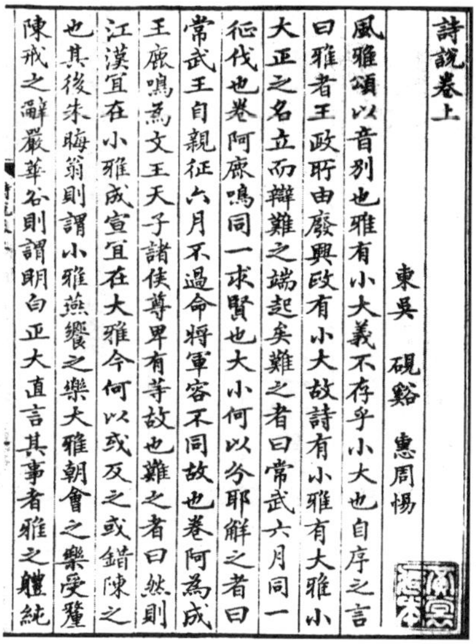
詩說卷上
東吴 硯谿 惠周惕
風雅頌以音別也雅有小大義不存乎小大也自序之言曰雅者王政所由廢興政有小大故詩有小雅有大雅小大正之名立而辯難之端起矣難之者曰常武六月同一征伐也卷阿鹿鳴同一求賢也大小何以分耶解之者曰常武王自親征六月不過命將軍容不同故也卷阿為成王鹿鳴為文王天子諸侯尊卑有等故也難之者曰然則江漢宜在小雅成宣宜在大雅今何以或反之或錯陳之也其後朱晦翁則謂小雅燕饗之樂大雅朝會之樂受釐陳戒之辭嚴華谷則謂明白正大直言其事者雅之體純

雞肋集　古今體詩計一百四十一首

長白揆叙愷功父惟實居士著

男永壽仁山甫較訂

雪

朔氣三冬合同雲萬里長山河涵素影天地入清光舞處輕疑絮融來薄似霜此時官閣裏遙憶早梅香

憶梅

小窗何處尋疏影風散清香約略聞幽夢覺來人不見月明時節正思君

鸡肋集

康熙谦牧堂刻本。前有癸酉长至后三日同学查慎行序。明珠门下多一时名下士，如吴汉槎、唐孙华等皆坐馆授读。癸酉慎行成举人，馆明珠家已四五年。揆叙后有《益戒堂自订诗》，起于康熙三十一年壬申。此集编成，恺功二十岁少年耳。当是最初刻本，早于全集。雕椠精美，与内府开板他书，一般无二。书中真字不缺笔，亦有作字不成者，岂刊于康熙而印于雍正初年，铲而未尽耶？此本曾经傅沅叔借读，卷尾朱笔题字两行，云“辛巳冬至后日，假阅一过，录出《碧云寺》《来青轩》二诗，以备入选。藏园老人识”。是一九四一年顷沅叔见此于京都翰文斋。书出潘伯寅家，流落书肆，沅叔多借阅之。可征流转踪迹。

晧書堂詩稾

長洲沈欽圻得

遊王玄諸司寇園留飲蘭雪堂即事

郊園宛似小江潭洞壑幽深次第探玉樹亞簷疑點雪春塘漾漾欲拖藍酒盃傳處風生座奏疏披餘劒有鐔閱彈客魏奏疏稾即席送人成樂府好將新句付何戡司寇成送人述遊絕句

文選樓

監撫餘閑坐選樓幾年目想與心遊高齋學士勤漁獵注釋文臣費討蒐梁代紛葩誰更續蜀岡遺

晧書堂詩稾　二

晤书堂诗稿

康熙刻本。写手静雅，然字画尚有锋棱，不似乾隆刻之圆熟也。玄字避讳。前有陆世廉序。后附孙男德潜《先祖行述》，则刻于乾隆中。德潜尝选钦圻诗入《别裁集》，更易字句。赖有原刻，得发其覆。自昔选家喜点定旧文，自《文选》来已如此，最为恶习。德潜尤好信笔删易。钦圻集中颇写南京弘光一局故事，荒谬丑怪，穷尽形相，无殊诗史。

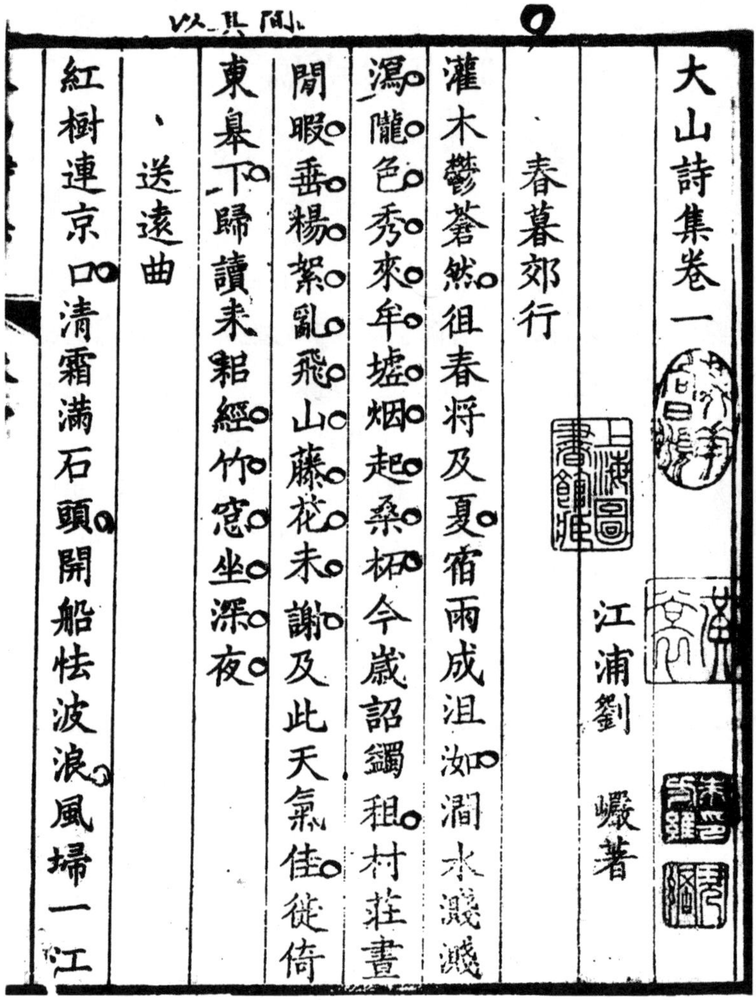

以其間

大山詩集卷一

江浦劉　巖著

春暮郊行

灌木鬱蒼然徂春將及夏宿雨成沮洳澗水濺濺瀉隴色秀來牟墟烟起桑柘今歲詔蠲租村莊晝閒暇垂楊絮亂飛山藤花未謝及此天氣佳徙倚東皋下歸讀耒耜經竹窓坐深夜

送遠曲

紅樹連京口清霜滿石頭開船怯波浪風埽一江

大山诗集

康熙刻本。凡五卷。大山名岩，因与汪灏等陷戴名世《南山集》狱，论法当绞，罪及妻孥。后得末减，系旗籍。遗集光绪二年金陵甘元焕始为刊于津逮楼，是为《匪莪堂文集》，凡五卷。诗集甘氏亦未尝见。文集附录云："成进士后益肆力于诗。自辛卯后，日赋一诗以写忧，得八百余篇，惠安林象湖先生刻五百首行世。"卷中有《舍弟北来省余，即送之南返》诗，词语哀苦，是被难后作也。《读苇间集》有句云"嗟余酸楚迫置罗，忆旧怀人感慨多。此日如君身未死，不知于我痛如何"，为姜西溟狱而作也。其断句有"我罹文字祸，不敢歌大招"。卷二有《出塞》诗一束，知其曾遣戍也。卷四有《题马士英画》古诗，最有关系。卷五有咏金陵旧迹诗甚多，则晚年作矣。

秋左堂集卷一　別花餘事

嘉定孫致彌愷似塡

滿江紅　金治文四十初度

春到花朝漸九陌煙光似綺看嘯傲東山安石年華如此四十功名輕杖節三千賓客爭投屨羨隱囊麈尾擅風流神仙侶　琉瓈匣銀鈎字珊瑚架金荃製借酒兵澆盡胸中磈磊廣厦萬間歡杜老汪陂千頃思頽子笑當年不免爲蒼生徵書起

蝶戀花　送春

杕左堂集

康熙刻本。集四卷：《别花余事》一卷，《梅沜词》二卷，《衲琴词》一卷。前有钱唐同学弟吴秋原序，略云："孙子恺似，所称忠孝家儿也。其祖中丞公，自请缨开阃，终身不忘为国丧元之志，而其下褊裨厮养，皆能以其材伎勇健，树勋名而建大业，宜乎恺似之心益悲以深，益壮以婉，凄以切，折而出于诗余小令之作，如羌之笛、闺之砧，令闻者读者为之黯然而销魂，悲哉而夺气也。……恺似尝为余言，柳永周邦彦非词之至者，予深然之。夫周柳乌知圣贤忠孝之大者邪！知之，则不奉填词之敕，不入师师之床下矣。"貌似论词，实有深意，词尤诙诡。又有受业楼俨序。雕版当在康熙季年，或已入雍正中。

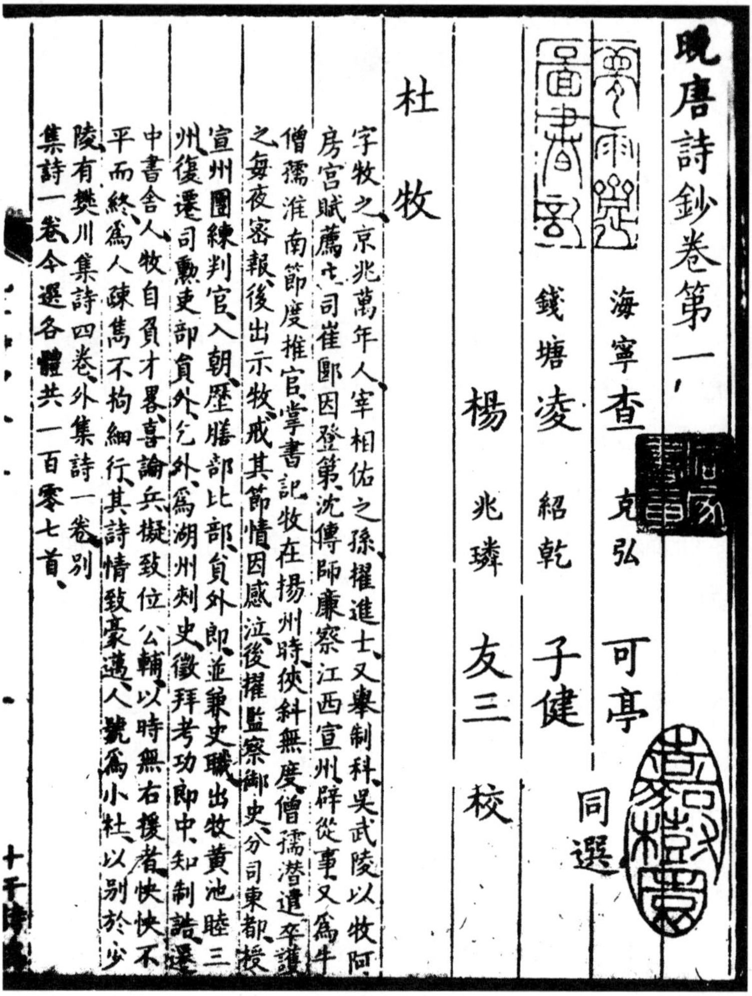

晚唐詩鈔卷第一

海寧查克弘可亭
錢塘凌紹乾子健 同選
楊兆璘友三 校

杜牧

字牧之京兆萬年人宰相佑之孫擢進士又舉制科吴武陵以牧阿房宮賦薦主司崔郾因登第沈傳師廉察江西宣州辟從事又爲牛僧孺淮南節度推官掌書記牧在揚州時狹斜無度僧孺潛遣卒護之每夜密報後出示牧戒其節情因感泣後擢監察御史分司東都授宣州團練判官入朝歷膳部比部員外郎並兼史職出牧黃池睦三州復還司勳吏部員外允外爲湖州刺史徵拜考功郎中知制誥遷中書舍人牧自負才畧喜論兵擬致位公輔以時無右援者怏怏不平而終爲人疎雋不拘細行其詩情致豪邁人號爲小杜以別於少陵有樊川集詩四卷外集詩一卷別集詩一卷今選各體共一百零七首

晚唐诗钞

康熙栖凤阁刻。二十六卷。前有康熙四十二年海宁查克弘序，钱唐凌绍乾序，次凡例，目录，杨兆璘后序。此选据胡震亨《唐诗戊签》选出，起杜牧讫刘兼，凡得百十余家。刊刻颇精。凡例有云："是编意欲仿宋人刊本，字画疏密中少具错落之致。今杭郡刻工，得传者甚少。倘强而行之，未免有寿陵余子之诮。然较之坊刻，颇有可观。若近日吴趋新样，亦得其大略耳。"此康熙中人论苏杭雕板短长，不失为绝妙雕版史料。

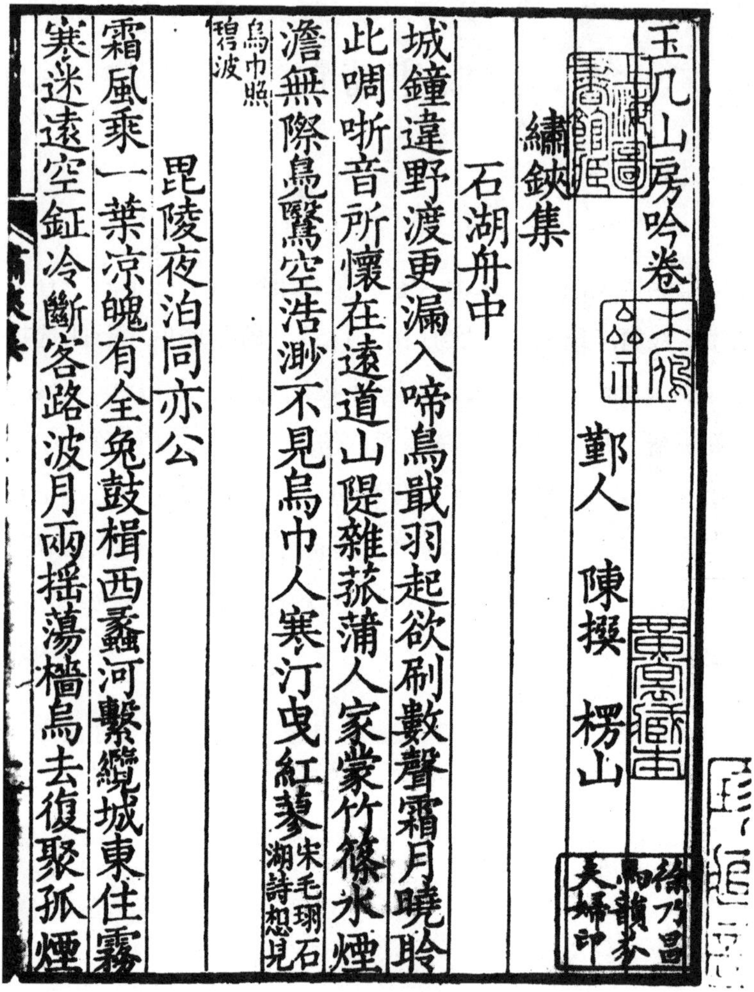

玉几山房吟卷下

繡鋏集　　鄞人　陳撰　楞山

石湖舟中

城鐘違野渡更漏入啼鳥戢羽起欲刷數聲霜月曉聆此啁哳音所懷在遠道山隄雜菰蒲人家蒙竹篠水煙澹無際鳧鷺空浩渺不見烏巾人寒汀曳紅蓼宋毛珝石湖詩想見烏巾照碧波

毘陵夜泊同亦公

霜風乘一葉涼魄有全免鼓楫西蠡河繫纜城東住霧寒迷遠空鉦冷斷客路波月兩搖蕩檣烏去復聚孤煙

玉几山房吟卷

康熙刻本。前有康熙丙申魏周琬序，丙申程鸣序，集名“绣铗”，皆年来旅游广陵所作。其第二种为“秋吟”，有魏周琬、程鸣序，壬辰赵虹跋，细字精刻，风神绝世。第三种为“拟古”诗，“符曾幼鲁点次”，亦细字刻，但少迫促，不如“秋吟”之妙矣。当日广陵为文化中心，雕版业极盛，文士诗筒往还，往往精刻如此。“拟古诗”撰于辛丑，有句云：“祖龙鞭六合，躬履九五尊。侈愿尚未极，遐观登蓬瀛。服食求神仙，身随鲍鱼腥。”尤生叹世，往往见之诗篇。撰鄞人，本素封，以事破家，流寓邗上，

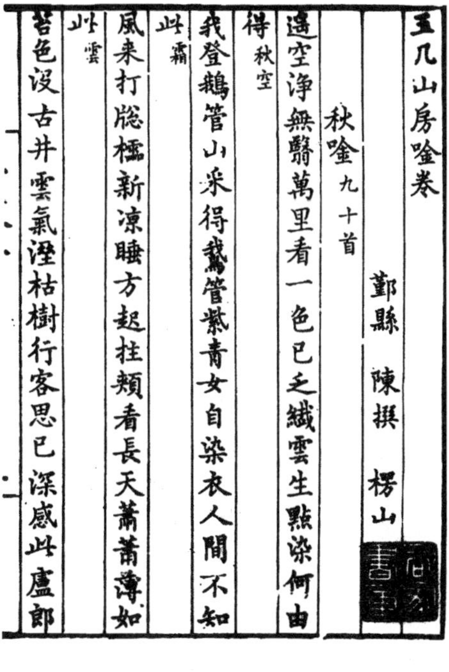
玉几山房唫卷
鄞縣 陳撰 楞山
秋唫 九十首
遥空淨無翳萬里看一色已乏纖雲生點染何由
得 秋空
我登鵝管山采得鷺管紫青女自染衣人間不知
此 霜
風来打牕櫺新涼睡方起拄頰看長天蕭蕭薄如
此 雲
碧色沒古井雲氣涇枯樹行客思已深感此盧郎

名重一时。时人撰作，多乞为序，颇老寿，乾隆中犹存。遗集仅见有此。江炳炎《琢春词》有声声慢词，词序云：“玉几先生，饶有田庐。弹琴歌诗，堪永朝夕。事起意外，萧然屡空。年来奔走南北，息影何期。乃画《秋林读书图》以寄意，亦可悲也。余与定交垂三十年，悉其荣悴消长之故。辱承命笔，乌得无言。”清人集中，无记玉几生平者，得此一题，聊存梗概。

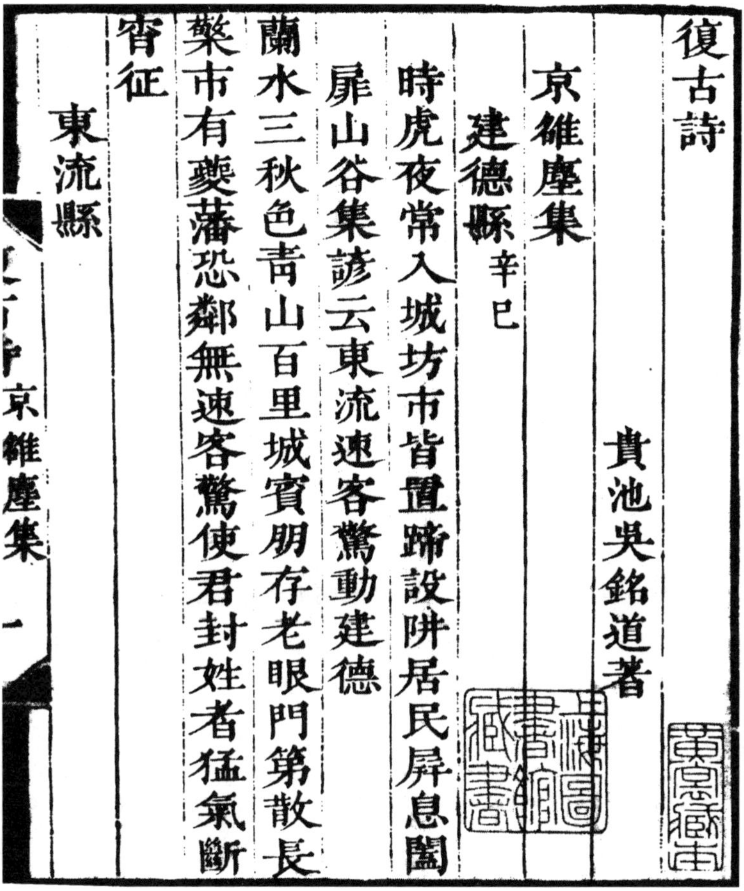

復古詩

貴池吳銘道著

京雒塵集

建德縣辛巳

時虎夜常入城坊市皆置蹄設阱居民屛息闔扉山谷集諺云東流速客驚動建德

蘭水三秋色青山百里城賓朋存老眼門第散長檠市有夔藩恐鄰無速客驚使君封姓者猛氣斷胥征

東流縣

復古詩　京雒塵集　一

复古诗

吴铭道字复古，贵池人。祖应箕，与顾子方草《留都防乱揭》者。金陵陷，起兵乡里，死。邓之诚有《古雪山民诗后》八卷，为铭道康熙五十五年至乾隆三年诗，而未见此《复古诗》，即《诗后》以前诗也。康熙五十三年甲午，汪绍昌为刻其辛卯（康熙五十年）已后诸稿于秀州（《槎头集》汪序）。集凡八种，十四卷，曰《京雒尘集》《滇海集》五卷，《布帆集》二卷，《万回集》《槎头集》《杉青集》《金陀集》《秋树集》。前有诗目，诸集前有乙酉昆明王思训序，潘耒序，梁份序，陈沆序，杨言跋，金集序，汪绍焻书事，诸锦跋。铭道于康熙四十二年癸未随督学使者昌平孙菊思来滇，遍历诸境，东历畇町特磨，西抵澜沧金齿，所过有诗，记其山川奇丽，风习俗信，不厌其详。不殊未成之《滇乘》也。丙申秋晚，余浪游滇南凡二月，归而见此书于来青阁，见《滇海集》有五卷之多，凡所经行，与余游踪无异，二百余年前之云南景物，与今日竟无大区别，喜而得之。起呈贡、曲靖，径苍山洱海，石林、曲靖，皆余所经行处也。于南明永历遗迹，尤多着意。昆明五华山，旧为永历故宫，有句云

“故时铜狄泪，久逐彩云飞”；《安宁五首》，记温泉、盐井诸胜；《大理偶书》二首，有诗序云“大理妇女无不带氈笠者，升庵集谓之次公大帽。将至下关，风极大，马逆之却行数丈，屋声如震而不入屋。虚窗烛影，荧荧自若”，诗曰：“绀色轻衫露臂，次工大帽笼鸦。已过烧香街子，相将戽水田家。”“疾风撼土旦旦，人马怯惊坠桥。屋瓦怒如猛战，窗灯静不轻摇。”此下关“风花雪月”奇景之一，非亲历者不知也。归而主嘉兴汪炽南家甚久，有《嘉兴书事》五首，题为《桑间翁》《渔人》《书村妇》《县胥豪》《官人》，皆极言民间疾苦，知铭道非不关心民瘼者。其《桑间翁》云：“桑间老翁面饥色，手攀弱枝眼看麦，屋上荒荒云日白，天气逼蚕蚕索食。麦生桑叶稀，人饥蚕不肥。壮儿差排去官司，新妇伴姑日夜啼。”桐乡汪氏为浙西名族，时鸥亭尚在，裘杼、古香藏书犹存。铭道久主其家，尤善炽南，诗多及嘉禾故迹。炽南有《金陀吟稿》，余有康熙刻本。又喜藏墨，有著作在《十六家墨说》中。

冬青樹引重註

[redacted]

余曾註謝皋羽西臺慟哭記以未得見張孟兼註爲恨曹叔明出其註示之則頗疑詭余之註若未可輕廢也其註冬青引亦然未關兩餘因憶舊聞爲之重註非欲以蓋前人也余與孟兼所遇之時不同孟兼之去皋羽遠而余之去皋羽近皋羽之言余固易知也癸卯中夏藍水漢人識

冬青樹山南陲 蘭亭山在越城之南天章寺即冬青所識之地張孟兼云遺瘞蘭亭山後種冬青樹爲識斯元祐云林霽山得高孝兩朝骨爲兩函貯之歸葬於東嘉按霽山詩求劍蘭亭畔鳥咽不知真帳落誰家明已明言葬蘭亭矣元祐既載其詩乃不深惟其義何其粗也

九日靈禽居上枝 冬青之上有鳥來巢以記異也知者唐玉潛詩送遜舉蓁萬年枝上有鳳巢下龍穴其記事同也謂之鳳謂之靈禽不敢以凡鳥斥言之九日者皋羽過越臺而哭之之時也

知君種年

晞发集

《晞发集》明代凡四五刻，然皆诗文，无《西台记注》《冬青引注》。有之，以此康熙壬午平湖陆大业刻为最旧。周叔弢丈曾有明钞两注，前此曾未墨版也。今日过市，于架上得此册，其诗文十卷则已佚去，固无伤也。四日前曾登子陵钓台，今年曾两游，归而遇此，不可谓非胜缘。此一残册，复蛀裂，悬价石米之值，不可谓非“奇货”。因跋此以识岁月。庚申冬至前四日，黄裳记。

此残册存《天地间集》一卷，属“粤谢翱皋羽录”；《晞发遗集》二卷，补一卷；《冬青树引注》一卷，署“浦阳张丁孟兼”，后有丙午正月张丁跋，文前有小叙，又洪武五年孔希普跋；《冬青树引重注》一卷，大题次行仅存墨钉，无作者姓氏。文前小叙属“癸卯（康熙二年）中夏蓝水渔人识”；附录一卷，录诸公跋语并诗，及《癸辛杂识》《辍耕录》等文，后有癸未（康熙四十二年）跋；《登西台恸哭记注》，署“浦阳张丁孟兼”，后有“清河张丁跋”“东阳方凤跋”；后有危素跋、揭汯跋，及陈基、胡翰、王祎等十六人题咏，而殿以高启诗。写刻精整，有“旌德汤玉侯书”款识。

案《自庄严堪善本书目》第八十五叶有“《登西台恸哭记注》一卷、《冬青树引注》一卷，明张丁撰，明钞本”。是为张著最早传本。周叔弢藏书，今在国家图书馆。

黄宗羲《南雷文案》及《吾悔》《撰杖》二集、《诗历》等，康熙十九年郑梁刻，皆宗羲自订本，皆收《西台恸哭记注》与《冬青引注》，在《文案》卷十。阅八年靳治荆刻《南雷文定》，此二注俱削而不存。陆大业刻《晞发集》在康熙四十一年，独收《冬青树引重注》，卷首次行墨丁，不著作者姓氏，卷前小叙犹存，取较《文案》本，大致无异。惟小叙末“癸卯中夏蓝水渔人识”九字不存。知大业所据非《文案》本，并知宗羲有“蓝水渔人”之别署，其时文网渐密，大业为宗羲讳，亦自讳也。

冬青引註

余曾箋謝皐羽西臺慟哭記以未得見張孟兼註爲恨曹叔則出其註示之則頗疏誕余之註若未可驟廢也其註冬青引亦然水閣雨餘因憶舊聞爲之重註非欲以蓋前人也余與孟兼所遇之蹟不同孟兼之去皐羽遠而余之去皐羽近皐羽之言余固易知也

冬青樹山南陲

蘭亭山在越城之南有天章寺即冬青所識之地張孟兼云遺骸瘞蘭亭山後種冬青樹爲識鄭元祐云林霽山得高孝兩朝骨爲兩函貯之歸瘞於東嘉按霽山詩水到蘭亭轉鳴咽不知眞帖落誰家則已明言葬蘭亭

《冬青树引重注》小叙末有云："余与孟兼所遇之时不同，孟兼之去皋羽远，而余之去皋羽近。皋羽之言，余固易知也。"此数语《文案》本有密圈，知是宗羲得意笔，亦全文着意所在。其文诙诡，以常情度之不能解。孟兼明初人，宗羲清初人，其去皋羽时代，固前者近而后者远也。其意殆非以时代论而以时势论。孟兼生于朱明初建，驱逐胡元之际，缅怀皋羽，亦犹清末革命家之缅怀朱明。宗羲生于明清易代之际，有亡国之恸，其去皋羽近，明遗民伤心痛切之言，而以诙诡之语出之，所谓"奴隶的语言"，亦当时之杂文笔法，读者当自知之。癸卯为康熙二年，清廷尚未暇顾及文化政策，宗羲乃敢昌言无忌，《四库》馆臣亦未见此旧文，或见之而未解此哑谜，其书得幸免于禁毁，不能不谓之厚幸矣。

今国家图书馆藏有陆刻两部，不知曾有此文否？是此虽残册，亦不能不以珍册视之矣。乙酉处暑。

雍　正

託素齋詩集卷第一　一刻

長汀黎士弘媿曾甫著

短歌二十九首

莫渡江去瀟湘辛苦生長山林知風識雨
遥望海水何國之鄉日月不出而獨雪霜
志在天下環看嶽瀆十載歸來抱薪補屋
魚欲得餌心持兩端已見不決奔告所歡
水深梁絕壯夫罷涉鼠啣尾渡不須舟楫
蠶樓晝光雉求化速笑駡純鈎湛盧坐哭

卷一　四言古體　一

托素斋集

康熙至雍正刻本。集共十卷，诗四卷，文六卷。后附《行述》。雍正二年子致远《书后》云，集诗前三刻皆媿曾自刻，第四刻则雍正中续刊，文亦如之。知此集于康熙雍正间陆续刻行。版心下有刻工姓名，写手如一，刻工亦前后无异。精楷精雕，笔法锋棱毕现。开花纸初印，纸墨晶莹。法时帆旧藏。

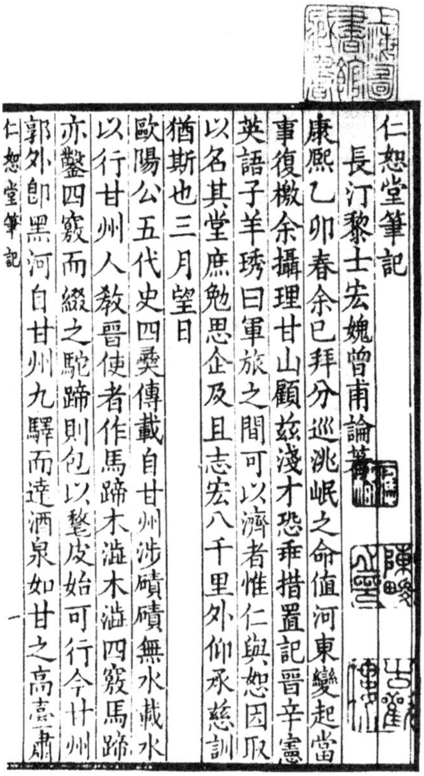
仁恕堂筆記
長汀黎士宏媿曾甫論著
康熙乙卯春余已拜分巡洮岷之命值河東變起當事復檄余攝理甘山顧兹淺才恐乖措置記晉辛憲英語子羊琇曰軍旅之間可以濟者惟仁與恕因取以名其堂庶勉思企及且志宏八千里外仰承慈訓猶斯也三月望日
歐陽公五代史四夷傳載自甘州涉磧磧無水載水以行甘州人教晉使者作馬蹄木澁木澁四竅馬蹄亦鑿四竅而綴之駝蹄則包以氂皮始可行今甘州郭外即黑河自甘州九驛而達酒泉如甘之高臺肅
仁恕堂筆記　一

《仁恕堂笔记》一卷，“长汀黎士弘媿曾甫论著”。

首自序，凡二事，一撰于康熙乙卯，一撰于康熙辛酉，则甲寅秋自甘州量移守常州，旋巡洮岷，城陷，兰州亦陷。兵事倥偬，而闽变又起，家人俱在贼中。丙辰，清师复汀州，秦中亦大定，己未乃得请归田。此笔记一卷，皆变乱中所记，以付梓人。似曾有刻本。道光中刘燕庭为重刻之。有刊书牌记五行："《仁恕堂笔记》，长汀黎媿曾参议所著。媿曾有《托素斋诗文集》，《四库》曾存其目，今版藏学宫，而此书久佚。余访得一册于临汀故家，因校刊以广其传。时道光丙申重午，东武刘喜海识于金沙郡斋。"写刻精整，似木活字。全书凡六十番，杂记琐闻及边陲见闻，亦笔记中佳作。

呂晚村先生文集卷一

書

與張考夫書

向知老兄於錢氏有死者復生生者不愧之訂故數年願慕之誠不敢唐突以請所請者期滿謝事後必欲重累杖履耳凡某之區區固不僅爲兒輩計也此理之不明又數百年矣毒鼓妖幢潛奪程朱之坐以煽惑天下也亦久矣此又孟子以後聖學未有之烈禍也生心害事至於此極誰爲厲階不知所屆此凡有血氣所當共任之責況於中讀書識字又頗知義

吕晚村先生文集

集八卷，附录《行略》一卷，续集四卷，为《宋诗钞列传》《质亡集》及《保甲事宜》。续集目后有“曾孙为景编辑”一行。雍正三年南阳讲习堂刻，有扉叶。前无序，有目录。目后无曾孙吕为景识语。书甚初印，不知何以失之。曾静案起，留良以讲学有高名，牵连及之。此案前后历四年余，留良父子俱戮尸枭示，家人发遣宁古塔，为清初文字狱大案。雍正“谕旨”有“吕留良之诗文书籍不必销毁”之语，然其书流传绝罕。留良喜批点时文，盖为贸易资生计。平生交吴之振、黄宗羲，然为争讲学名及争买澹生堂书事，凶终隙末。留良古文殊不凡俗，劲健老笔，与人书多至四卷，多存故实，不忘死友，撰《质亡集小传》，俱可观。

濡雪堂集卷上

江都余元甲葭白

重九謝[illegible]亭招飲蟫巢

小史緘書促名頻掠檐風橫正寒新多情似帽吹難落苦戀滄浪摘髮人

竛竮瘦菊抱秋妍山字屏風障小筵料得田農秫稻熟酒肥如羜蟹如[illegible]

家家重九愛良時車馬城西竟日馳誰似客兒清興富夜堂霜月曲如絲

祝牛宮辭

濡雪堂集

雍正刻本。三卷。前厉鹗序，自为引。集编成于甲辰，是为雍正二年。写刻颇精，惟视康熙刻少趋圆润矣。抱经楼藏书。

葭白江都老辈诗人，与樊榭、冬心善，卷中附刻厉诗，有不见于《樊榭山房集》中者。小集写刻甚精，颇罕传，亦清集中俊物也。

絕妙好詞卷一

宋弁陽老人周密原輯

于湖張孝祥

孝祥字安國歷陽烏江人年十六冠里選紹興二十四年廷試第一曹泳請婚不答授承事郎簽書鎮東軍判官累遷中書舍人直學士院兼督府參贊軍事領建康留守以言改敷文閣待制復以集賢殿修撰知廣南西路經畧安撫使言者劾罷之又起知荊南湖北路安撫使有病請祠進顯謨閣直學士致仕卒年三十八孝祥俊逸文章過人尤工翰墨有于湖集紫薇雅詞

念奴嬌　過洞庭

洞庭青艸近中秋更無一點風色玉界瓊田三萬頃著我扁舟一葉素月分輝明河共影表裏俱澄澈悠然心會妙處難與君說　應念嶺表經年孤光自照肝膽皆

绝妙好词

雍正乙巳项氏群玉书堂刻本。前有项絪序。此本精写精刻，书法宛妙，而刻工又足以副之，展观不异佳帖，是清刻中至精之本。然白石“扬州慢”“自胡马窥江去后”，“胡马”作“戎马”，因避忌而改字，知其时文网之森严也。沈氏研易楼藏此本，有雍正六年冷红词客（江炳炎瀿）跋，云“惜勘核近率，鱼豖多讹，不无遗憾”。知此本刊刻虽精，校勘未尽如人意，不如康熙柯南陔本之犹存原貌也。

又柯崇朴刻《绝妙好词》，成于康熙乙丑，为是书之第一刻。白石“扬州慢”词“胡马”不误“戎马”，原刻可贵，惟失词序耳。曾有自跋数通，录二首。

此魏塘柯氏刊《绝妙好词》，系从钱遵王家钞本出者。刻于康熙乙丑，传本甚稀。前曾一见于旧肆，展转失收，为人买去，至今惜之。昨忽又睹此本，印本转胜前书，亟得之归，与箧中旧藏项氏玉渊堂刻一本同储，皆周草窗选词之旧刻矣。明以前刻未尝见，注本则出于乾隆中，后于此二刻矣。丁酉闰月初五日，秋窗听雨记。

戊戌正月廿六日，晨窗重展。据雍正项刻补卷七第六叶一叶竟。一帘花雨，无那春愁。萧斋作记。

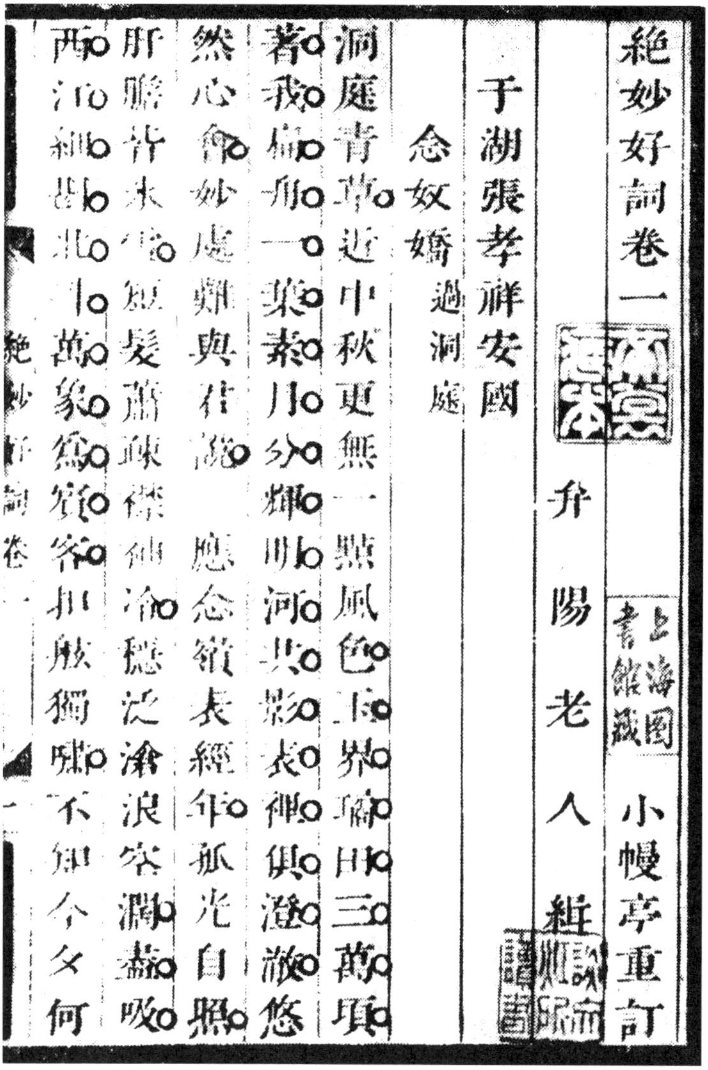

絶妙好詞卷一 小幔亭重訂

弁陽老人緝

于湖張孝祥安國

念奴嬌 過洞庭

洞庭青草，近中秋、更無一點風色。玉鑑瓊田三萬頃，著我扁舟一葉。素月分輝，明河共影，表裏俱澄澈。悠然心會，妙處難與君說。　應念嶺表經年，孤光自照，肝膽皆冰雪。短髮蕭騷襟袖冷，穩泛滄浪空闊。盡吸西江，細斟北斗，萬象爲賓客。扣舷獨嘯，不知今夕何

絶妙好詞卷一　一

李義山七律會意卷一

華亭　姚廷謙　平山

錦瑟

錦瑟無端五十絃（周禮樂器圖）繪文如錦曰錦瑟（漢書）泰帝使素女鼓五十絃瑟悲帝禁不止故破其瑟為二十五絃一絃一柱思華年。莊生曉夢迷蝴蝶（莊子）昔者莊周夢為蝴蝶栩栩然蝴蝶也望帝春心託杜鵑（水經注）望帝者杜宇也王於蜀號曰望帝（成都記）望帝死其魂化為鳥名曰杜鵑滄海月明珠有淚（洞冥記）吠勒國人乘象入海底取寶宿於鮫人之舍得淚珠則鮫人所泣之珠也（博物志）南海外有鮫人水居如魚其眼泣則能出珠藍田日暖玉生煙（長安志）藍田山在長安縣東南三十里其山產玉此情可待成追憶只是當時已惘然

此為義山悼亡之作托錦瑟言之與瑟本五十絃

李义山七律会意

雍正刻本。廷谦有义山诗注，“乾隆庚申二月吴郡王煦谷录”刻，为松桂读书堂本，十六卷，流传颇多。此则早年所著，只就七律一体论之，成书四卷。前有雍正丁未自序，又例言。扉叶有“北垞读本”四字，卷尾有“吴郡王素轩录，金陵王兆周镌”两行。

廷谦此笺，早于义山诗注，而传本绝稀，藏书家无有著录之者。每诗后有评释，后出本亦俱去之。虽未必全得作意，然以言释李，却别具手眼，亦一家言，何可废也。

廷谦序中论注李之难，释李更难。诸家之失，摘举略尽。然自为“会意”，亦往往有强作解人处，信乎知易而行难也。未暇对校，不知松桂读书堂本中有何更定，然以视张尔田辈之琐细无端，犹觉胜一筹也。

洗硯齋集

西浦樓　儀敬思

宋詞四聲二十八調考畧

古者六律六呂爲十二律五聲二變爲七聲十二律五聲旋相爲宫自成八十四調此宫調所由名也自三百篇而下漢魏六朝之樂府其宫調不可考矣惟唐與宋俗樂盛而新聲作初去其變宫變徵者二十四調蔡元定律呂新聲近徵收一聲比徵少下謂之變徵近宫收一聲比宫少高謂之變宫宫不成宫徵不成徵所以濟五聲之不及故不爲調則爲六十調又去其徵聲不用者十二調

裳佗軒叢字稿　洗硯齋集　一

蓑笠轩仅存稿

西浦楼俨敬思，义乌人。侨居上海，官至江西按察使，改京卿。工音律，居上海时与缪雪庄、张幻花以词唱和。康熙己丑诏修《词谱》，被荐入武英殿，领其事者泽州、京江两相公，任分纂者，吴襄、储大文、杨湝、王时鸿、杨汝楫、杜诏、吴景杲及俨凡八人。而杜紫纶名最著。辨析体制、考订源流，驳正万红友《词律》、张綖《诗余图谱》、程明善《啸余谱》、毛先舒《词学丛书》，而成《词谱》一书。集刻于雍正中，凡八种十二卷。诗词杂编，计《洗砚斋集》《朝天初集附词》《叩拙集附词》《零雨集附词》《碧鉴集》《余清诗稿》《载月吟》《北帆集附词》。十年小吏，踯躅蛮烟瘴雨之中，诗多纪游，一时名宿，所遇只杜诏、朱稼翁、查初白、孙致弥而已。全书无序，诸集各为大题，只于板心上方著“蓑笠轩仅存稿”，板心中记专集名。就中以《洗砚斋集》为论词丛稿，有《宋词四声二十八调考略》《南曲引子考略》《白云词韵考略》《词韵入声考略》等，皆煌煌大文，足征学养；姜白石《暗香》《疏影》两词书后，为论白石音谱。又有宋词人评论多篇，尤着意于东坡词。卷尾有浣花词序及自为词小序。略云："或以粗豪之气，溢于行间，可仿佛辛苏而不知其弊，又失于荒疏也。"是自道其瓣香所自。又曰："从来词到工处，未有不静细者，试读辛苏词卷，清空曲折，一扫描头画角之习，间有高视阔步、激昂慷慨者，其面目似粗，而神理则极细也。"可见其词论之一斑。余得此书，曾寄示夏瞿禅，录一副本。知其难得而可重也。俨师孙致弥，于《杕左堂词》前有一序，自称受业。又有自订《群雅集》一书，朱彝尊序之，卷帙甚富，未能付刊。书旧为钱唐何梦华藏书，余得之甬估林集虚，时甲午秋日也。

方壺先生集卷之一

族後學　楝　峻堂　重訂

古詩長句

水天月歌

朝立寒溪東暮立寒溪西一到神頓領熟覩眼更迷
水光不見水但見青天無表裏天光不見天但見一
片清烟涵無邊水中有天天不濕天中有水水不入
天耶水耶墮渺茫只見天光與水光月來水天中水
天裹月如不裹月去水天中水天鎖月如不鎖明月
不來不去時琉璃泡中珠一顆　自水天莫分别更

方壶先生集

雍正刻本。此宋汪莘集。前有雍正辛亥汪栋《重刻方壶遗集序》。次孙嵘叟、王应麟、刘次皋旧序，李以申撰传、遗像并赞。此集旧有康熙初刻，栋重为订正付梓。峻堂年二十九殁，沈冠云有哀词在《果堂集》中。板刻疏朗俊雅，为汪鱼亭旧藏。

汪氏說鈴

鈍翁自識

余初宦時偶尒涉筆年大来弃去久矣不意甫草復攜其稾至江寧且欲為作廣說鈴而周櫟園先生嘗從貽上倚聲集中見引此書数則每相遇輒再三宣索予因稍加增改用傳好事聊助談資耳鈍翁再識

宋既庭實頴與宗弟嚋三德宏俱以孝廉知名時稱大宋小宋或問大宋何如人予言阮思曠都不及真長逸少而能撮有諸人之勝

汪氏说铃

雍正刻本。扉叶题“辛浦校刊”，为所见鲍鈖刻书最早之本。卷尾有林佶跋，鲍鈖跋，华育渠跋。写刻精妙。

此书有康熙本，亦写刻，与《渔洋书跋》同装，似一丛书而不知总题。取校此册，字句全同。鲍鈖跋云：“雍正八年七月，借紫幢王孙本手录一通。原本乃林舍人正书、留赠王孙者，编首有长林二字葫芦印记，面叶八分书说铃二字，后有臣佶之印、吉人之辞二图记。待翁鲍鈖附识。”然则康熙中原书印本即已罕传，林佶亦借得钞本于宋兰挥而手录一过，其跋尾有云：“余欣然命笔，但不能如录《尧峰文钞》时笔书之端楷。盖彼为锓版计，故不得不刻画。又时年丁强盛故尔。此则随笔书去，往往有天真烂熳之致……”林吉人手书汪集上板，为清初有重名之书，此则自道写书故事，亦雕版史中掌故也。

續茶經卷上

嘉定陸廷燦　幔亭

一之源

許慎說文茗茶芽也

王褒僮約前云炰鼈烹茶後云陽武買茶注前爲苦茶後爲茗

張華博物志飲眞茶令人少眠

詩疏椒樹似茱萸蜀人作茶吳人作茗皆合煑其葉以爲香

唐書陸羽傳羽嗜茶著經三篇言茶之源之具之造之器之煑之飲之事之出之略之圖尤備天下益知

续茶经

雍正寿椿堂刻本。三卷，前有雍正乙卯黄叔琳序，次陆羽原本《茶经》三卷。后附录《茶法》一卷。其卷下《十之图》部附刻《茶具十二图》，则全从万历茅一相《茶具图赞》翻出。又曾见万历秋水斋本《茶经》亦有此图，知明清之际曾数数翻刻也。刻板瘦劲，持与幔亭所刻《艺菊志》并观，可见十七年中版刻风气之细微变化。

此书绝罕传本，清人小品至精之册也。言茶道甚详悉，非徒可知饮啜之方，即民生经济之有牵涉者亦罔不涉及，自唐宋以还，浮梁客贾，商妇琵琶，盖久著矣。手此一编，可知端绪，岂不妙哉。

雪泥鴻爪錄卷第一

夢巘居士鮑鈖

晩香堂已下畿輔

天雄郡治有晩香堂以韓魏公詩語命名康熙庚寅九月謁太守錢唐俞公品讌余堂上先公守是邦時余尚未生尋玩遺蹟刻石猶存計其歲月十六閏矣對老圃秋容悽然有霜露之感匪直臨眺踏躋已也

臨濟寺

臨濟寺有二一在鎮州一在天雄唐義聖廟御諱禪師初居鎮州臨濟寺演法大暢宗乘後住天雄興化寺示寂全身塟於府西北隅塔曰澄靈謚曰慧照鎮州乃其祖庭天雄是其塔院也按老學菴筆記引臨濟塔銘及燕魏錄臨濟之名本非一處

成氏園

成氏三園並在天雄城中乃明相國文穆公子姓之產一爲相國

雪泥鸿爪录

雍正乙卯前度轩刻本。鲍辛甫鈖官长兴令，与厉樊榭、金寿门、姚薏田往还甚密，喜刻书，多精好。此本前有雍正元年自序，自述身世云："鲍氏得姓，系著新安。先世一迁御儿，再徙云中。胜国末造，曾王父大学士寄迹辽左，本朝龙飞，以开国勋，从世祖章皇帝入关，遂隶旗籍，世居辇下。"鈖之生晚于曹楝亭数十年，家世略同，行事亦相近。然未历显宦，姓氏不彰，实亦旗下一奇士也。

完玉堂詩集

浙西釋元璟借山

東湖集 卷一

獨步

湖上清且曠無人獨步遲笛聲在漁艇鶯語隔花枝絶學師誰訪名山心所期纖纖有新月隨我到東籬

倚杖

飲水有苦志看山生逸情百年同一隙惜哉勞經營黃綺回暮節局促扶攲傾夷齊甘餓死豈爲求虚名我生出塵網淡泊以自寧世事等漚泡毀譽安足驚晚煙沒高柳衆鳥歸其聲伊誰知己者倚杖猶經行

完玉堂诗集

雍正刻本。开卷有自叙，次汪钝翁、翁蛰园、吴日千、董苍水、毛大可、盛宜山、卢文子、王阮亭、吴天章、沈客子、朱竹垞、洪昉思、唐东江、余鸿客、吕无党、查查田等题辞。共分十集，集各一卷。元璟为弘觉冢孙，天岳本昼弟子。诗中多有故实，康熙一朝名士多与往还。其第七卷《京师百咏》，记康熙中北京风土民俗甚详，大可珍重。雕椠精妙，与项氏玉渊堂所刻诸种颇近。真字缺笔，是刻于雍正中矣。自序云“华亭张吟樵先生怜余老而恐其散失，捐资菑木”，是刊刻之由来也。

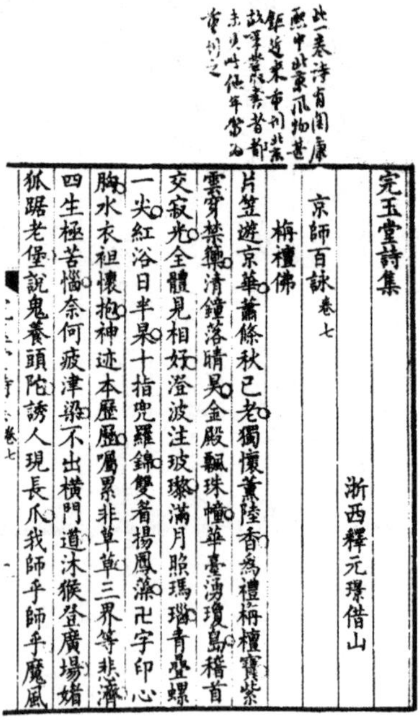
此一卷詩有關康熙中北京風物甚鉅近來重刊北京故實叢書者都未見此他年當為重刊之

完玉堂詩集

浙西釋元璟借山

京師百詠卷七

栴檀佛

片笠遊京華蕭條秋已老獨懷薰陸香為禮栴檀寶紫
雲穿禁籞清鐘落晴昊金殿飄珠幢華臺湧瓊島稽首
交寂光全體見相好澄波注玻瓈滿月照瑪瑙青疊螺
一尖紅浴日半杲十指兜羅錦雙看揚鳳藻卍字印心
胸水衣袒懷抱神迹本歷歷囑累非草草三界等非濟
四生極苦惱奈何疲津梁不出橫門道沐猴登廣場媍
狐踞老堡說鬼養頭陀誘人現長爪我師乎師乎魔風

康熙三十二年癸酉，元璟应诏入京，命

留京以备顾问。居久，得“京师百咏”一卷，是为《完玉堂集》卷七。其《琉璃厂》诗云“五色琉璃制最工，担来市上诱儿童。本朝法驭貂珰善，厂殿东西有绪风”。知当时厂市犹未成书市，所产颇多儿童耍货。厂事由宦者领之。《报国寺集》七古长篇，细写游人如市及古董书画杂然并陈之状，真伪难辨，可为王渔洋阅市求书故事作图解。海淀、瓮山、玉泉山、卧佛寺、碧云寺等胜迹，皆有篇什。野狐精、闲的儿、小李、闯将等则市井无赖也。后一诗有句云“南京风浇多辣子，北京俗悍有闯将”，则堪为《红楼梦》作注。《自鸣钟》云“西洋人制自鸣钟，斡转璇玑度数工。隔水几声穿冷碧，有时一杵惊落红”，则当时时髦事物也。应时游乐，则有太平鼓、吹筒、蟒式、撩交、打鬼、秧歌、节节高、卖解、放空钟、鞭陀罗等。和尚关心习俗，凡有见闻，皆收之笔下。蒲笋、金盘露（酒名）、黄牙菜、黑蒲萄、龙须菜（出天坛）诸题，则应时蔬果。此一卷诗，可当三百年前北京小志读，堪作《帝京景物略》补遗，不可废也。

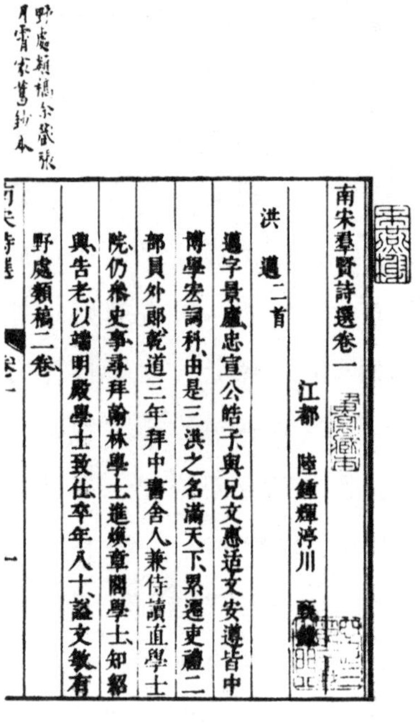

野處類稿余藏張
月霄家舊鈔本

南宋羣賢詩選卷一

江都　陸鍾輝渟川

洪　邁二首

邁字景盧忠宣公皓子與兄文惠适文安遵皆中
博學宏詞科由是三洪之名滿天下累遷吏禮二
部員外郎乾道三年拜中書舍人兼侍讀直學士
院仍脩史事尋拜翰林學士進煥章閣學士知紹
興告老以端明殿學士致仕卒年八十謚文敏有
野處類稿二卷

南宋詩選　卷一　一

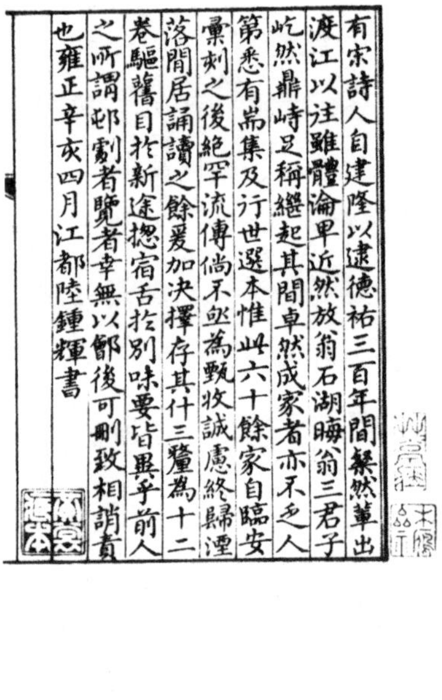

有宋詩人自建隆以逮德祐三百年間槩然輩出
渡江以往雖體論卑近然放翁石湖晦翁三君子
屹然鼎峙足稱繼起其間卓然成家者亦不乏人
第悉有耑集及行世選本惟此六十餘家自臨安
彙刻之後絕罕流傳倘不亟為甄收誠慮終歸湮
落閒居誦讀之餘爰加決擇存其什三釐為十二
卷驅舊目於新途摠宿舌於別味要皆異乎前人
之所謂邸劉者覽者幸無以鄙後可删致相誚責
也雍正辛亥四月江都陸鍾輝書

南宋诗选

此书为甬上估人林乔梁旧藏，甲午春日归余。其时买书甚豪，来者不拒。同得者几二十种，大半清刻，又天一阁书数种。此虽清刊，然开花纸印，精雅之至。陆氏刻书多佳本，此所据为《江湖小集》，虽不言是棚本否，必非恶刻。钱默存作《宋诗选注》出，余以此册校之，以校记寄之，亦可笑也。又十年，群书尽丧，而此书独见遗，惟第二册已挟去矣，其事殊不下群盗夜入天一阁也。呜乎，于此记之。

历劫之余，只存三册。不忍弃之，亦寒斋长物也。断简零编室主人记。壬子中秋前十日漫书。

余后曾据此书以校钱选宋诗，以校记寄之，默存颇采佳字，以改初版原本。忆抄家时，造反派数十人，由全一毛领之。见纸上有字者，无论卷册，悉装入麻袋载去。众手杂沓，遂有遗漏，此书是也。今只存三册，其卷四之六一册，遂不复见。后抄去之书，陈于社中一室。于“牛棚”中呼上海图书馆馆长顾廷龙来斟选鉴定，手定乙类书目一册。后全部书籍载归上海图书馆保管，此书之第三册如仍幸存，能为珠剑之合，则大幸矣。

陆钟辉以业盐致富，好风雅，喜刻书。所刊《笠泽丛书》、水云渔屋本《姜白石诗词》及自著《放鸭亭小稿附词》等，皆有名。此书十二卷，有扉叶，题“水云渔屋刊本”，前有雍正辛亥自序，目录。诗人各为撰小传，桃花纸精印。

乾　隆

琢春詞卷一　辛巳六月初八日閱

杭州江炳炎研南

醉太平

題吳鏡秋笙山圖

梧陰繞亭羣山畫屏此間儘有閒情任先生醉醒三更四更風清水清半輪蟾影中庭度瑤笙數聲

南浦

秋水　用張玉田韻

隔樹漏空明白粼粼雁夢驚涼初曉磯沒舊春痕風微皺零剩楊絲低埽青銅淨拭倒窺山影參差小依約寒

琢春词

乾隆刻本。前有乾隆丁巳同学弟陈撰序。版式狭长，写刻精甚。尚未趋软熟一路，自是乾隆初元扬州精刻之代表作。炳炎词人，别号冷红词客，曾助陈撰、厉鹗考订词人爵里，重雕《绝妙好词》于怡园，其印记有“炳炎之印”（白方）、“司花外史”（白方）。

陈撰玉几，久客邗上。自属鄞人或杭人，文采风流，照映一世，然传状无存，人莫知其身世。研南与玉几为数十年老友，悉其生平荣悴。谱声声慢，有词序云：“玉几先生，饶有田庐，弹琴歌诗，堪永朝夕。事起意外，萧然屡空。年来奔走南北，息影何期。乃画秋林读书图以寄意，亦可悲已。余与定交垂三十年，悉其荣悴消长之故，辱承命笔，乌得无言。”是传记好资料也。又有题柳如是小照词，小注中记一事，似亦不为人知：“柳归钱后，重招昔年歌侣，开筵款洽。时钱有门生某亦在座，跪捧一觞，高呼师母，柳一饮而尽。”可入河东君遗事辑中。研南于南宋词人，最崇白石，有《西江月·题姜白石词卷》一阕：“笔染沧江红月，思穿冷岫孤云。淡然南宋古遗民，抹煞词坛衮衮。　就令秦郎色减，何嫌柳七声吞。将金铸像日三薰，舌底宫商细问。”研南从符药林得姜词之楼敬思钞钱希武本，手写一本，此词当即当日题于本上者。此本九十年前陈方恪得于吴门，以诒朱孝臧，叹为佳本，云“江氏手自写校，未付剞人，亥豕之嫌，自较（张、陆）二刻为少”。孝臧更聚诸本校定付刊，即《彊村丛书》本也。校刻之精，为姜词善本。白石集流传故实，不意于此词集中见之，诚快事已。

野鴻詩的

吳中黃子雲士龍著并書

導引之術曰精氣神詩之理亦不外是能鼓漢魏之氣擷六朝之精含咀乎三百篇之神者唯少陵一人

古文自遷固揚馬至昌黎而結穴詩自曹謝庾徐至少陵而結穴

不真不新不朴不雅不渾不可與言詩

學古人詩不在乎字句字句魄也可記誦而得

野鴻詩的

野鸿诗的

乾隆二年长吟阁刻本。前有乾隆二年自序。此本与《长吟阁诗集》皆作者自书上板，与通常书手精楷不同，而别饶风致。后重刊入《昭代丛书》中，删易任心，此为原刊，尚存真面。子云自负知诗，然语多陈腐，于古人多所诛求。“少陵早年所作，瑕疵亦不少。”举例甚多。评“野馆浓花发，春帆细雨来”云“状景纤细，题与诗俱不称”。论晚唐诗则曰“晚唐后专尚镂镌字句，语虽工，适足彰其小智小慧”。论温、李云“飞卿古诗与义山近体相埒。题既无谓，诗亦荒谬。若不论义理而只取姿态，则可矣”。其论诗大抵如此，是以理学评诗者。

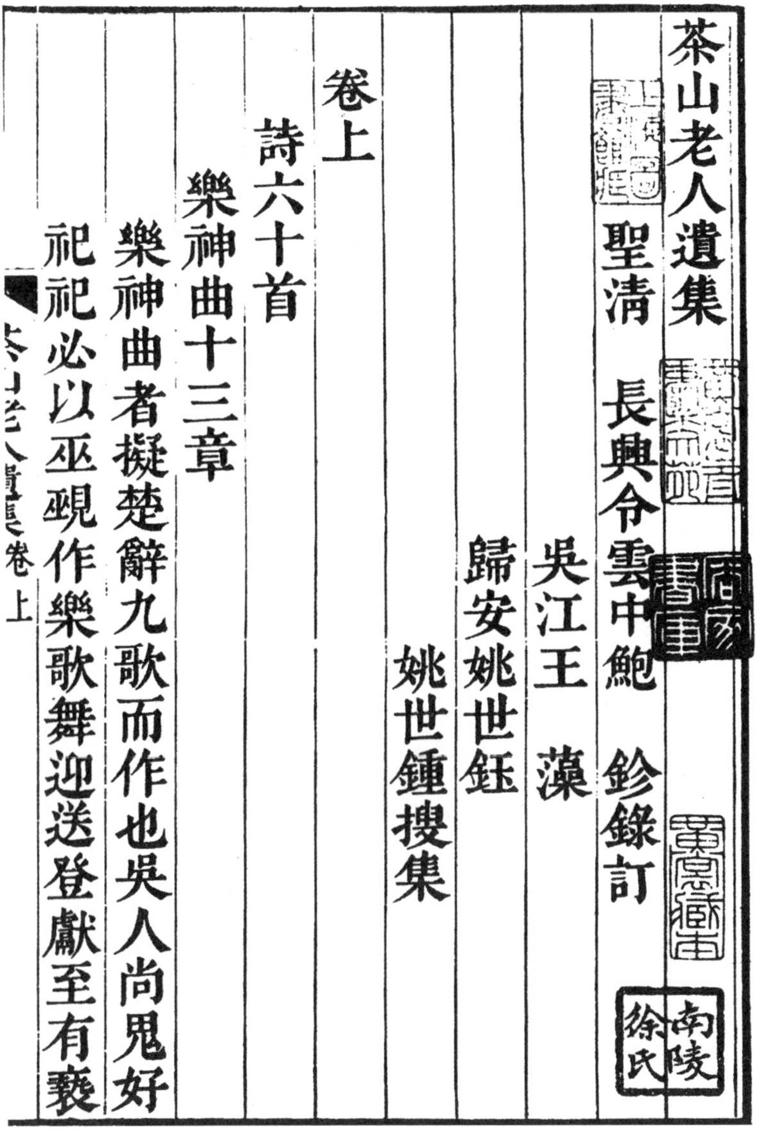

茶山老人遺集

聖清　長興令雲中鮑　鈔錄訂

吳江王　藻

歸安姚世鈺

姚世鍾搜集

卷上

詩六十首

樂神曲十三章

樂神曲者擬楚辭九歌而作也吳人尚鬼好

祀祀必以巫覡作樂歌舞迎送登獻至有褻

茶山老人遺集卷上

南陵徐氏

茶山老人遗集

乾隆三年鲍鉁刻本，二卷。前有鲍氏刻书序，卷尾有“乾隆戊午长至前俊逸亭开雕”篆书双行牌记。此为元处士沈贞集辑本，出王藻、姚世钰手，刊刻精绝。茶山老人生于元末，入明不仕。遗集久佚。朱彝尊《明诗综》采得所作《乐神曲》十三章而汰其六，是著录之仅见者。宋元人小集素为藏书家珍重，此虽辑本，自亦可珍。

孔堂初集卷第一

長城　王豫　立父

自題青山獨往圖四首

青山更青處劃斷軟塵紅合有忘機者沉冥向此中因之覓芝术行矣任西東矯首風烟外荒塗曲折通

竟謝朋游去從教出處分肯迯三里霧愛過一程雲病失縱橫計閑攜冰雪文無爲愁寂寞鸞鶴與同羣

暫與樵人値終然塵跡疎聽泉還抱杖劚藥自攜鉏藤竹饒閑意蹇廢無定居就中多激發早晚著山書

壯志竟何成空山過一生喧啾諳鳥性舒卷得雲情高

孔堂初集　卷一　一

王立父遗文

乾隆鲍鈖刻本。凡三种：《孔堂初集》二卷，《孔堂文集》一卷，《孔堂私学》二卷。卷首扉叶有“前度轩印”长印。前有乾隆己未姚世钰序。此亦鲍氏刻书之一，与《茶山老人遗文》风格如一，对比可知。

豫以事遭连染，逮至京师，时在雍正七年。系狱四载，得脱南归，未几即卒。杨凤苞谓“以严寒村狱牵染”，孙学颜谓“以蜚语构陷”，全祖望为撰圹志，皆未详及狱事。《孔堂集》诗文杂编，《私学》为读经论史之作。为文简古，诗则不收七言律体。序《读书敏求记》云“玩其华而已，于学何补”，于古董家数不善也。《寄金寿门》诗小注云“时客若溪长官所”，知冬心亦鲍辛浦客。又有《若溪杂句》三十六首，则乡土纪事诗也。

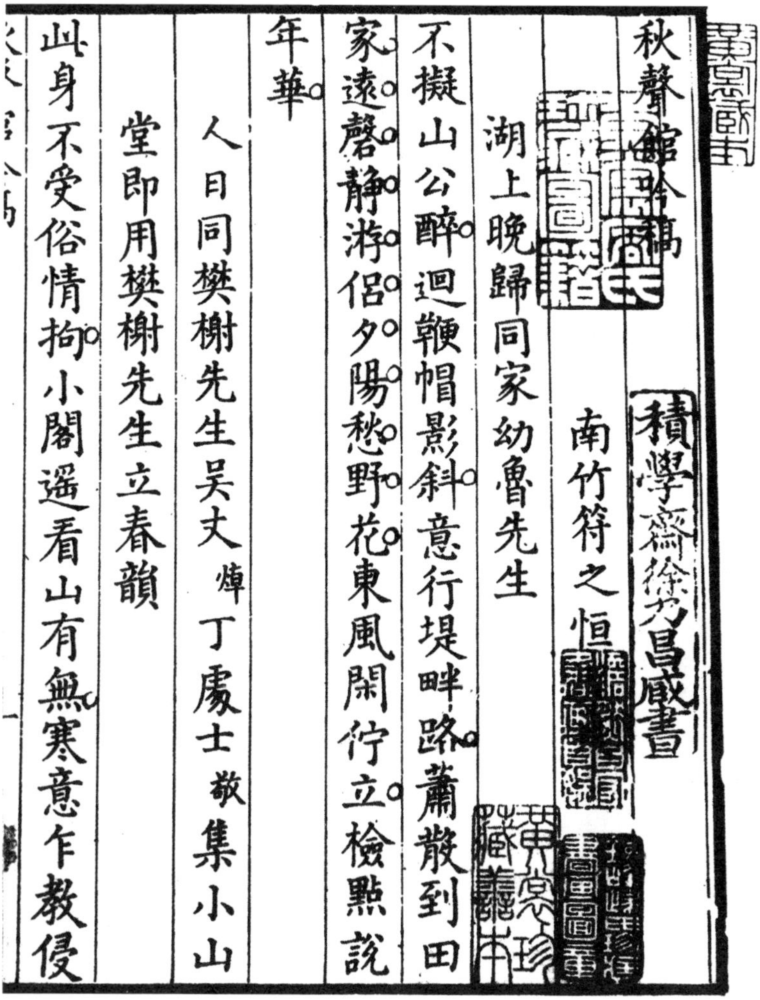

秋聲館吟稿

南竹符之恒

積學齋徐乃昌藏書

湖上晚歸同家幼魯先生

不擬山公醉迴鞭帽影斜意行堤畔路蕭散到田家遠磬靜游侶夕陽愁野花東風閑佇立檢點說年華

人日同樊榭先生吳丈焯丁處士敬集小山堂即用樊榭先生立春韻

此身不受俗情拘小閣遙看山有無寒意乍教侵

秋声馆吟稿

乾隆刻本。前有厉鹗序。卷末小字双行牌记云“乾隆四年六月雕于报恩禅院，工张玉成”。卷尾有戊午王曾祥《书后》，汪沆《符南竹权厝志铭》，张熷撰《哀词》。此本写手秀劲精雅，雕板亦出名手。

仇山村遺集

元仇遠仁近

古體詩

采薇吟

采薇采薇西山之西薇死復生不生夷齊陟彼西山
我心悲兮

步出上東門

步出上東門胏胏東門柳彼美窈窕娘惜爲蕩子婦
中堂裁衣裳刀尺常在手之子未歸家何以奉箕帚

仇山村遗集

乾隆古香书屋刻本。前有方凤、牟巘、戴表元旧序，后附录一卷，乾隆庚申古歙项梦昶跋。卷末有“武林金洞桥绣墨斋刊”牌记，小字双行。此元仇远集，辑自郡志、书画谱中者。

抱珠軒詩存

河津薛雪生白

練時日 擬漢樂府

練時日肅瞻望爇蘭膏灌椒漿重雲開靈之來垂鴻麻雲裵徊靈之南雲潭潭紛丹旌馭赤駼靈之北雲默默驅玄冥從熒惑靈之東雲蓬蓬倚蒼虬踑光風靈之西雲凄凄導素旂蔭青霓靈之下雲不流雨齊齊風颼颼靈入坐奏八音潔淶盛惟靈歆嘉觴舉靈醉止舞香塵歌貝齒轉靡顏橫秋水披霧綃曳文履佇容與虞靈起永錫佑靈之喜

正月 擬李奉禮月節折楊柳詞

抱珠轩诗存

乾隆刻本。雪为横山叶星期弟子，所著书皆扫叶村庄刻本。《一瓢斋诗存》《一瓢斋诗话》《旧雨初二集》《吾以吾鸣集诗钞》《唐人小律花雨集》《斫桂山房诗存》皆是也。此本前有乾隆庚申徐士林序，高南阜左手草书上板。序尾小字一行云“吴郡李士芳镌”。诸本皆写刻精好，为乾隆刻标准风格。又有曲本《卷石梦》，雍正中旧写本。题“扫叶庄一瓢辨谱”，谱姑苏刘碧鬟事，甫里许氏所藏也。

黃山紀遊詩 有記

練江程之鵕羽宸

予慕黃山久矣今年春偕鄭子牧千同往遊焉道經潛口度阮溪午飯石壁山前過上下二舍一路阡陌桑麻桃花雞犬不必身歷三十六峯而已非復人間世矣夜宿吴山黨次早驟雨不可行頃稍霽即命從者儆裝穿林濕翠沾人衣亭午大霽抵湯口聞山中遊徑須倩土人覔得熟悉者良懈遂與挈杖入黃山峯路鄭子年長予一倍邁六十神旺力健快先往焉到峰徑榧

黄山纪游诗

乾隆涵清阁刻本。前有乾隆六年郑燮序诗，手书上板，能得其神。后有高山启、海岳、弟鹏翀跋。同刻尚有《白岳纪游诗》，板式全同，雍正甲寅曹学诗序，吴雯炯跋。

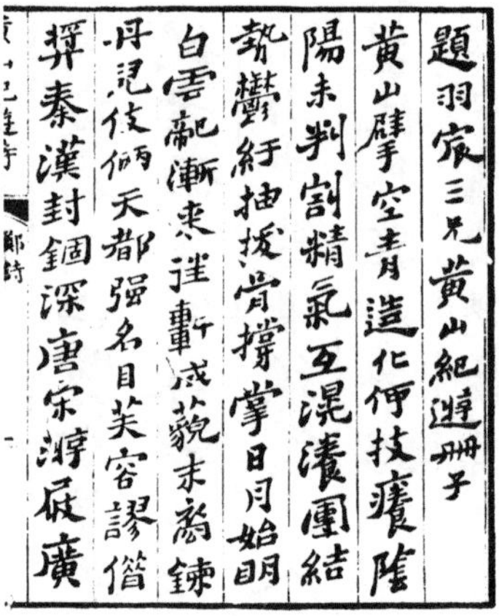

題羽宸三兄黃山紀遊冊子
黃山擘空青造化何技癢陰
陽未判剖精氣互混瀁團結
勢鬱紆抽拔骨撐掌日月始明
白雲配漸來往斷成藐未爲錬
丹已伎倆天都强名目芙蓉謬僭
擗秦漢封錮深唐宋游屐廣
鄭詩

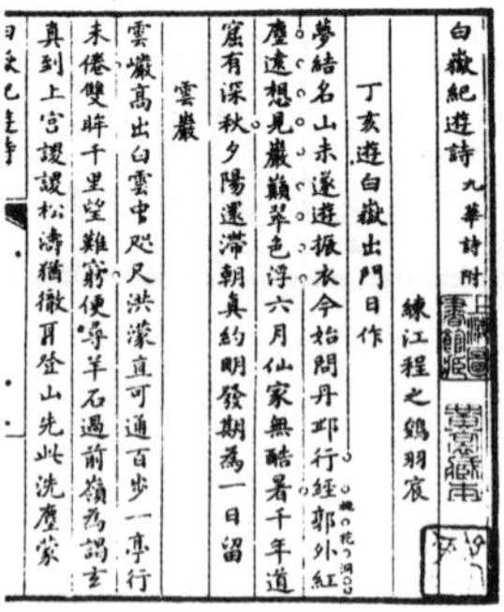

白嶽紀遊詩 九華詩附
練江程之鵕羽宸
丁亥遊白嶽出門日作
夢結名山未遂遊振衣今始問丹邱行經郭外紅
塵遠想見巖巔翠色浮六月仙家無酷暑千年道
窟有深秋夕陽還滯朝真約明發期爲一日留
雲巖
雲巖高出白雲中咫尺洪濛直可通百步一亭行
未倦雙眸千里望難窮便尋羊石過前嶺爲謁玄
真到上宮謖謖松濤猶徹耳登山先此洗塵冡

小跛翁紀年

小跛翁姓萬名經字授一行九別號九沙晚年病足以父號跛翁因又自稱小跛先世本鳳陽府定遠縣人始祖諱斌從明太祖起兵積功授武畧將軍永平衛千戶賜誥世襲北征沙漠陣歿二世祖諱鍾嗣陞授寧波衛指揮僉事世襲賜第郡城是為遷寧之始靖難兵起死之三世伯祖諱武祖諱文相繼嗣一戰死交趾一射龍溺海祖孫父子四人皆死王事具載史乘四世祖諱全五世祖諱禧六世祖諱椿恪共世職並稱儒將七世祖諱表正德庚辰科武進士歷官

小跛翁纪年

乾隆刻本。此万经自撰年谱，辍于己未。后附《先府君纪年续编》，男承天、承式编。前有小跛翁像。写刻甚佳，作字精圆，与康熙时刻迥不侔矣。

经颇晚达，中进士时已五十一岁。曾为《康熙字典》分纂、贵州学政。万氏浙东史学世家，八叔父季野，最知名。经据其明史史局稿本纂成《明鉴举要》四十九卷，时年已六十七矣。经又以隶法驰名，其自记云“余素嗜字学，尤笃于分隶，春和手暖，取古来论隶学及作隶人姓氏，汇为一编。附臆论数首，汉唐碑刻题识数十则，名《九沙分隶偶存》”，此七十三岁撰也。卒于乾隆六年，年八十三。

蕉塘未定稿

宛平　查為仁　心穀

花影庵集上 起康熙甲午盡丁酉

予年十九被逮西曹越八年始邀矜釋茲集蓋合前後九年之所作也憶初拘繫時不啻促鮮之遊汀濘鎩翮之棲翳薈奄奄朝夕自覺李志曹蜍去人不遠矣閒為歌詩以銷歲月時離相白雲兩前輩為詞場老宿同縶圜土於是風炎月黑侘傺無聊之際彼倡此和積久遂多而杜鵑老人及二三舊雨尤多贈答之作夫綴毫肺石之上染烟牢戶

蔗塘未定稿

乾隆刻本。凡七种，外集五种。乾隆八年厉鹗序，张照序。此本雕版精绝，出陈皋手写。天津水西庄查氏，家有园林，喜论交文士，一时东南俊彦北游者，多主其家。与扬州马佩兮兄弟同时为南北两名主人。陈皋杭州词人，常为友人写样刻书，所见尚有汪沆《津门杂事诗》，亦出其手。楷法精熟，姿媚横生；刊工亦能传其笔墨，名作也。

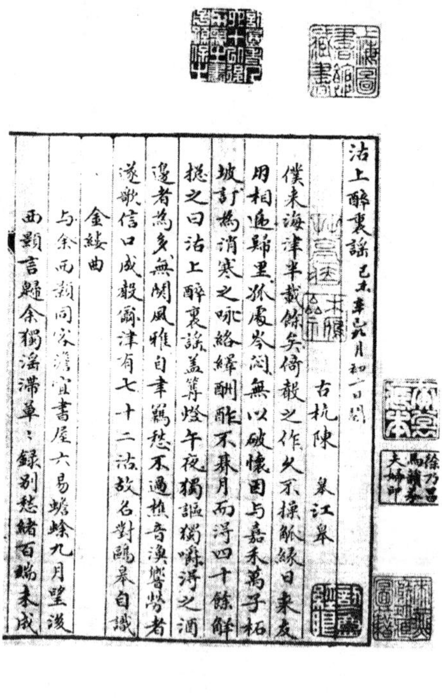
沽上醉裏謠　乙未年六月初一日閱
古杭陳　臯江臯
僕來海津半載餘矣倚聲之作久不操觚緣日來友朋相過歸里孤處岑闃無以破懷因與嘉禾萬子柘坡訂為消寒之咏絡繹酬酢不朞月而得四十餘解擬之曰沽上醉裏謠蓋篝燈午夜獨謳獨嘯得之酒邊者為多無關風雅自寫寫愁不過樵音漁響勞者遂歌信口成聲爾津有七十二沽故名對鷗臯自識
金縷曲
與余兩翦同客灃宜書屋六易蟾蜍九月望後西顯言離余獨滯滯羣：錄別愁緒百端未成

《沽上醉里谣》一卷，古杭陈皋词集。手稿本。皋与浙中文士，客天津水西庄查氏久。皋善书，多为友人刊书写样，见其手稿而益信。此稿本后更有《醉里续谣》一卷，始恭楷，后稍率易，朱笔改易甚多，是手稿无疑。前有吴廷华序，乾隆己未万光泰序，查学礼题词。卷中与莲坡往还之作不少，可辑成水西庄故事。卷尾“台城路”一阕，有小序：“戊辰（乾隆十三年）季夏，樊榭谒选北来，舟次海津，访莲坡于澹宜书屋，遂邀榻焉。流连文酒，匝月有余。一日，秋风萧寥，忽动归兴，买櫂遽返，不复问长安道也；同人于花外居录别，因谱此调送之，并申别叙。”此樊榭年谱中绝好资料，可见其落拓情怀。皋尚有《吾尽吾意斋乐府》二卷，乾隆刻，未见。又查莲坡纂《沽上题襟集》八卷，录有江皋诗。书为徐积余旧物，钤印累累，甚珍重之。

北窗偶談卷上

石田農胡彥穎稿

癸亥夏從陶菊畹廣文借得說文長箋繙閱北窗下於時微痾小愈中外羣從省疾來者數輩或舉六書相質因爲略說小學之槩客退而記其語更推廣之兼及反切音韻今歲暑雨多暇取舊藁稍刪潤得若干則養痾消暑聊以永日非敢自爲敝帚之享然亦不欲遽棄姑存諸篋衍云甲子中秋日

文字源流十一則

易曰上古結繩而治後世聖人易之以書契說易者云伏羲爲上古然則倉頡爲黃帝史後世聖人卽黃帝矣說文敘例曰倉頡之初作書蓋依類象形故謂之文其後形聲相益故謂之字字

北窗偶谈

乾隆刻本。三卷。卷首大题下有甲子中秋日自序，乾隆九年也。前有黄之隽序。此论字学音韵之书，旧为半树斋戈氏藏书，卷尾有戈顺卿墨书一行，云“道光丙戌秋八月十日阅一过，戈载”。此本大板精缮，刊于乾隆初元，尚存峭厉之势，与通常圆熟者不同。

憶舊遊詩話卷上

錢唐馮一鵬止園著

日月山

唐家公主嫁烏孫，刹石山前拜至尊。我昔從軍經此地，依稀日月影猶存。

山在木爾烏蘇東，乃唐公主遠嫁烏孫王經此，刹日月於山前，以望父母，併以分中外之界也。

晾經臺

忆旧游诗话

乾隆刻本。二卷。前有乾隆十五年沈廷芳序。乾隆戊辰马璞序，张若霁序。版心有“止园”字样。马序略云：“感物怀人，乃作忆旧游百绝句。江由鸭绿、松花，山自大青、长白，以及河西四郡，嘉峪关、西玉门、青海，二三万里，其间人物怪幻，异俗殊风，一切可惊可愕之奇，皆叙述其事，制题而咏之。”是名虽诗话，无异纪游。此虽写刻，颇近方体。丰华堂亦湖上藏书旧家，有朱文大方印“丰华堂书库宝藏印”，钤于册首。其家藏书甚富，颇有精本。惟不易遇。尝见崇祯刻《海陵逸史》，前有精图，亦其家书。

冬心先生畫竹題記

錢塘 金農 壽門

饑鳳非竹實不飽予畫竹竹之實歲無所收安得為羽儀者之食也竹之族六十有一而獨盛西南曰箘曰篠曰簬曰筀曰篔簹曰篻簩皆可貌其幽姿者也其他若篵簩之類則不堪寫入豪楮矣宋人有詠竹米詩竹米者竹實也即䈏也儋石之儲何人見之所以巢乎阿閣者常饑也予之常饑又何怪乎

康熙丁亥予讀書于先師何義門先生家見

冬心先生画竹题记

乾隆刻本。前有乾隆上章敦牂（庚午，十五年）九月九日钱塘金农自序。次广陵高翔写“冬心先生小像”，后有嘉定杨谦篆书像赞。案此像与《冬心先生诗集》前所附小像全同，惟赞异耳。卷尾一行云“金陵汤凤仿宋本字画录写”。板心下有“杜尔儒刻”四字。冬心自刻小集皆精，此嘱良工依宋板字样写刻，实开金陵书坊仿宋风气。纸亦宋笺，疑取之藏经护叶。徐康于《前尘梦影录》中曾记其事。尝见丁敬手书上板之《冬心先生续集自序》一卷，亦用此纸。其《冬心先生三体诗》，与此刻于同时，卷尾别题“金陵汤凤录写、刘之科刻”。诸本流传稀若星凤，盖当时旧纸难得，模印极少也。

澳門記畧上卷

寶山　印光任
宣城　張汝霖　纂

形勢篇 潮汐風候附

濠鏡澳之名著於明史其曰澳門則以澳南有四山離立海水縱横貫其中成十字曰十字門故合稱澳門或曰澳有南臺北臺兩山相對如門云澳今西洋意大里亞夷人僦居環以海惟一逕達前山故前山爲拊背扼吭地北距香山縣一百二十里而遥南至

澳門記畧　上卷　形勢篇　一

澳门记略

乾隆西阪草堂刻本。二卷。上卷为形势篇、官守篇，下卷为澳蕃篇。每卷前有图，地理、官廨、异域人物衣冠、海舶皆有之。前有乾隆十六年宣城张汝霖序。卷尾印光任后序。刊刻甚工，气息静雅。

此书入《四库》存目。三十年前得于杭州。刊颇疏朗，附图甚多，俱精整。书记澳门史迹、现状，多附诗文奏牍，三百年来变迁往事，历历如见。非只地志之佳制，亦海上交通史之要籍也。

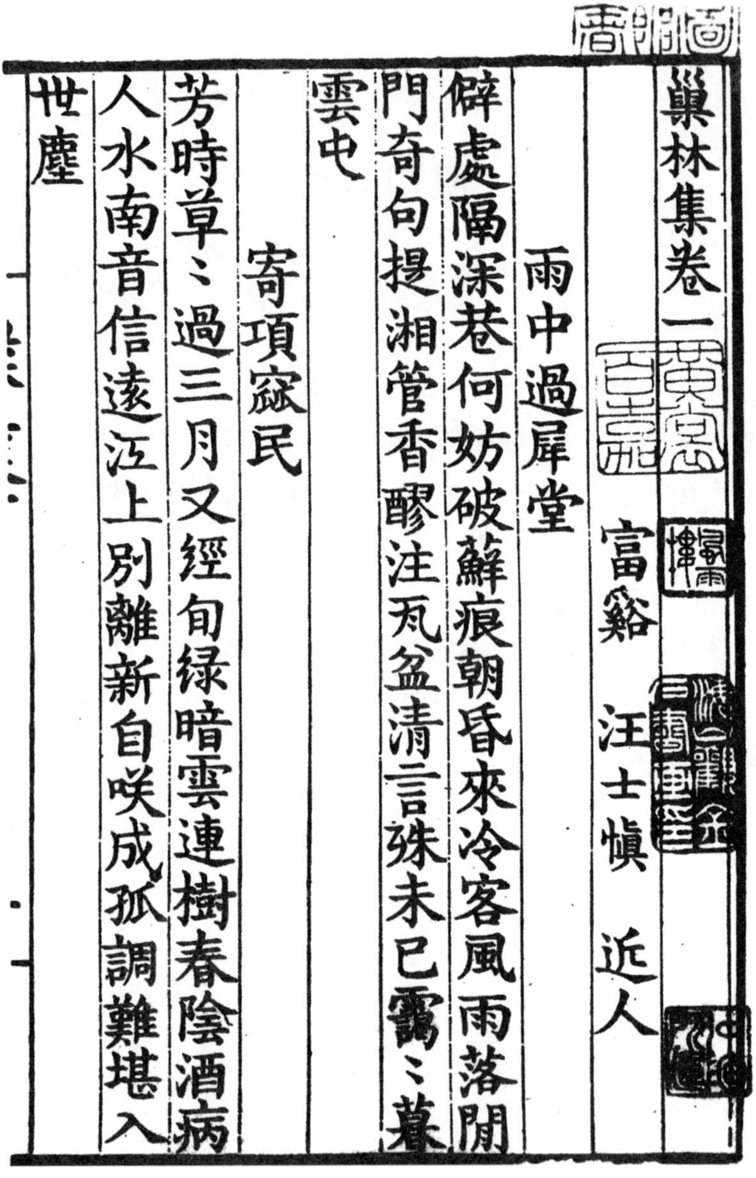

巢林集卷一

富谿　汪士慎　近人

雨中過犀堂

僻處隔深巷，何妨破蘚痕。朝昏來冷客，風雨落閒門。奇句提湘管，香醪注瓦盆。清言殊未已，靄靄暮雲屯。

寄項寙民

芳時草草過，三月又經旬。緑暗雲連樹，春陰酒病人。水南音信遠，江上別離新。自咲成孤調，難堪入世塵。

巢林集

乾隆刻本。七卷。前有乾隆甲子陈撰序，次总目，小像及陈章题高翔书像赞。此为近人手自写刻本，秀逸古媚，为乾隆刊本中清逸佳品。卷七诗系乾隆十三至十六年作，刊成必少后于此。此书与罗两峰《香叶草堂诗存》板片后皆归懒云草堂金氏，于道光中增跋重印，遂有疑为道光刻者，实未确。

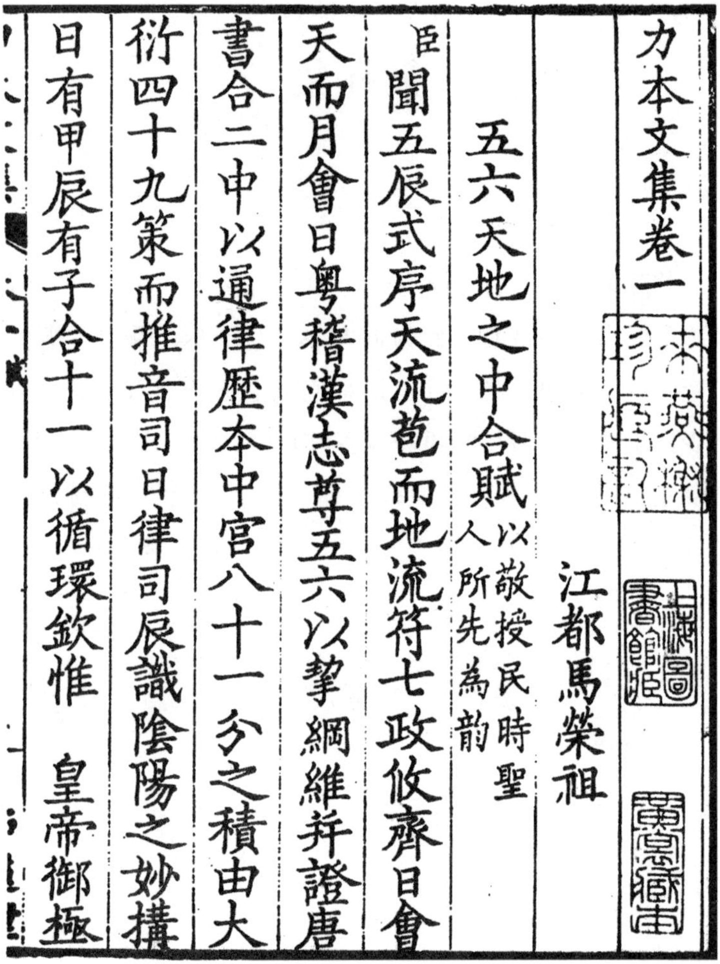

力本文集卷一

江都馬榮祖

五六天地之中合賦以敬授民時聖人所先為韵

臣聞五辰式序天流苞而地流符七政攸齊日會天而月會日粤稽漢志尊五六以挈綱維并證唐書合二中以通律歷本中宮八十一分之積由大衍四十九策而推音司日律司辰識陰陽之妙搆日有甲辰有子合十一以循環欽惟　皇帝御極

力本文集

乾隆刻本。十三卷。板心下有“石莲堂”三字，前有乾隆十七年自序。写手跳掷飞动，版式宽衍，亦乾隆中佳刻。

荣祖世居扬州，为文雅洁。有《送杭堇浦南归序》，记大宗因对策论列时事罢归，可与龚定庵文并观。送卢雅雨出塞、送袁子才之江南，皆有故事。而尤以《送黄山人归闽中序》为佳作。旅扬名画师宁化黄慎，于雍正元年来扬州，以画知名。语荣祖曰：“慎别吾母而来扬，为谋吾母之甘旨也。此地诚可以谋甘旨矣，慎将归。……母不见慎，即得甘旨弗食也。”越数月，山人往返数千里，竟奉母来。既久，一夕忽告别云，吾母久而思归矣，因将母去。世知重山人画，不知其奉母之孝也。于马君之文知之。

環山詩鈔

江都方士庶　洵遠

畫虎歌

庭草紛披風怒吼童稚驚呼駭鷄狗始知色變非
空談猛氣猙獰落吾手支頤搖膝意慘淡此物何
嘗人見慣搏噬觀想警人心肯添樹石恣搖撼爪
鈎牙鋸誰敢攖傳是玉樞星之精佳節天中嘗寶
歷圖之屏障應昌明琥珀杯濃菖蒲綠石榴作花
綻紅玉尊前髣髴見南山魈魁潛蹤百蟲伏畫成
更作畫虎歌辟惡還如方相儺半山老子休專美

环山诗钞

乾隆刻本。前有乾隆癸酉陈章序。方士庶新安人，家维扬。为名画师。诗稿罕传，此本为汪喜孙旧藏。板刻不精，亦乾隆刻一种面目。洵远以画名，惜早卒，生康熙三十一年，殁乾隆十六年，年六十。吴兴姚世钰曾题其写照云：“一丘一壑胸次，不巾不袜形相。自在烟云供养，谁知须发苍浪。”

西京職官印錄卷上

吴郡徐堅集

侯印第一

淮陰侯韓信

俞侯欒布

西京职官印录

乾隆刻本，二卷。前有辛未谢淞洲序，乾隆壬申陈撰序，乾隆丙子沈德潜序，乾隆十一年自序。凡例，《印戋说》。卷尾有篆书双行牌记云“乾隆甲戌年冬邓尉徐氏开雕”，又“传之同好”“怀新馆藏”白文朱记二方。此乾隆写刻至精之本，印皆钤朱。纸墨晶莹，赏心悦目。清初印谱中，此为白眉。

章钰云：“尚有西京名臣私印若干卷，为友竹翁之孙名保者所作。序见沈文起《幼学堂集》，未见传本。”友竹亦藏书家，身后书散，黄丕烈得其数种。又有《余冬琐录》，自撰年谱也，有刻本、旧钞传世。

綠陰槐夏閣詞卷一

新安朱　昂適庭

踏歌辭

綠憶王孫草紅愁相府蓮巫峯雲十二楚館黛

三千江憲夢花工賦恨費香牋

轉應曲

楊柳楊柳折在玉人纖手小樓無奈春寒羌笛

一聲夢殘殘夢殘夢池面落花風送

綠陰槐夏閣詞　卷一　一

绿荫槐夏阁词

乾隆刻本。前有乾隆乙亥王昶序，张熙纯题词。此为清中叶以后习见雕版面目，然刻不草草，细辨可知。旧为王二波、江建霞藏书，后归徐乃昌。积余刻皖人词，即据此上板。

橘巢小藁卷之一

幸學禮成賦

惟辟雍之鉅典廼盛世之隆儀名始詳於虞
帝制尤備於周時術序膠庠地別東西上下
春秋冬夏教分禮樂書詩鼓篋鼓南命於保
氏采蘋采藻敬在先師聽大昕之警衆為視
學之常期粤自漢以迄明遞相沿而未墜永
平填咽於橋門武德闡揚乎經義師儒增博
士之員品式定太常之議國學太學別以生

橘巢小稿

乾隆戊寅静致斋刻本。四卷。前有乾隆甲戌馆后学沈德潜序，许廷鑅序。后有乾隆戊寅男恺伯跋。目录大题次行属作者姓氏，“长洲王世琛艮甫著”。世琛为王鏊八世孙。卷尾有“孙男邦誉敬录”一行，是家刻本也。诗笔凡近，惟写刻之精，为乾隆吴中刻本上选，纸用罗纹，墨光如漆，不愧雕板工艺代表佳品。叶昌炽日记中曾著录。吴人以科第之盛自豪，吴湖帆收乡人之状头绘扇面者，得数十箑。昌炽则聚苏郡状元著书，不知有若干种，此其一也。

竹垞先生留別詞
而書扇頭題先
祖瑤岩公詞句況
工書法之極妙
千古藏爲寶

幻花菴詞鈔卷二

華亭張梁大木　　男夢鰲校字

蒼梧謠 京卿作

秋一夕西風欲滿樓無人覺先到客心頭

玉京秋 七夕同人小集怡園送陳大秋田之官長寧陳名聶恒庚辰進士著有栩園詞

涼露滴他鄉又今夜共憐羈客鵲飛未定蟬鳴初息十載詞壇勝侶甚相逢偏是離席攜吟筆一天雲錦細將愁織　況是潘郎岑寂指天涯鸞分鳳折官舍閒海棠花底春陰誰惜僕指三年早訂取

幻花菴詞鈔　卷二　一

幻花庵词钞

乾隆刻本。前有乾隆己卯醉红游子沈大成序，金兆燕序，雍正六年自序。次目录，凡八卷。小楷娟秀，雕版亦精。沈序后有“旌邑刘鸣山镌”一行。曾见旧目，以为雍正刻，是所见本失去沈、金二序，自序徒存，遂定为雍正刻也。此本旧藏者于卷二首叶有手题云：“秋田先生留别词，曾书扇头赠先祖珠严公，词句既工，书法亦极华妙，今尚藏余处。”此集卷三有南浦一词，题云“寄怀珠严兄”，即其人也。

寶閑堂集卷一

臨潼 張四科 喆士

重光協洽

鳴蟲

鳴蟲傷盛年之易往也閏歲候晚季夏方暑涼夜園居陰蟲已鳴撫時自感輾轉不寐

趯趯草蟲于彼幽叢微吟宵露潛感涼風鳴機之子言勤女紅今我不作歲聿其窮

草蟲趯趯于階于墄適所願兮維粒維滴吾寧似之憂思如惄孔懷古人寸陰是惜

宝闲堂集

乾隆刻本。四卷。前有乾隆己卯自序，目录，“渔川居士四十九岁小像”，王藻集句、杨谦分书像赞。写刻精好。以曾入禁网，传本遂稀。渔川尚有《响山词》，则宋体字刻，亦甚精。卷四有《客有谈故将军事者赋之》及《为某大将军题全蜀形胜图》二诗，有：“昔事大将军，万里从军游。星驰青海战，电卷黄云愁。……成功献天子，开国冠诸侯。……武安益骄横，淮阴无反谋。由来功名盛，容易生疮疣。天子终见疑，廷尉俄来收。冰山一朝摧，敌国起同舟。盈庭对狱吏，独家脱累囚。……于今年七十，不醉复何求。”此诗作于乾隆二十三年戊寅，不知谁指，岂年大将军帐下耶？此集终入禁网，殆以此。

樂府補題

天香

宛委山房擬賦龍涎香

玉笥王沂孫聖與

孤嶠蟠烟層濤蛻月驪宮夜採鉛水汛逝槎凨夢深薇露化作斷魂心字紅瓷候火還乍識冰環玉指一縷縈簾翠影依稀海山雲氣幾回殢嬌半醉翦春燈夜寒花碎更好故

乐府补题

乾隆钱塘郁氏刻本。卷前有乾隆二十五年仁和倪一擎序。称“康熙中宜兴蒋京少曾镂板传世，竹垞朱太史为之序。今其刻亦散落。吾友郁子陛宣得善本，重加雠校，付之镌木”。是郁氏东啸轩刻也。写刻精雅，亦浙刻之佳者。

聽弈軒小稿卷第一

歙 方成培 仰松

岫雲長短句上

漁歌子 辛未

水態山光護小舡。醉来斜枕緑簑眠。時莞爾。日怡然。閒愁未敢到鷗邉。

又

厲玉横江帶夕陽。知魚知我兩相忘。風欵欵，水泱泱。持竿静看白雲忙。

又

听弈轩小稿

乾隆刻本。三卷。乾隆壬午程壎序，弟昌镐、曹文埴题词。又见乾隆辛亥刻《黄山二布衣词》，为成培及周暟合集。方词为晚年手订之本，晚于此刻者二十九年。刊刻草草，逊此远矣。总题《味经堂词稿》，内收《横枝词》一卷，《芳影词》二卷，《后严箫雅》一卷，《寒山乐府》一卷，《续稿》一卷。较此初刻篇幅几倍。成培又撰《香研居词麈》，辨姜白石词旁谱，为有清一代治此学之第一人。又撰《雷峰塔传奇》，乾隆中有两刻，一精刻，题“峰泖蕉窗居士填词”，板心题“看山阁乐府雷峰塔上下卷”字样，前有乾隆三年作者叙。一刻草草，曩曾得之于言言斋，后俱失去，不能详矣。

影園瑤華集 上卷

廣陵鄭元勳超宗輯　孫開基重梓

詠影園黃牡丹

黎遂球美周 廣東番禺人

一朵巫雲夜色祥三千叢裏認君王月華照露凝仙
掌粉汗更衣染御香舞傍錦屏紛孔雀壓搖金鎖對
鴛鴦何人見夢矜男寵獨立應憐國后妝

其二

宮額亭亭廿四橋披離新棷亂春朝柘枝拍待鶯喉

影園瑤華集 上卷

影园瑶华集

乾隆二十七年刻本。前有乾隆二十八年仁和杭世骏序，后有五世孙开基跋。卷尾篆书双行牌记：“乾隆二十七年九月重刻。”此本为马佩兮藏书。又见一本，版刻全同，惟前有“崇正庚辰六月虞山老民钱谦益书于茸城舟次”序。是原本旧序，亦曾重刻，后乃去之也。

瀛山筆記卷一

海陽黃士塤伯龢著

從孫　煜硯樵校

予家敝廬之前有山曰瀛山今一椽不存矣存此名以誌明發之意耳

五代蔣密詠桑句云綺羅因片葉桃李漫同時為人所稱此語與李公垂鋤禾日午同妙余嘗記明時有照磨某詠木棉句云采采西風雪滿籃禦寒功已倍春蠶世間多少閒花草無補生民也自慙語意頗佳堪與蔣句並傳士大夫僥倖一時而經

瀛山笔记

乾隆乙酉绣雪堂刻本。二卷。前有乾隆乙酉王永祺序。刻于松江，后有乙酉从孙煜跋。

東潛文稿卷上　　仁和趙一清誠夫

秋水賦以霞散成綺江淨如練爲韻

當金巘之司序屬桂影之漸加望盈盈其若卽思渺渺而無涯欣對夕陽波底映來一抹紅霞清氣上資於西顥元言遠契於南華此誠九秋之佳勝而觀于水者之有獨誇也若夫羨良辰之可待等物理乎同觀釣巨鰲于東海狎馴鷗于湘畔清取類于芙蕖明比象于銀漢來作乘槎之客機石可尋才聞唱晚之舟菱歌未散爾乃方塘凝碧宛在一泓輕雲浦遠略彴溪橫景物呈露悠然目成是固宇宙之要眇而取之而莫爭也方其氣斂神恬情殷興起縱

二

东潜文稿

《东潜文稿》二卷，乾隆五十九年小山堂刻，与《水经注释》板刻正同。赵氏与山阴祁氏为姻娅，卷中有《外氏世次记》，记之甚详。然于祁氏遭难破家种种，不敢昌言，但云“暨乎忠敏殉节，六先生（奕喜）又坐事遣戍出关，向所谓寓山园者，已舍之佛徒”而已。又有《大母朱太君安葬记》，记葬事毕，访太君山阴故里寓山园，拜祁忠敏公遗像……“顷之，有佛弟子出拜曰：‘郎君辈何来?’众指忠敏公像示之曰：‘此某辈舅氏也。’愀然曰：‘得非赵家二姑娘之诸孙乎?’……然后知太君行二，而其人为祁六太公小史，及见太君自朱抚祁，先祖就婚东书堂之大楼，弹指七十年，年已八十有七矣”。余搜山阴祁氏故事，晚乃得此，情词凄惋，学人文字类此者少矣。

芦漪十一帖

乾隆刻本。版式精雅，前附十一图，雕镌颇精，各有对题。前有陈元麟《芦漪别墅记》，自序，引首。读图尾自记，知此册刊于丙戌。

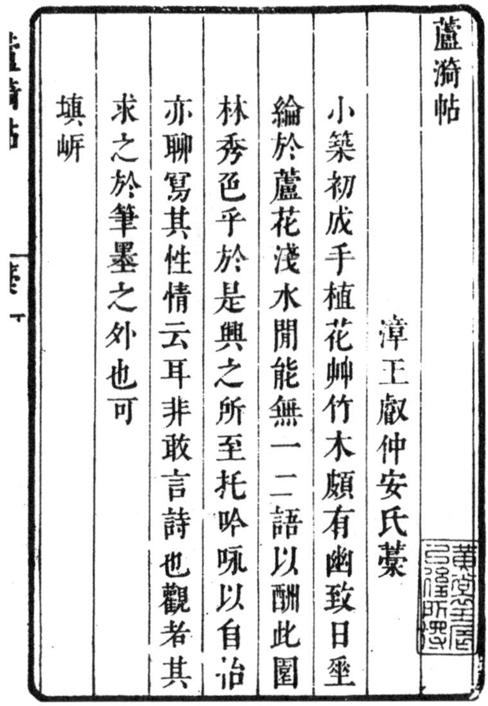
蘆漪帖
漳王獻仲安氏纂
小築初成手植花艸竹木頗有幽致日埀
綸於蘆花淺水間能無一二語以酬此園
林秀色乎於是興之所至托吟咏以自诒
亦聊寫其性情云耳非敢言詩也觀者其
求之於筆墨之外也可
填岍

補漢兵志 幷註

白石先生錢氏撰

漢法民二十始傅

高紀二年蕭何發關中老弱未傅者悉詣軍服虔曰傅音附孟康曰古者二十而傅三年耕有一年儲故二十三而後役之如淳曰律年二十三傅之疇官各從其父疇學之師古曰傅著也言著名籍給公家徭役也景紀二年令天下男子二十始傅師古曰舊註二十三今二十更爲異制當考本末二十三爲正卒

补汉兵志

乾隆刻本。卷尾有乾隆三十四年盛百二刻书跋，知所据为朱彝尊钞钱曾家藏嘉定淮南漕廨本，校勘出李南涧、高木欣手。扉叶有篆书双行牌记：“乾隆己丑仲夏般阳书院开雕。”后合订嘉兴王元启《补汉兵志正讹》一卷，亦乾隆刻。

烎虛大師遺集卷上

西湖　釋明中　烎虛

自九里松入西山坐冷泉亭同厲樊榭顧寸田施竹田讓山上人

悠悠西山雲窈窕盪胸次雙縛芒屩輕乍向春風試緣徑入深松行行挹流翠杖頭落清陰形影忽如寄旋過石橋南峯迴逾幽邃空亭漱流泉泠然愜所嗜坐久諸籟寂殘陽猶在地寒鐘搖烟林清響出古寺聞性何由尋冥會超羣類

題王奕簷乞食圖

烎虛大師遺集卷上　一

炅虚大师遗集

乾隆刻本。三卷。前有乾隆庚寅钱陈群序，己丑杭世骏序。目录后有“嗣法门人实荫、实广、实踪、实坚编校”一行。板式疏俊。又见篆玉《话堕三集》，开板如一，似杭郡方外人集雕版类如是也。

春華閣詞卷一　辛巳六月十二日閱

揚州汪　棣對琴

踏莎行

眉影當牕啼痕印枕曉樓獨自無端緒鄰家呼與上鞦韆柳陰愁聽流鶯語　曲寫烏絲心銜紅豆依稀往事憑誰訴門前莫摘小桃花蕭郎須識來時路

國香　臥牛首山閣

磵道喬松散兩行甃影同被苔封幽龕不聞經唄犬訝人迓百尺凌空古塔陟窮巖廻盼高重雲房入窈

春华阁词

乾隆刻本。二卷。前有黄之隽、陈撰、符曾、张四科、凌应曾序。辛卯王鸣盛序。江恂序。沈大成、钱大昕题辞。开板精雅，为清刻妙品，视精写刻本，别有一番情致，各擅胜场。殊不必独目写刻为“精刻本”也。

陈撰为邗上诗人老辈，同时人撰作，多有其序，至乾隆中犹存。传世只小诗数卷，文集未见刊行。如辑所作序跋，别为一卷，知人论世，非无益事也。其于对琴词序有云：“故谈艺家每艳称红牙拍板，用十七八岁女郎，唱晓风残月，若词家本色，无易此种者，予不谓然。然欲摆脱绮丽，而误入辛、刘一派，尤为魔劣。”此其论词之大凡。至其所为词，尤罕见。钱辛楣词不多作，潜研堂集中无词。此集中亦收数阕，可补全集之佚。

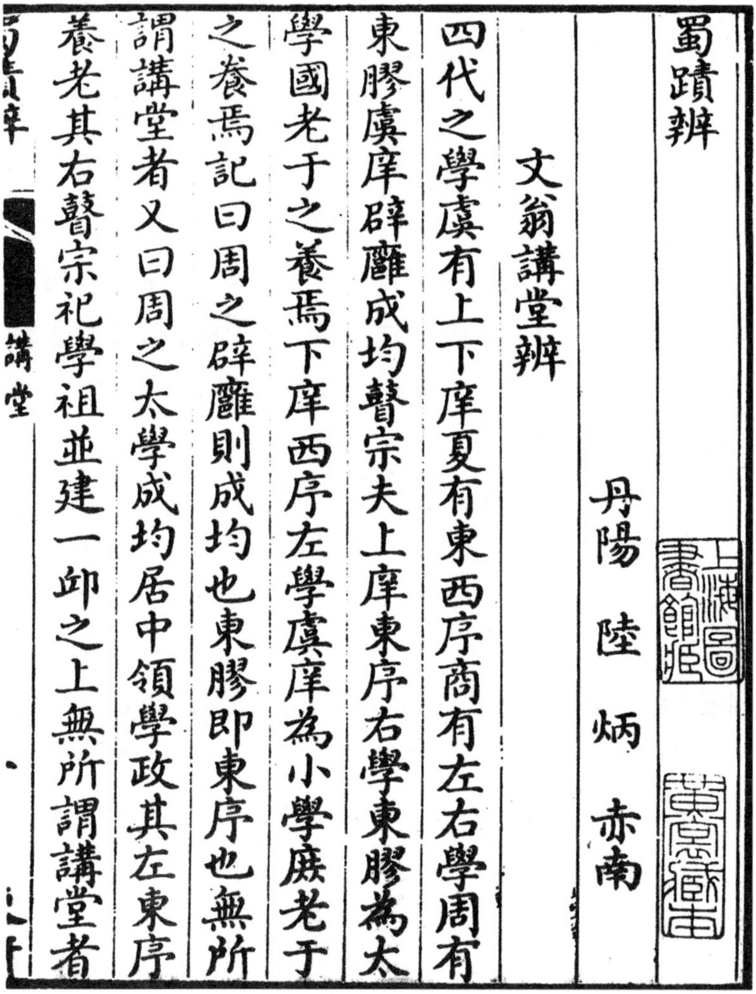

蜀蹟辨

丹陽陸炳赤南

文翁講堂辨

四代之學虞有上下庠夏有東西序商有左右學周有東膠虞庠辟廱成均瞽宗夫上庠東序右學東膠為太學國老于之養焉下庠西序左學虞庠為小學庶老于之養焉記曰周之辟廱則成均也東膠即東序也無所謂講堂者又曰周之太學成均居中領學政其左東序養老其右瞽宗祀學祖並建一邱之上無所謂講堂者

蜀蹟辨　講堂　一

蜀迹辨

乾隆刻本。版心中墨钉，下有“藜轩”二字。前有乙未八月自序，略云：“偶检余《剑囊文集》六卷，值太湖黄子仲宣……见之袖而返。旬余，将集中所关蜀迹之辨录为一卷，劝以授梓，曰：‘虽少，曷为之先，有见而和者，辑以成书，较所梓《蜀游诗钞》不更有益于蜀志耶?’余美其意，从之。”此意大佳，是册遂为论辨蜀事仅有之书，后亦少来者。所辨凡七事：讲堂，黑水，七桥、六一堂、碧鸡坊、天彭门，石镜。刻亦精好。

樂府傳聲

吴江徐大椿靈胎著

源流

曲之變上古不可考自唐虞之賡歌擊壤以降凡朝廷草野之間其歌詩謡諺不可勝窮兹不盡述若今日之聲存而可考者南曲北曲二端而已北曲之始如金之董解元西廂記元之馬致遠岳陽樓之類南曲之傳如元人高則誠琵琶記施君美拜月亭之類宫調既殊排場亦異然當時之唱法非今日之唱法也北曲如董之西廂記僅可以入

乐府传声

《乐府传声》一卷，吴江徐大椿灵胎著，乾隆丰草亭刻。前有乾隆十三年德清胡彦颖序，即撰《北窗偶谈》者，音韵学者。又唐绍祖、黄之隽题及自序。后附《道情序》。刊颇精，句读加圈识，便伶工之习学也。始“源流”，终“底板唱法”，凡三十五题。于戏曲演唱、吐字发音诸事，细说窍门，全为场上说法，实事求是，事事皆从实践中来，非向壁虚造，是可重也。大椿为徐电发孙，自具家学。原刻罕传，近有傅惜华《古典戏曲声乐论著丛编》本，又译注本，诸题序俱夺去，大椿自序仅存，失其旧矣。

詩引

蔓草寒烟鎖六朝 吳歟 苦吟殊未補風騷

鄭谷 別裁僞體親風雅 杜甫 笑與楊雄作

解嘲 薛能

侑生 古

萬古功名總戲場 馮其源 鳳彰初歇翅齊張

張祜 他年錦里經祠廟 李商隱 聞訊先生一

一

集唾编

乾隆木活字本。扉叶题“横溪山人纂”，前有蔡其仁序，云作者为“王丈禹华先生”。次乾隆丙申孙壻赵珏序。又自序。目录。铜活字兴起于明代成、弘间，至嘉靖而渐衰歇。木活字继起，但少名书。入清后亦不振，视刊木之本，所存不及百一。晚清始少多，亦未能蔚为大国。此本可为清前期木活字本一例。周叔弢丈晚岁以收清代活字本为娱，其家书有云，近来收书，“只限于清代活字本。以前藏书家皆轻视之，都不注意，一经收罗，趣味无穷”。并说：“至于木活字，自清初至民国……据不完全统计，所印之书约三千种上下也。”弢翁重视清代活字本，可谓卓识。后收得四百余种，今藏天津图书馆。

培根

種之佳者。冬日取本根於爽塏處。培之。勿傷水濕。時近太陽。

蕃子

子如菜菔子收。仲冬後乃

菊　谱

乾隆刻巾箱本。二卷。前有乾隆丙申九秋梅夫叶天培自序。卷尾有乾隆丁酉张冰跋，自跋。通体以行草书上板，刊刻甚精，亦是别格。中国子部书，品种不多，而菊谱独盛。大书短册，层出不穷。此其小品之精者。周越然建国后渐去其书，五十年代初举所藏戏曲书售之，余为作缘，归军委总政文化部，多异品，然《宝剑记》则不在内。

春雨樓集卷一

平湖沈　彩虹屏著

賦

書帶草賦

維通德之深巷乃康成之故居傳千秋之學殖衹萬卷之圖書繞宅少陶家之楊柳臨池空謝氏之芙蕖視彼裙腰之掩映讓茲書帶之舒爾其生長方輿忌沾圓蓋下窺流水之涓涓上覆白雲之靄靄可參著作之林詎比療醫之艾茇海苔之披

春雨楼集

乾隆刻本。十四卷，附题词一卷。扉叶题“闺秀沈虹屏撰”。前有目，乾隆四十七年萧山汪辉祖龙庄序，乾隆四十四年梅谷（陆烜）序。次汪亮写“青要山人临池小影”，梅谷赞。此为沈彩手写刊本，雕椠殊精。卷一末题“乾隆辛丑又五月廿一日书于荷香竹色亭”。卷四末题“七月巧日，薄病初起，菱芡既登，秋海棠盈盈索笑，香韵清绝。御研绫单衣，写于奇晋斋之东轩”。诗词外有文二卷，题跋三卷。于闺集中不多见也。三十年前曾于西谛案头见此书残卷之开花纸印本，钤“青要山

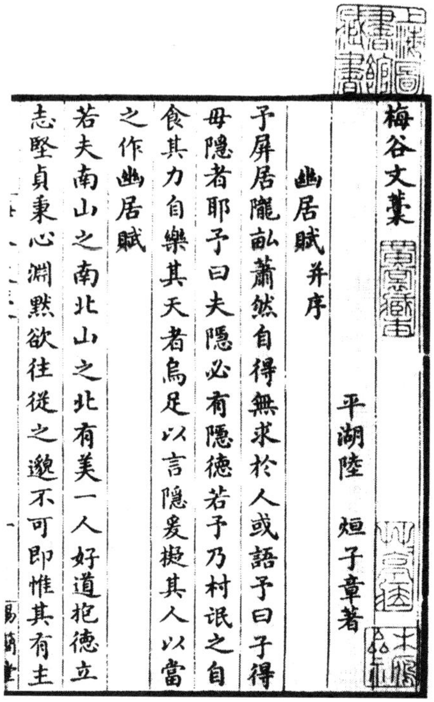

梅谷文葉

平湖陸　烜子章著

幽居賦并序

予屏居隴畝蕭然自得無求於人或語予曰子得毋隱者耶予曰夫隱必有隱德若予乃村氓之自食其力自樂其天者烏足以言隱爰擬其人以當之作幽居賦

若夫南山之南北山之北有美一人好道抱德立志堅貞秉心淵默欲往從之邈不可即惟其有主

人”小印，精妙无俦，知初印之可贵也。

梅谷十种书

沈虹屏为陆烜侍妾。烜字子章，曾刻《奇晋斋丛书》，有名于时。颇藏书，多善本。《十种书》刊于乾隆中，计《梅谷文稿》《梅谷行卷》《耕余小稿》《吴兴游草》《梅谷续稿》二卷、《梦影词》三卷、《陇头刍语》《梅谷偶笔》《人参谱》四卷，附《春草遗句》一卷。写刻甚精，版心上记字数，下记堂名，每卷不同。《梦影词》后有题记两行：“乾隆丁亥浴佛前后日，庆云侍史手写于春雨楼，重付剞劂。计增七阕，校正十一字。”是又一沈虹屏也。书前有总目。颇罕传，余与《春雨楼集》同得。

樂遊聯唱集卷上

古體詩

華嶽聯句一百韻

灝靈執神矩 鎮洋畢沅秋帆 形成四方側三峯三霄通 長洲吳泰來竹
嶼 一嶽一石作土囊旋風輪 江寧嚴長明道甫 洪鑪鼓炎橐忽
荒招拒營 嘉定錢坫獻之 胚胎混沌鑿鐫鏤山鬼泣 陽湖洪亮吉稚存
烹鍊眞宰鑠谷神元門存 陽湖孫星衍季逑 金精大冶躍鶉分
驗星野 秋帆 虎位聳雲巖背控秦隴蜀 竹嶼 面瞰河渭
洛陽侯萬派騰 道甫 巨靈一掌拓崝嶸鏟天根 獻之 神
秀包地絡少皡專威柄 稚存 太極司秘鑰媧鍊驚補餘
季逑 共觸怒走郤芙蓉森翠葩 秋帆 菡萏挺碧蒻法吏

乐游联唱集

乾隆刻本。二卷。扉叶题“乾隆四十七年壬寅夏五月开雕”“西安节署藏板”。杨芳灿序。此毕沅与同官幕客吴泰来、严长明、钱坫、洪亮吉、孙星衍、张复纯、吴绍昱等联句唱酬集，所咏如华岳、龙门、昭陵石马、周忽鼎、开成石经、华清宫、灞桥等，间有考据详注。与《关中胜迹图志》刻于同时，开板风格亦近，为乾隆关中刊本通常体式。

序

檀干　許起昆　玉載

康熙辛丑春檀干許子寓旌陽將邀松台方子遊黃山方子曰黃山豈易言遊哉往見元人看山似讀畫之句每歎古人用意之精然名山大川豈畫理所能盡孔子於川上會心而又以樂水樂山肖仁智之性不言遊實深於遊者若太史公生龍門鍾呂梁積石之奇猶且南浮沅湘東探禹穴北走齊魯燕趙而後成史記一書杜子美詩以入夔州

读黄合志

乾隆刻本。甲辰王汝骧、吴瞻泰、吴锐序。沈德潜、王之醇跋，许起易书后。方学成撰游记，后附图赞、诗、联句。有图三幅，曰狎浪联吟、丹台煮茗、师林醉月。画者吴心来，为清前期山水板画佳作。此册丙申秋日得于昆明旧肆。八年寇难，中原人士避地滇南。寇败，遂返故乡，随身书物辄弃之，多见于市肆。随手收拾，得还江南，亦因缘也。

金粟影菴詞初稿 壬午正月初一日閱

錢唐顧　澍伴蘇

荷葉杯 秋閨

數盡燈花開落寂寞新月又當樓無言

斜對影兒羞愁麼愁愁麼愁

柳梢青 惜別

離情如夢樽前也道一聲珍重此後相

金粟影庵词初稿

乾隆刻本。前有乾隆五十年钱维乔序，末乾隆五十年范永祺跋。巾箱小册，板框套朱，刊印绝精，颇疑是活字排板。刊刻与《罗两峰集》及《自怡轩词谱》颇同，一时钱塘开板风气类如是也。词语亦清丽。

泛槎錄卷上

當塗　黃鉞　左田

乾隆五十二年丁未正月謁石君師於杭州時師方視學兩浙
招之入幕十八日由蕪湖買舟至東壩
十九日泊高淳縣
二十日過高淳湖抵東壩换船至杭
二十三日到蘇州泊閶門外
二十五日到杭州寓西湖昭慶寺旁王氏小樓樓窻正對南屏
二十六日泛舟游裏湖拜岳墳遶孤山遇雨而歸
二十七日晨起泛舟至小有天園讀摩崖冢人卦憩淨慈寺參
五百應眞象
二十八日雨坐湖上樓竟日雲容變態亦一奇也

泛桨录

乾隆刻本，二卷。是黄钺于乾隆五十二年入朱石君幕，视学两浙纪程之作。狭行密字，刊刻殊精。

左田此书用日记体，详略互宜。在鄞曾登天一阁，云“阁制朴古，子孙能读书者尚十数人”。记金华试院为宋保宁军治。又记游雁宕两记最详，各数千言，描摹景物，兼作考证。余则仅记水程息止，殊简略。如放翁《入蜀记》，两浙奇山异水，刻画详尽，无异二百年前两浙记游小志。迄于乾隆五十三年十二月，凡两年。

亡友列傳　稽章學誠實

胡士震　沈棠臣

唐鳳池　樂武　錢詔　徐鄰坡　張羲

年　顧九苞

羅有高

曾慎

乾隆四十年乙未余自江浙倦遊復反京師親老家益貧挾冊謀生未有長計丙申援例授國子典籍丁酉舉順天解試戊戌成進士歸部待銓旋丁內憂時館永清撰輯縣志已亥志成館于會稽相公者二年辛丑辭去

庚辛之间亡友列传

乾隆刻本。大题下列亡友姓氏，凡十二人。侍朝、胡士震、沈棠臣、陈以纲、唐凤池、乐武、钱诏、徐芗坡、张羲年、顾九苞、罗有高、曾慎也。卷尾有乾隆五十四年己酉夏四月嘉善周震荣《书后》，文情俱胜。此章实斋著作生前刊木之本，流传甚稀，板刻精雅，旧藏萧山王氏、钱唐丁氏。

說詩晬語卷上

長洲沈德潛確士

詩之為道可以理性情善倫物感鬼神設教邦國應對諸侯用如此其重也秦漢以來樂府代興六代繼之流衍靡曼至有唐而聲律日工託興漸失徒視為嘲風雪弄花草遊歷燕衎之具而詩教遠矣學者但知尊唐而不上窮其源猶望海者指魚背為海岈而不自悟其見之小也今雖不能竟越三唐之格然必優柔漸漬仰溯風雅詩道始尊

事難顯陳理難言罄每託物連類以形之鬱情欲

说诗晬语

乾隆刻本。二卷。前有自序。是为辛亥书成后最初刻本。写刻甚精，旧为沈椒园藏书。此亦甫里许氏遗书，得于徐汇唐肆。德潜以诗得重名，同时人撰著往往有其序文。又喜选诗，有唐至清历代诗别裁及《七子诗选》等。喜改换字句，信笔删易，视诗人如弟子，为钱竹汀所讥。终因选清诗首列钱谦益，为清帝所恶，或云以代笔御制诗入己集得罪，亦文字狱之别格。

焠掌録卷上

錢唐　汪　啟淑　輯

漢儒林傳索隱曰自漢巳來儒者皆稱生亦先生者省字呼之耳高帝紀以魏地萬戶封生師古曰生猶言先生賈誼傳懷沙賦生之無故兮師古曰生先生也貢禹傳朕以生有伯夷之廉史魚之直愚按自漢巳前即有此稱史記越世家楚王曰生休矣

焠掌録　卷上　一　開萬樓

焠掌录

汪启淑以藏印名，亦藏书。所著以印谱六七种最不易得，《水曹清暇录》亦罕见，诗集更未见。此《焠掌录》传本亦稀，刊刻大雅，版心下有“开万楼”三字，前有杭世骏序。此为启淑早岁读书札记，杭序以前辈口吻，勉“年少而气锐”之少年，至其书则谓特比切其事，危疑其论，以求前哲之间，得毋傲与赞与、嵬且琐与；甚察而不惠、辨而无用，多事而寡功与?”其评可谓严切，终归之为“为之犹贤乎已”。秀峰以晚学而竟毅然刊于卷首，不可谓非气局恢弘、善于承教者。然焦里堂（循）见此书，跋其后云：

> 嘉庆甲戌二月，录十数条入《道听录》。杭氏序识之。余谓此书胜杭氏所为《文选》□□□□多矣。谓察而不惠、辨而无用，非也。雕菰楼主人记。
>
> 嘉庆五年四月浴佛前二日，得于郡城市中。是日午后大雨。江都焦循记。
>
> 壬戌秋七月，又阅一过，丁卯秋七月。是书考证经史简授，颇资于学者之参订，在近年新出诸说之上。秀

峰来扬，访江都汪容甫明经，见面两相争骂。尝饮于汪比部家，擎杯忽大恸，举座为之罢席，亦奇士也。焦循记。

癸巳十月廿三日，枕上读《文禄堂访书记》，录里堂三跋于卷尾。小燕。

王晋卿余曾见之于北京。出所藏吴兔床藏书多种见示，多钞本，悬值甚昂。后曾数度通讯，其人好谈版本及藏家故事，娓娓不倦。所著《文禄堂访书记》，著录佳本至夥，且每书皆详著行格、钞刻，藏书印记，并及跋尾，颇贤于一般著录书。惜其不甚通文义，误字不少，篆文亦不能辨，所记印文多误。然非此书不能存里堂诸跋及汪秀峰、汪容甫轶事，可感谢也。乙酉七月杪记事。

曹州牡丹譜

懷寧余鵬年伯扶

花正色　計三十四種

黃者　七種

金玉交輝　俗名金玉璽

綠胎修榦花大辦層葉黃蕊貫珠纍纍出房外開至欲殘尙似放時此曹州所自出薛史品居第一

金輪

曹州牡丹谱

乾隆刻本。前有乾隆癸酉翁方纲题诗，从原迹上板。次乾隆癸丑春三月知菏泽县事宛平安奎文序，次乾隆五十七年自序。谱著花品凡五十六种，后有附记七则，皆记栽接方法。书刊于山东，可为北方刻本一例。翁方纲于乾隆癸丑按试曹南，与学院山长余伯扶语，应为花作谱，因成此书。订正今古，附以栽接之法，虽所著花品不多，亦可备一家故事。覃溪手题三绝句，其一曰："我来偏不值花时，省却衙斋补谢诗。乞得东州栽接法，根深培护到繁枝。"其好事可想。王惕夫亦有题此谱诗，在编年诗稿卷十二。

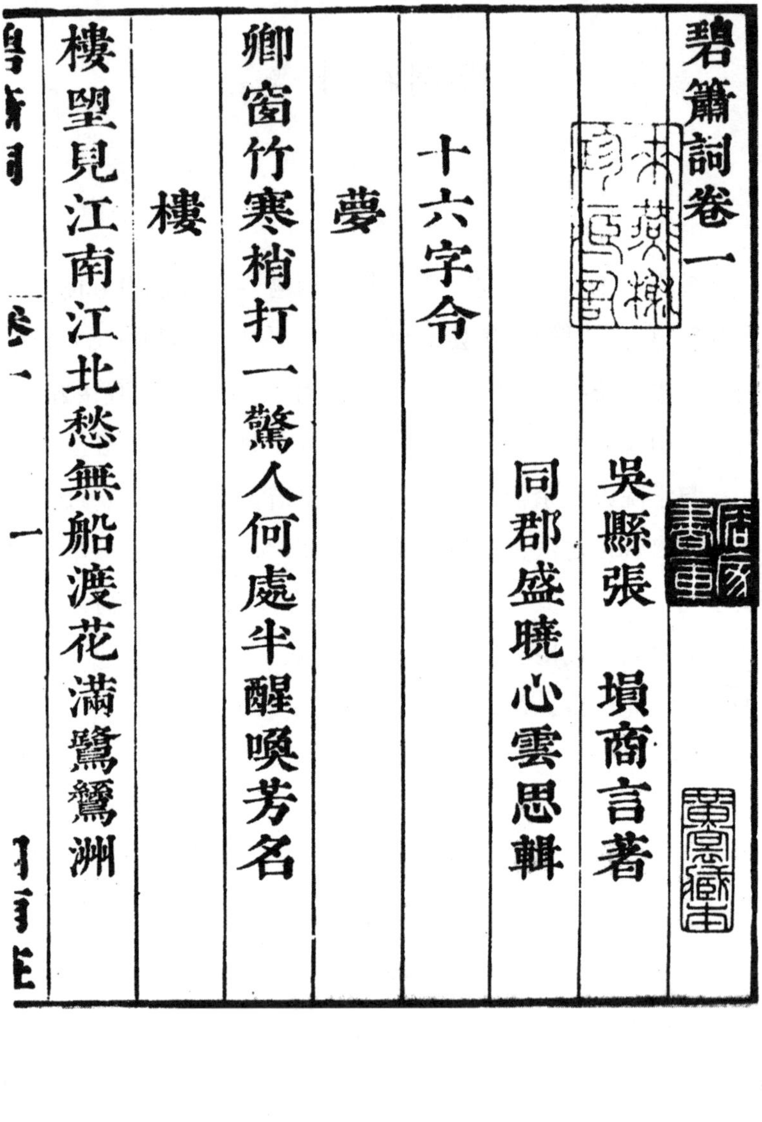
碧簫詞卷一

吳縣張　塤商言著

同郡盛曉心雲思輯

十六字令

夢

卿窗竹寒梢打一驚人何處半醒喚芳名

樓

樓望見江南江北愁無船渡花滿鷺鷥洲

碧簫詞　卷一　一

碧箫词

乾隆四雨庄刻本。五卷。前有汪俊、薛雪、蒋士铨等题词。此本刊刻精甚，板心下有“四雨庄”三字，风格与毛汲古刻书无异，疑其时毛家写手刻工犹有存者，乃能代刻此集也。卷五为词余，末有自跋，作于丙子，是为乾隆二十一年。为《竹叶庵文集》墨板前初刻单行之本。卷尾小跋谓“铅山蒋莘畬极诋道情为不入品，吴江徐灵胎则奉道情声调为绝唱，二君皆好为已甚。扬州郑板桥曾依此调演为十首，颇可消遣。盖简板愚鼓，宜是声口，若欲增减字数，以强就北要孩儿为入品，不可也”。所论通脱，且可见有清中叶词人看待俗文学之不同态度，如此。

愛日堂吟槀卷一

仁和趙　昱谷林

小山乙槀之一

西溪看梅幷序　　臯亭道中

布置小邱成　　初夏三首示意林

重午　　香眉菴曉起

池上　　題松門畫

東陽王虎文淳安方樸山山陰周粹存同里沈欒城吳繡谷厲樊榭符葯林家弟意林讌集小山堂分賦得黏字

題張默稼南菊集　　雨後晚荷

愛日堂吟槀卷一　一

爱日堂吟稿

乾隆刻本。十四卷，附《春草园小景分记》为卷十五。前有乾隆十二年全祖望序及《小山堂藏书记》，次方楘如唱酬诗题词，次全祖望撰《前征士谷林赵君诔》。每卷大题下接诗目，目后接正文，古式也。开板静雅，为乾隆中杭州刻书典型风貌。此本为刻成后校样底本。小山堂赵氏于山阴祁氏有姻连。余撰彪佳曲品跋，搜祁氏遗事，求此书不可得。丙申游成都，见之于图书馆，尚是法梧门藏书，大喜逾望，疾记数事。归沪后先得一残卷，后乃收此校底本，藏书辛苦如此。

介子
尋蘭徑
磊岩
卷上
四

华圃图志

乾隆名山铎刻本。二卷。前有乾隆辛卯李离明序。有图十幅，镌手精能，为乾隆中版画佳作。华圃在福建同安县西八十里，为唐谢翛兄弟读书处，后唐洪文用、宋石蕡继居之，朱熹亦尝游此。

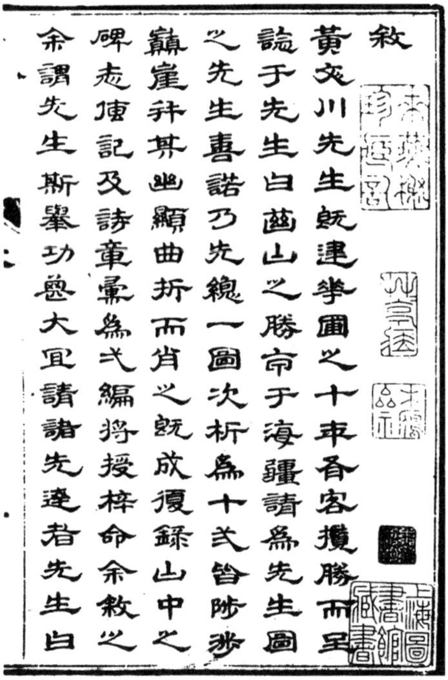

敘

黃文川先生既建華圃之十年胥客攬勝而呈論于先生曰茲山之勝甲于海疆請為先生圖之先生喜諾乃先總一圖次析為十式皆陟涉巔崖并其幽顯曲折而肖之既成復錄山中之碑志傳記及詩章彙為弍編將授梓命余敘之余謂先生斯舉功甚大宜請諸先達者先生曰

嘉　庆

第一香筆記卷一

吳郡朱克柔輯著

花品

蘭品

水仙素第一　荷花素第二

梅瓣素第三　水仙瓣第四

綠梅第五　紅梅第六

團瓣素第七　超瓣素第八

第一香笔记

嘉庆瘦竹山房刻本。四卷。前有嘉庆元年自序，次例言，丙辰三月小引，目录。卷末有“榴舫穆士华校对”一行。分“花品”“本性”“外相”“培养”“防护”“杂说”“引证”“附录”诸目。此书原名《祖香小谱》。所著皆由目见耳闻，不参臆说。开板吴中，字用宋体，与乾隆刻本面目已有显著差异。此书世无著录，只北京图书馆善本目有钞本一帙，当是从此刻写出者。瘦竹山房藏版。

西齋偶得卷上

蒙古　博明　希哲

遼金國名

遼爲契丹金爲女直按契丹本名乃契塔特女直係由女真由朱里真迭改其本音乃朱里扯特見元秘史蒙古文今蒙古人猶以是呼之

蒙古呼漢人

蒙古人呼漢人爲契塔特葢蒙古初爲忙古部越在大漠北至後五代時始通中夏惟時燕雲十六州皆屬契丹故以遼國名稱之

西斋偶得

嘉庆辛酉刻本。凡三卷。前有嘉庆五年翁方纲《西斋杂著二种序》，又附识。次乾隆三十八年自序。《二种》者，此书与《凤城琐录》也。又有《西斋诗辑逸》三卷，皆同时刻。此亦佳刻，扉叶题“翁覃溪邵楚帆两先生同鉴定”，此本为翁方纲旧藏初印佳本。卷尾有“甲戌仲夏叶志诜借看一过”墨书一行，后归结一庐朱氏。

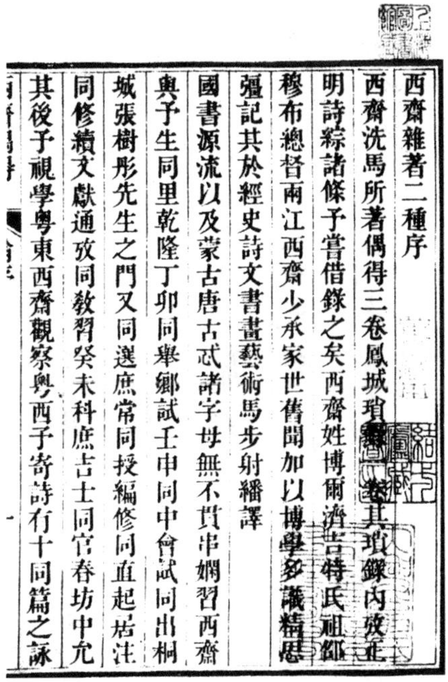
西齋雜著二種序
西齋洗馬所著偶得三卷鳳城瑣録二卷其瑣録内攷正
明詩綜諸條予嘗借録之矣西齋姓博爾濟吉特氏祖鄂
穆布總督兩江西齋少承家世舊聞加以博學多識精思
彊記其於經史詩文書畫藝術馬步射繙譯
國書源流以及蒙古唐古忒諸字母無不貫串嫺習西齋
與予生同里乾隆丁卯同舉鄉試壬申同中會試同出桐
城張樹彤先生之門又同選庶常同授編修同直起居注
同修續文獻通攷同教習癸未科庶吉士同官春坊中允
其後予視學粵東西齋觀察粵西予寄詩有十同篇之詠

讀書脞錄續編卷之一

仁和孫志祖

鄭易

朱子記嵩山卦爻彖象說謂古經始變於費氏而卒大亂於王弼日知錄據魏志高貴鄉公與博士淳于俊問對之語以爲連合經傳輔嗣實本於康成志祖案漢書儒林傳云費直治易無章句徒以彖象繫辭十篇文言解說上下經蓋藝文志易經十二篇其二篇爲上下經而十篇則十翼也費直以十翼本解上下經故不自爲章句非變亂十二篇之舊也戴東原先生嘗辨之矣志

读书脞录续编

嘉庆壬戌刻本。四卷。后有子同元壬戌四月跋。《脞录》刊于嘉庆己未，有自序，又二年而志祖死，《续编》为未定稿，刊于身后。刊刻谨饬，而气局已异于乾隆刻。旧为吴兔床藏书，有校笔。又有“士乡堂珍藏”一印，则后来曾归陈仲鱼家。

玉句草堂詞卷

儀徵 鄭澐 楓人

○一枝春

甲戌仲春業師杏橋吳先生與同人夜遊平山堂步月看梅繪圖譜詞以紀勝遊越六年己卯二三社友謀續舊遊時先生歸道山星紀四周矣尋將俶裝北去惜良會之頓遙思前塵以如夢酒盡更闌爲歌此曲不勝歎逝傷離之感云

畫裏江城。鎮年來。斷素飄零如許。盟鷗好在。有約玉

玉句草堂词

嘉庆刻本。三卷。前有嘉庆八年戴延介序。卷尾有“钱唐倪稻孙校”一行。枫人为延介外舅，此稿则得于王兰泉者。刊刻疏秀，为贝简香藏书，有手跋。此书尚有陈鳣一序，作于嘉庆九年。见《简庄文钞》卷二，在此本刻成后一年。略云：“忆曾命鳣隶书曹楝亭句作楹帖，云‘称心岁月荒唐过，垂老文章忧患成’，盖寓感也。”

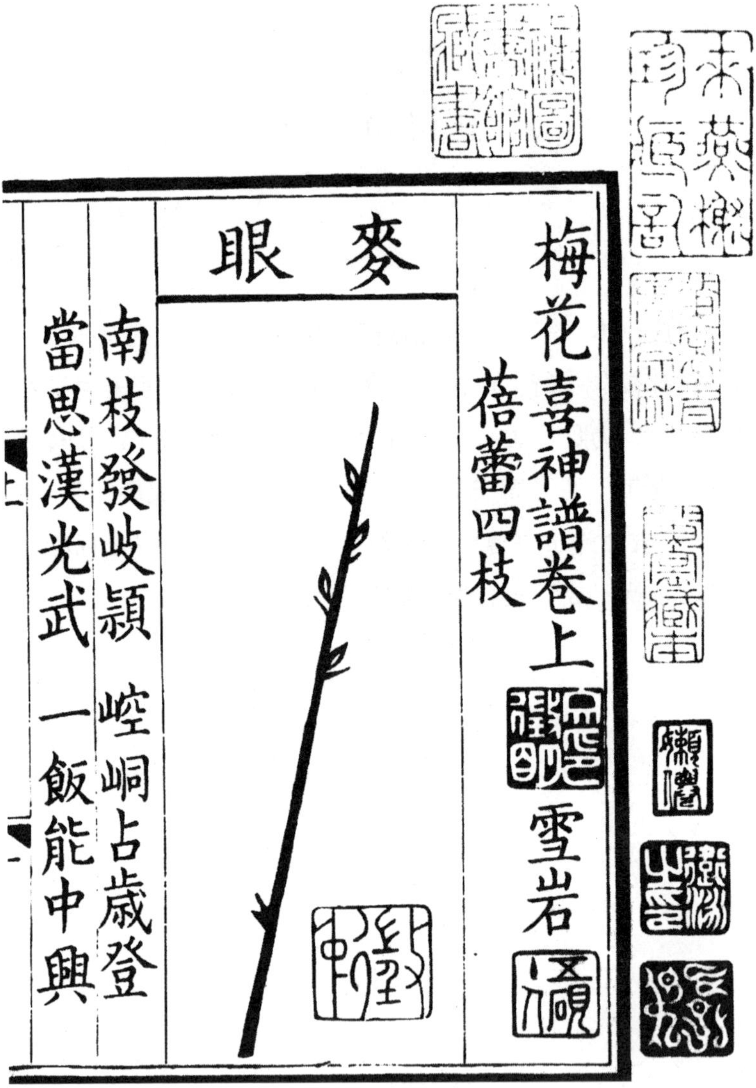

梅花喜神譜卷上
蓓蕾四枝
雪岩

麥眼

南枝發岐穎　崆峒占歲登
當思漢光武　一飯能中興

梅花喜神谱

云间沈氏古倪园重刊《梅花喜神谱》，二卷。有牌记云："嘉庆辛未云间古倪园沈氏用影摹宋本重雕"，"侨吴七十老人魏塘夏天培镌"。此本为沈绮云倩黄荛圃用袁寿阶手摹宋本重刊，刻手精妙，然终未能与原书毫发悉合，版心题字亦各不同，影摹收藏图记亦有朱白文之异。然系此书重刊之第一本，初印，用开花榜纸，墨色晶莹，由士礼居黄氏为之经营，遂成精本。卷尾有徐云路、李福、董国琛、戴延介题词，钱曾《读书敏求记》一则，黄丕烈刊书跋，王芑荪、曹贞秀夫妇手跋，颇记王、沈两家故事，则他本所未见。

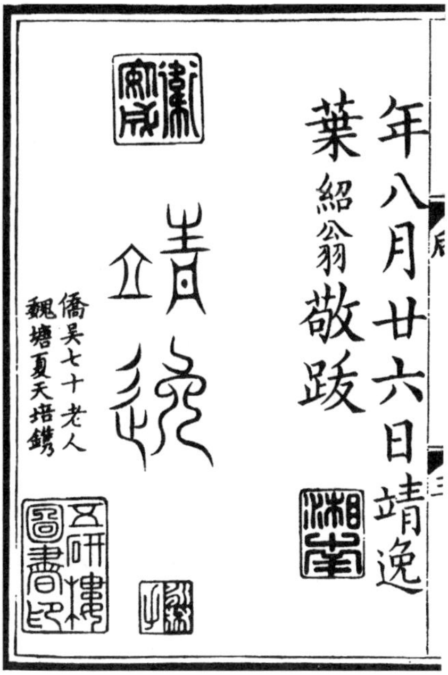
年八月廿六日靖逸
蕘紹翁敬跋
僑吳七十老人
魏塘夏天培鐫

延令宋板書目

周易　毛詩　尚書　禮記　周禮　孝經

論語　孟子八經共八本小板

岳倦翁周易三本詩經六本尚書三本孝經一本

論語一本孟子十四卷三本

周易正義十四卷四本

周易正義十三卷十本

周易音義十卷六本

纂圖互註周易十卷四本

周易九卷二本

周易十卷十本

延令宋板书目

嘉庆乙丑士礼居刻本。此黄荛圃所刻书，卷尾有“嘉庆乙丑四月荛翁手录上板”双行牌记。后附校语，又黄丕烈跋。

冬花庵燼餘稾卷上

錢塘　奚岡　鐵生

憶雲林山房

雲林幽絕處石上聞松聲下有清泠泉夜響孤猿驚煙筱隔嶺秀風鐘度水清所得入元賞相絆嗟浮名每發塵外想遂愜棲遯情山中老比邱一卷貝葉橫時遺古洞書遲我話無生

遊寶石山

我登寶石山山瘦削寒碧巍然突堵波天半卓孤立迴猋盪空林霜葉鳴策策側步怯危梯逼面起

冬花庵烬余稿

嘉庆十年刻本。三卷。前有嘉庆乙丑秦瀛序，吴锡麒序，汤礼祥撰《奚君蒙泉传》。蒙泉殁于嘉庆八年十月，年五十八。遗诗礼祥为之删定，友人醵金刻之。卷尾有“武林爱日轩陆贞一监锓”一行。陆氏为杭州名工，爱日轩所刻书甚富，多有牌记。此本端凝疏雅，可为其刊书代表。卷下皆题画绝句，清冷绝俗，近罗聘。卷首秦瀛序以铁生与方兰士并称，皆浙西画人，皆以穷死。并斥陈继儒号为通隐而诗有俗气，至李渔则人品逾下，其诗佻巧俚鄙，更不足言。一时评论如此。

琴韻樓詩卷上

當湖胡緣香輪著

梅花

嶺頭消息已知聞驛使年年報早春最愛孤標無俗韻能將素質孕天眞空山獨抱冰霜志圖畫難傳水墨神不使騎驢吟客見無言偏對倚樓人

琴韵楼诗

嘉庆刻本。前有郭麐序，徐熊飞序，嘉庆十三年胡正基序。小传。许景钟书后。写刻精妙，不让乾隆精本。有“竹下书堂”一印。

銀藤花館詞卷一

休寧戴延介受益

踈影

梅影和陶凫香

瓊枝悄舞，漏冷雲數點，明滅庭宇。雪壓香銷，月暗魂迷，春瘦都無尋處。似憐翠袖單寒甚，看扶起、盈盈窗户。想夢飛、不礙橫斜，竹外水邊來去。

記得西湖前度，玉容圓鏡裏，淺畫眉嫵。準約重遊，又是黃昏，愁聽一聲翠羽。幾番酒醒參橫夜，便欵到、苔痕如許。待他時、吹笛江南，滿地碎煙零雨。

紅情

銀藤花館詞卷一　一

银藤花馆词

嘉庆绿华楼刻本。四卷。前有嘉庆戊辰吴锡麒序，写刻颇精。

此积余所收乡邦文献之一，甚珍重之。生前未以之归林子有，身后由幼子售出，余得数十种，尚有方成培词，亦原刻精绝。此集中有《高阳台》词，有小序：“拂水山庄遗址无存。余以秋日，经行其迹，但见一片寒烟蔓草而已。”下片云：“涧东老去颓唐甚，爇金（炉）［垆］心字，枉拜空王。死后生前，都应愧煞红妆。美人笑吐如兰气，化虹霓不化鸳鸯。趁西风燕子徘徊，同话苍凉。”又有《眉妩》词，小序云：“柳如是砚为吴竹桥仪部赋。”词中小注云：“砚背镌秋水阁印，印上有如是小款”，“砚右有壬午二字”。余辑河东君事辑，曾收入此两则。辛丑春日记。

存素堂文集卷一

法式善著

論

唐論

唐之得天下也以爭奪而其失天下也亦以爭奪其兵之興也以宮妾而兵之廢也以宦官觀于此天人感召之機蓋不爽矣高祖之于隋朱温之于唐雖不可以並論顧其事蹟有略相類者然高祖創業三百年而朱温旋敗後之論者終以盜賊歸之何其遭遇不同耶自高祖至中宗數十年中再罹女禍元宗親平禍亂而復敗于女子憲宗志平僭叛而不克終其業穆宗以後藉内豎擁立者且七君國是又何論乎顧人皆謂唐之亂亡由于方鎮之跋扈方

存素堂文集

嘉庆丁卯程氏扬州刻本。四卷。前有吴锡麒、赵怀玉、杨芳灿、陈用光序，自序。嘉庆辛未又刻文续集二卷，板式如一，皆精刻也。

时帆文集世尚有藏弆者，此续集则殊未见著录，实清人别集中罕遇难求之册也。卷中《跋石仓诗选》《状元图考》《校永乐大典记》诸文，皆有关藏书版本故实，近人颇有道及，然皆未尝见此。余收清集颇富，都千余种，颇有泥沙杂下之憾。然披沙检金，亦往往有奇秘类此者。

絸園煙墨著錄

門下學人許兆熊集

臨北苑夏山煙靄卷

夏山煙靄　南田生跋曰溪巖邃谷灌木叢生北苑之筆精也長皴短刷水暈墨華山川之靈气也非北苑則千古無山川非名山大川不能證北苑開闢之功効畫至北苑其天工乎夏山圖吞雲迷霧變幻不窮而北苑無餘蘊矣蓋非夏山亦不能神明北苑也甲申夏六月既望揮汗錄于孝經堂中雯下一轉語曰非南田不能發泄是卷之神奇靈妙也思翁跋語三則終未道著癢處堅

茧园烟墨著录

嘉庆十九年石契斋刻本。分正编、附编。前有嘉庆丁丑余集序，沈钦韩序，目录。茧园先生小像，有嘉庆甲戌沈钦韩赞。卷尾有“孙男份、保校，李滨刻”一行。此本以颜真卿书体写样付雕，刻手亦精佳，能传毫素。于有清一代雕版中，堪为上驷。尚有《许氏巾箱集》一种，亦同时刊，板刻并同。

柯家山館詞卷一

歸安嚴元照修能

生查子

殘霞天際紅黯黯囱紗暮囱下寂無人囱外梧桐樹
無言倚翠闌愁思將誰訴鴈字一行斜任抹寒煙去

減字木蘭花

瑣囱皎皎只道夢回天已曉不是朝光月上梅梢夜正
長 鴛鴦瓦冷遙憶沈沈妝閣靜醮頳紅顏怎禁西風
徹骨寒

秋波媚

柯家山馆词

嘉庆刻本。三卷，扉叶为嘉庆癸酉九十一翁梁同书题。前有癸酉徐球序，次目录。卷尾有甲戌春徐球跋。版刻娟雅，为元照自藏本，有印记。卷耑更有张秋月小印，尤难得。书付刊时，元照已病，丁巳夏更以剩稿付徐球缮写，未几不起。此本后更附《补遗》一卷，有丁丑徐球跋，刊刻草率，去前卷远矣。

墨表一卷

嗚呼大文舒矣玄德孔固黃帝以來四千餘年之間書契既往桼刀咸謝漢興隃麋始進代降而後天命神靈龍賓出焉地不愛寶石墨產於女牀之山嗚呼豈不盛與奚氏南竄易水興於新安家擅綠蛾人握玄珠世勢趨令而下才法踰古而尊攷其大凡可得而論南唐北元歲遐則寖道失斯攢咸無足紀自宋及今人以世次墨以代升攷者不可勝窮而有楚廼

墨　表

嘉庆嘉兴从好斋刻本。四卷。卷后有墨者寿道人（万年少）自跋，跋后有“丁丑除夕延陵习隐木寉从于东借录”一行。又嘉庆甲戌戴光曾跋，戊寅黄丕烈跋。卷尾有“吴兴沈良玉刻”一行。写刻精妙，实戴光曾托黄荛圃墨板者。

此本入藏多年，未尝展读。后少聚旧墨，乃发兴求诸家墨录阅之，更及此本。所论墨法，所记墨品俱极精。为之快然，不徒以黄氏雕椠之精、流传之罕而见珍也。

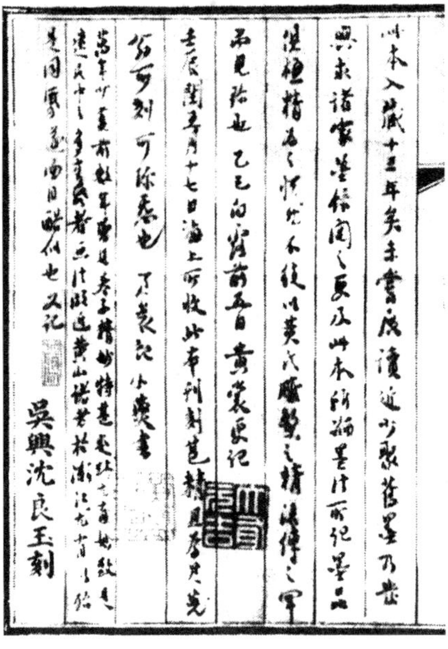
此本入藏十三年矣未尝展读近少聚旧墨乃发
兴求诸家墨录阅之更及此本所论墨法所记墨品
俱极精为之快然不徒以黄氏雕椠之精流传之罕
而见珍也　乙巳白露前五日　黄裳灯下记
壬辰闰五月十七日海上所收此本刊刻甚精且是荛
翁写刻可称瑰宝也　黄裳记　小燕书
万年少画前数年曾见卷子精妙特甚题跋尤具佳趣是
遗民中之多才艺者画法颇近黄山诸老于渐江尤近殆
是同气遂面目酷似也　又记
吴興沈良玉刻

万年少画，前数年曾见卷子，精妙特甚，题跋尤具佳趣，是遗民之多才艺者。画法颇近黄山诸老，尤似渐江，殆是同气，遂面目酷似也。

壬辰年集句題王女史畫蓮云縈迴謝女題詩筆一片西飛一片東

癸巳年詩北地佳人矜絕世西隣名士悅

風懷鏡

山陰俞國琛纂

趙學海參

呂以佺校

竹垞先生風懷二百韻

所習之業。所生之地。此句天干己

樂府傳西曲佳人自北方問年

风怀镜

此嘉庆丁丑刊《风怀镜》四册，巾箱本。每叶上方有栏，仍高头讲章式。山阴俞国琛纂。《风怀》一诗，成清初一大诗案，聚讼纷纭。竹垞晚年定集，不删此诗，宁不食两庑特豚，最见诗人风义。而杨谦别为新注，酿成疑案。俞君更从而辩之，方法细密，举证多方，虽未必即成定论，然视为有清中叶学人往复论辩之特例，则可无疑。特所辩非经史大义而为艳情诗二百韵，亦非来往论学笺札数通而为皇皇四册书，此其特色也。序跋题词累累，不及遍录。原书每册板心上方以“齐心耦意”四字别之，亦取诸《静志居琴趣》。每册前有原签，详著内容，其第一册云“序、跋、题词、尺牍、凡例、简明新注”；第二册云“杨谦旧注《风怀》二百韵全文，另添杏林新注”；第三册云“摘录《曝书亭集》内诗句词句杂曲，另添新注”；第四册则摘竹垞词之有关涉者另加评论也。乙未三月见于温知书店，头本已为人取去，急嘱追回，半月后始得全书，为收书以来快事之一。

南車草

秀水朱彝尊錫鬯著

錄別詩三首

丈夫志四瀰投袂始出門鍛我遠遊屐著我犢鼻褌局促轅下駒狼藉盤中飧親知未及送僕夫已具存天寒霜露下夜久參辰昏人生重離別豈不懷故園一言許知已萬里誰復論

飄飄山上雲決決溝中水居人臨前除游子夜

南车草

嘉庆二十三年刻本。前有丁酉二月蔗余道者序，后附《薇堂和章》，卷尾有嘉庆戊寅海宁蒋楷跋，略云："竹垞先生中年所刻诗文《腾笑集》《竹垞文类》，世多见之。此《南车草》一卷，系旧刻初印本……皆粤行之作……其间颇多《曝书亭集》未见之诗，因亟为摹刻，以公同好。序称丁酉，乃顺治十四年，先生才二十九耳。"蔗余道者不知谁氏，序首称"自变故以来，诗书之气，无所附丽。天下之才人，往往化为诗人矣。此诗之幸耶？抑人之不幸也"。语更沉痛。此集刻颇精雅，亦罕传。

綠牕遺藁

牕前柳

牕裏人初起牕前柳正嬌捲簾衝落絮開鏡見垂條坐對分金線行防拂翠翹流鶯空巧語倦聽不須調

試茗

小閣烹香茗疎簾下玉鈎燈光翻出鼎釵影倒沈甌婢捧消春困親嘗散暮愁吟詩

绿窗遗稿

嘉庆刻本。扉叶题“钞本重刊”，泰定五年傅若金序，目录，后附傅若金诗及孙（涉）［淑］殡志。南村跋。跋后有双行牌记，云“嘉庆己卯云间啸园沈氏从平湖钱氏借本刊行”。卷尾有嘉庆己卯黄丕烈后跋。云间沈绮云曾刻唐宋妇人集，皆从黄氏士礼居借本并请荛夫代刻，精妙非常，计三种：《薛涛诗》《鱼玄机诗》《杨后宫诗》。绮云殁后，弟十峰更得此书钞本，仍倩荛夫刻之。开板之精，于有清一代刊本书中不多觏。传本更稀，合前三种称《四妇人集》。

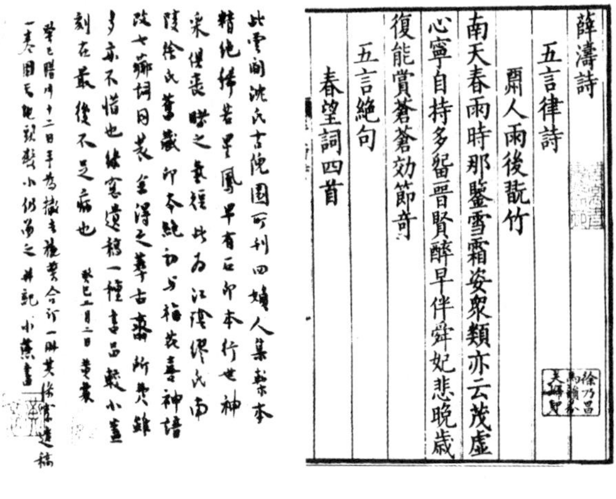
薛濤詩
五言律詩
酬人雨後翫竹
南天春雨時那鑒雪霜姿衆類亦云茂虛心寧自持多留晋賢醉早伴舜妃悲晚歲復能賞蒼蒼劲節奇
五言絕句
春望詞四首

生香館詩卷上

長洲李佩金紉蘭

秋海棠

搖曳秋光怯曉寒恨無金屋貯卿看最憐幾點懷人淚灑對西風獨倚闌

晚涼

綠楊深處暮鴉藏點點流螢漾曲廊頻捲湘波招月色一庭花雨晚風涼

錦城留別許林風姊

折柳愁縈萬里橋那能知己話通宵數聲風笛情無限三疊陽關路正遙握手每懷同絮語簪花猶

生香館詩卷上　一

生香馆诗词

嘉庆己卯刻本。诗词各二卷。前有壬戌杨芸序，后有己卯遂初居士孙均跋。诗词卷尾均有篆文双行牌记，云“嘉庆己卯秋开雕于吴门”；又楷书一行，云“长洲许翰屏仿宋书周宜和董刊”。许翰屏写书名手，所刻名重一时，此为其代表作品。所收词多于诗几倍。清词丽句，楚楚可人。诗集有《七夕用玉溪生韵》一律，有句云“那堪澹月微云候，恰值斜风细雨时”，步武义山，蹊径可见。词有集温庭筠句者三阕，是其瓣香所在。孙跋云：“余于李虎观太守为世交，其长女佩金所作附于太守《小蓬莱山馆遗集》后，此其别出单行本也。”

愛日精廬藏書志卷　　昭文張金吾

經部

易類

周易注十卷　毛氏影寫宋相臺岳氏本得之郡城顧氏

魏王弼注繫辭以下晉韓康伯注十卷畧例魏

王弼撰唐邢璹注前有璹序

易學辨惑一卷　文瀾閣傳抄本

宋邵伯温撰

讀易詳說十卷　文瀾閣傳抄本

爱日精庐藏书志

嘉庆木活字本。前有嘉庆庚辰黄廷鉴序，张金吾自序，目录。书凡四卷，旧为刘燕庭藏书，卷前有墨书手题云："嘉庆己卯丁卯桥以此册见贻，藏书志之初本也。"张月霄藏书志，传世多为光绪吴县徐氏木活字刊四十卷本，此本每种下记藏书姓氏及得之何处，新刊俱刊落。有袁寒云印记题识。

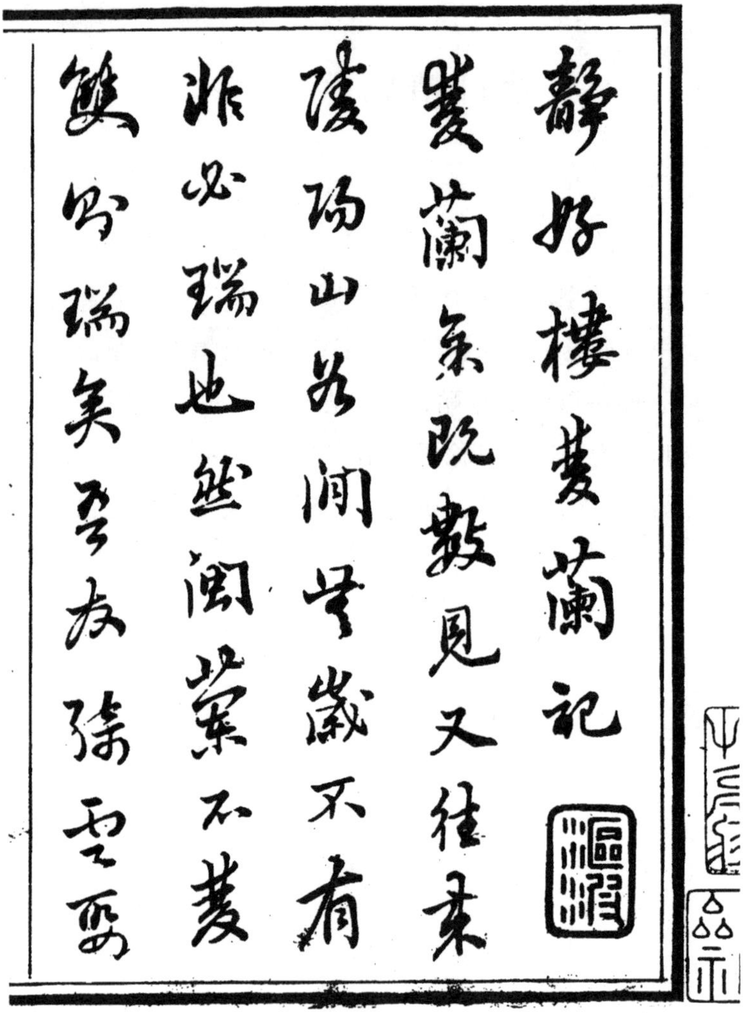

静好樓雙蘭記

雙蘭余既數見又往來陵陽山間無歲不有非必瑞也然閩產不雙雙則瑞矣吾友張雲要

静好楼双兰记

嘉庆刻本。前有嘉庆壬申沈恕序，次楞伽山人手书“静好楼双兰记”，后有“墨琴女史同观”一行。次改琦绘浓香小像，曹贞秀赞。次双兰图四帧。后有《秋兰赋》《双兰图记》，题赠杂诗。后曹贞秀跋，静好楼主人《纪梦》。此为古倪园沈氏继翻宋本《梅花喜神谱》所刻，为继室曹氏纪念者。氏曹贞秀妹，以是因缘得有惕甫夫妇题跋。刊刻极精，图版尤佳妙。

道　光

蕘言

述德繼聲

道光二年壬午八月廿九日將之

金陵省墓會三松老人重與賓興

遂訂同行詩以紀事敬步 先世

父蘗樵公省墓志感詩韻四首

桑榆暮景迫西垂筋力雖衰尚可支黍有

孫行傳六七先曾大父爍公公至予曾孫適為七代敢忘祖

卷一

荛　言

道光刻本。二卷：《述德继声》《省余游草》。黄丕烈撰，后有自跋。卷尾双行牌记云：“阊门外桐泾桥西石屑巷口吴学圃刊刻”。自跋云：“灾梨祸枣，昔人所讥。余之求精而反粗，可讥尤甚焉。”粗者谓诗有复字脱字，其刊刻之精则荛圃亦不自讳，可为士礼居刊书代表作。此本罕传，赵斐云来斋中观书，见此快然，出怀中小册，记行款而去，其罕传可知。

嘉定瞿中溶

管蔡皆非周公兄辨

左氏定公四年傳蔡叔康叔之兄杜氏注蔡叔周公兄康叔周公弟也又武王之母弟八人周公爲大宰康叔爲司寇聃季爲司空五叔無官豈尚年哉杜注五叔管叔鮮蔡叔度成叔武霍叔處毛叔聃也案史記管蔡世家言武王同母兄弟十人母曰太姒文王正妃也其長子曰伯邑考次曰武王發次曰管叔鮮次曰周公旦次曰蔡叔度次曰曹叔振鐸次曰成叔

奕载堂集

《奕载堂集》，嘉定瞿中溶撰。扉叶题“道光辛卯开雕”。不分卷，版心只著“文集”二字。十四叶后叶数俱墨钉。残存目录尚有“练祁稿”“归田园居钞”字样，似是诗集。似刊而未定之本。雷梦水《旧书经眼录》云，此书有三十二、二十六篇两刻，此册则三十五篇也。似非有两刻，只前后试印不同耳。书绝罕传，五十年前拔之于还魂纸炉者。

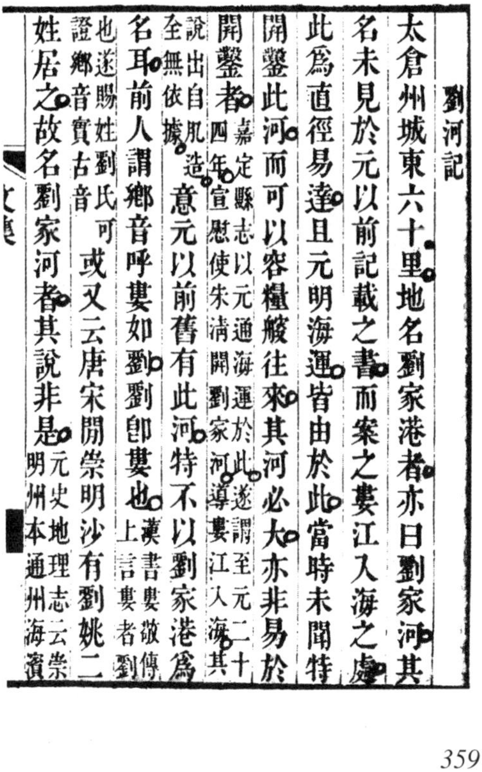
劉河記
太倉州城東六十里。地名劉家港者。亦曰劉家河。其名未見於元以前記載之書。而案之婁江入海之處此爲直徑易達。且元明海運。皆由於此。當時未聞特開鑿此河。而可以容糧艘往來。其河必大。亦非易於開鑿者。嘉定縣志以元通海運於此。遂謂至元二十四年宣慰使朱清開劉家河導婁江入海。其說出自肌造。至無依據。意元以前舊有此河。特不以劉家港爲名耳。前人謂鄉音呼婁如劉。劉即婁也。漢書婁敬傳上言婁者劉也。遂賜姓劉氏。可證鄉音實古音。或又云唐宋開崇明沙有劉姚二姓居之。故名劉家河者。其說非是。元史地理志云崇明州本通州海濱

木夫为钱竹汀女夫，学有本源，而遗集零落如此，亦可慨也。卷中多

考订金石版本之文，其《吴郡金石志目录序》云“余授室后得从外舅钱少詹先生问金石文字之学，潜研堂所藏二千余通，尽得翻阅”，自道其受学源始如此。又有《刘河记》，皇皇大篇，并附《三江水利全图》，今日读之，犹资参稽，知木夫非泥古而失今者。

栖香閣詞卷上　辛巳八月十六日閱

梁谿顧氏文婉著

滿江紅

送梁汾弟北上適中庭杏花盛開

夢草池塘擬重續謝庭佳咏又早是離愁滿載片帆風順千縷柳絲難挽住一枝紅杏聊爲驢看明年此際日邊開宮袍襯　頻酌酒須拌飲重話別言難盡怕歸來庭院故人多病風日長途珍護好春城寒食應相稱倩雙魚先寄與平安泥金信

望江南

東亭好太史舊名家望去有庭皆疊石看來無樹

栖香閣詞卷上　一

栖香阁词

道光四年山阳李氏闻妙香室校刊本。二卷。前有道光五年李文媛序，后有道光五年孙燮跋。

此顾贞观姊氏词，江西学使李宗昉刻。写刻精整。文婉为同邑考授州佐侯晋室。集中寄梁汾词凡四阕。《满江红·中秋寄梁汾弟》云“十载别离劳梦寐，半生词赋同凄怆”，梁汾客京师，十载不归，因念之也。又有《虞美人》词，上片云：“暗伤亡国偷弹泪，此夜如何睡。月明何处断人肠，最是依然歌舞宴昭阳。”全集中仅见有此，不知咏何事也。夫人颇老寿，有诗百余首，刻入《梁溪诗钞》中。

玉壺山房詞選卷上

玉壺山人改琦自編

華亭鶴史沈文偉較刊

法駕導引

聖姑廟神絃曲

桃花水桃花水玉洞曉烟紅滿地流雲仙

鶴語紫簫吹軟夜東風春夢忒匆匆

花鬘結花鬘結樓閣化爲雲舞罷山香摑

玉壶山房词选

道光戊子刻本。前有道光戊子沈文伟刻书引。姜皋撰诔词。目录。王芑孙、曹言纯、陈文述、姜孺山、郭麐跋。小像，雷葆廉赞。后有道光庚戌雷葆廉后跋。卷尾双行牌记云："道光戊子冬云间沈氏来雀楼镌行。"此亦云间古倪园沈氏刻本，写刻精雅，能传绮云、十峰遗绪。

金谷遺音卷上

宋　石孝友次仲

水調歌頭　送張左司

君恩九鼎重臣命一毫輕出身事主剛甚須作不平鳴老却西山薇蕨背損南窗松菊羞死漢公卿豺狼敢横道草木要知名　秋已素人欲去若爲情長沙何在風送嗚咽暮潮聲舉棹却尋歸路

金谷遗音

道光己丑刻本。前有陈金鉴序。后有毛晋跋，又毛扆校后跋。扉叶题“道光己丑刻东陈氏五马山楼重刊宋本”。此清人刻宋词小集，颇罕见。源出汲古阁校宋本，云“重刻宋本”者，不确。刻板甚精。

孝友好以当时俗语入词，生面别开，为宋词中别格，但颇有不可解处，治古语言文字学者，未见援据，殊可惜也。

晩聞居士遺集卷一

賦

雙節賦 集古

伊女子之有行兮潘岳 尚君子之末徽何景明 維二女之同凥兮李沂 似浮萍之託津丁廙 葛緜緜於樛木兮班固 期畢齒而委身何景明 譖兩美之必合兮郭造卿 交得意而相親司馬相如 豈妾人之姎咎兮班婕妤 良人忽以捐背潘岳 曰匹婦之爲諒兮郭造卿 豈速隕之可悔何景明 主君邈然而湠怨兮陳櫟 戀高堂之慈愛蔡確 懷夫子之固窮兮

晚闻居士遗集

道光刻本。九卷，首一卷。前有汤金钊、王引之序，后王绍兰跋。扉叶后题“道光庚寅夏孟开雕辛卯冬仲蒇工”。卷尾一行云“杭州爱日轩陆贞一仿宋写并董刊”。杭州爱日轩刊书甚多，起乾嘉之际，至道光中仍未消歇。此为道光中叶刻本标准体式。喜用异体字。卷四有“祁忠惠公及其尊人私印铭”，云“澹生堂，存手泽。寓山园，沉毅魄。书记姓名此遗迹，丹青炳炳著竹帛，不可磨泐有如石，藏千百年化为碧”。为承㸁、彪佳父子作也。

南漢地理志

嘉應吳蘭修編

興王府本廣州乾亨元年改爲興王府司馬光資治通鑑領

縣十三

常康　咸寧乾亨元年析南海爲常康咸寧二縣

永豐重合二場樂史太平寰宇記蘭修按歐陽修五代史云劉龑自云家本咸秦恥爲蠻夷主永樂大典引宋會要云劉氏割據嶺表建僞都於廣州乃分南海縣地爲常康咸寧二縣以爲京邑且就美名是也宋會要又云開寶五年廢常康咸寧二縣依舊爲南海輿寰宇記王存元豐九域志李攸宋朝事實歐陽忞輿地廣記合宋史地理志有常康而不及咸寧馬端臨文獻通考有咸寧而不及常康並誤

番禺　增城　四會　化蒙宋志作蒙化誤

懷集　游水宋志宋朝事實輿地廣記作游水九域志作游子並誤

南汉地理志　金石志

道光刻本。《地理志》一卷《金石志》二卷。每卷尾有篆书双行牌记“道光十四年郑氏淳一堂刻本”及校人姓氏。卷尾有江藩跋，道光甲午郑廷松刊书跋。雕椠甚精，为岭南刻书佳本。旧为叶氏平安馆藏本。东卿子名澧，藏书甚富。咸丰九年殁于杭州，遗书星散。近仍时时见于市上，惟东卿旧储则颇罕见。叶菊裳记所见藏印曰“叶志诜及见”，此本所钤“平安馆”等三印，则未之见，为可珍也。

江南春三首

汀洲夜雨生蘆筍日出曈曨簾幕靜驚禽蹴破杏花烟陌上東風吹鬢影　遠江搖曙劍光冷轆轤水咽青苔井落花飛燕觸衣巾沉香火微縈綠塵　春風顛春雨急清淚泓　江竹濕萋花鮮枝悔何及絲桐哀鳴亂朱碧嗟我胡為去鄉邑相如家徒四壁立柳花入水化綠萍風波浩蕩心怔營

瓚錄上求元舉先生元用文學克用徵

江南春

道光刻本。前有道光十八年邓廷桢题词。次目录。后有道光戊戌方东树跋，作于粤东布政使司署。后有附考一卷，尾有道光戊戌梁廷枏跋，云“今岁桐城方君植之东树取呈制府邓公，适雷琼观察董公权鹾会城，命钩摹而精刻之”。是为广州刻本之至精者。

喬影

小生巾服上

【北新水令】踈花一樹護書巢鎮安排筆牀茶竈隨身攜玉斝稱體換青袍褰展丰標豈似那獃眉掃

乔　影

《乔影》一卷，钱唐女史吴藻撰。道光刻。又名《饮酒读骚图曲》，写刻颇精。有葛庆增、吴载功跋。又闺秀题词有汪端、归懋仪等六则。又许乃榖等题词一卷。藻本词人，有词集，道光中曾两刻之。此本流传颇稀，郑西谛曾影入《清人杂剧二集》中，惜原图佚去，此本却在。蘋香嫁作商人妇，所遇不偶，遂作此剧，以寓抑郁不平之气。杭人多为题赞，而少记其身世者。冯沅君曾撰文论蘋香，惜亦不详。

吴藻有《花帘词》，又《香南雪北词》，俱道光刻。前者写刻甚精，后者则宋体字刻，晚于前刻，首甲辰（道光二十四年）

自记，有“丁酉移家南湖，三十年来忧患余生，人事有不可言者”语，微露身世，惜不能详。后附刻自题《饮酒读骚图》之“南北仙吕入双角合套”，题“蘋香谱”。有小引，云“滋伯以余之不复为词也，劝授雕人”。知此亦魏谦升怂恿付刊者，传本更稀，旧为黄摩西藏书。

孤兒編卷一

汪氏非魯成公之後辨

羅鄂州汪王廟攷實王伯厚姓氏急就謂魯成公支子食采于汪因以爲氏吾家族譜多據之喜孫生平最重譜學不敢苟且依附因爲之辨謹按魯地之見于春秋左氏杜預注及范甯穀梁注者凡百二汪爲魯地于經注無考此其不可信者一也魯人以邑爲氏者通志氏族略所載有臧氏郈氏費氏郎氏柳氏匡氏管氏鄟氏落姑氏鄒氏卞氏瑕邱氏矍相氏菟裘氏獨汪氏無考此其不可信者二也汪既爲公族魯公族受姓者春秋左氏所紀有衆氏展氏臧氏郈氏施氏仲孫氏子服氏南宮氏叔孫氏叔仲氏季孫氏子叔氏公鉏氏公父氏東門氏仲氏子家氏潛夫論氏姓篇所載有蟜氏后氏服氏公山氏叔何氏子我氏子士氏公巫氏公之氏子干氏華氏子言氏子駒氏子雅氏子陽氏公析氏公石氏榮氏乙氏獨汪氏無攷此其不可信者三也或謂出自魯成公按魯公族世系可攷者如公子彄公子益師公子展郈惠伯施父子般公衍公叔務

孤兒編一　一

孤儿编

道光刻本。前有道光六年朱为弼书，许瀚书，道光二十年汪喜孙自序。凡三卷。是本继《汪氏学行记》《汪容甫年谱》而成，与《述学》刊刻并同，皆狭行细字精写付刻者。

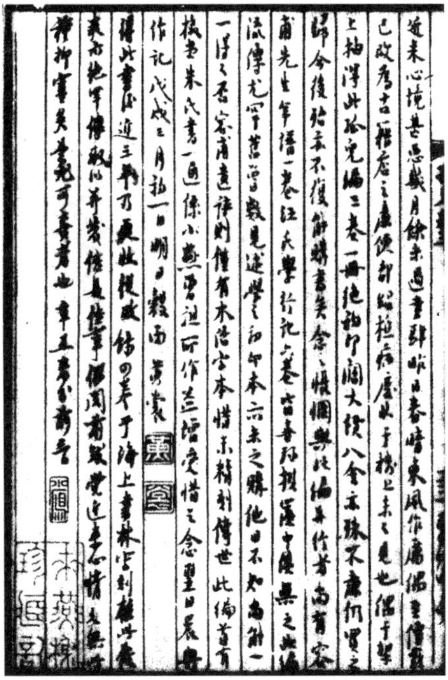

版心下记字数。卷一述祖德，卷二为容甫诸书跋文，卷三则辨昔人记载之诬。凌仲子撰容甫墓铭，云容甫好骂，“所极骂者二人，皆负当世盛名。人或规之，则应曰，吾所骂皆非不知古今者，盖恶莠恐其乱苗也。若方苞、袁枚辈，岂屑屑骂之哉！”此佚事之见于篇中者，因辨诬而得存。

從政錄卷一

甘泉汪喜荀撰

戶部擬奏生監欠漕疏

臣聞外省有漕州縣冬令開倉之時多收本色次年正月以後多收折色或由吏胥包納遂致加倍徵收因而地方訟棍始則挾制書吏繼乃挾制官長而紳衿等亦觀望不前州縣於紳衿不無瞻顧情面即書吏等亦不能不畏紳衿因而嚴飭胥隸毋許向紳衿催糧胥隸等迫於書吏指使因此徵催不力即有交納亦全飽吏蠹在紳衿視為已完在書吏藉稱積欠

從政錄卷一

从政录

道光刻本。四卷。前有道光二十一年汪喜荀自序，次姚祖同题词，阮元、唐鉴、林则徐、顾莼等书。后有宋其沅、郭尚先等跋。此本写刻俊爽，写样非出一手，于清刻中为别格。叶数俱墨钉。

此汪喜孙集，却题“从政录”，几交臂失之。见标直殊昂，遂于架底抽出，亟得之归。余购物每不能知佳否，乃常选价昂者，虽不能每试必验，然常不甚误，以此常为闺中人所笑。不图买书十年，亦仍师此故智也。书囊无底，信然。此本远较《述学》为罕，余所藏《孤儿编》三卷亦同此阔大，小字精刻。未见者尚有《汪氏学行记》《容甫先生年谱》，安得旦暮更遇之乎？

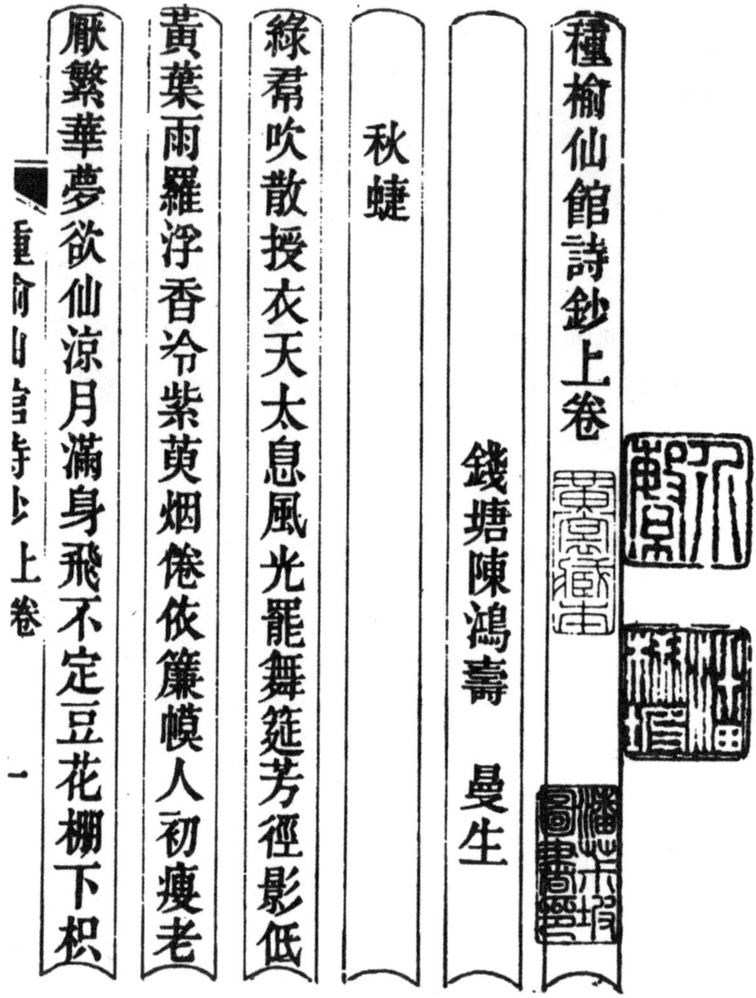

種榆仙館詩鈔上卷

錢塘陳鴻壽　曼生

秋蜨

綠帬吹散授衣天太息風光罷舞筵芳徑影低
黃葉雨羅浮香冷紫萸烟倦依簾幙人初瘦老
厭繁華夢欲仙涼月滿身飛不定豆花棚下枳

種榆仙館詩鈔上卷　一

种榆仙馆诗钞

道光刻本。前有道光甲辰陈廷恩序，壬寅吴清鹏序，癸巳陈文述引，沈廷炤题词。卷尾有庚辰高曰濬书后。此亦佳刻，为“仿蔡中郎竹册”格子。明人刻书已有此种，如《陶李合刻》是也，惟彼为写刻本耳。

泝澥集

漢陽葉名澧潤臣箸

壬寅七月三日舟發南昌是日立秋

又問黔中路勞人未肯休扁舟去南浦客意逼新秋祇益詩篇富眞成汗漫游燕山卜歸日風雪滿征裘

是夜泊市汊

扁舟泝章江向夕未停橈首途漸已秋凉飆動林莽岸迴孤火明露下寒流廣行役亦已疲浩歌復何往

豐城縣

際曉發市汊午過豐城縣邑小人煙稀地靜鳧鷗徧連

泝澥集

道光戊申刻本。沈涛题扉叶。前有道光二十八年宝鋆序，道光戊申孔宪彝序，道光二十九年戴䌹孙序。此为叶名沣诗早年单刻之本，为道光刻本通常面目，刊颇精整。后经删定，收入《敦夙好斋诗》。

敦夙好斋诗

《敦夙好斋诗初编》十二卷，叶名沣诗集，咸丰三年刊于北京。所收诗起道光乙酉，迄咸丰癸丑。有刘存仁序，宗稷辰、张际亮等十五家题词，道咸中同官名士皆在。《泝（此本作溯）澥集》编

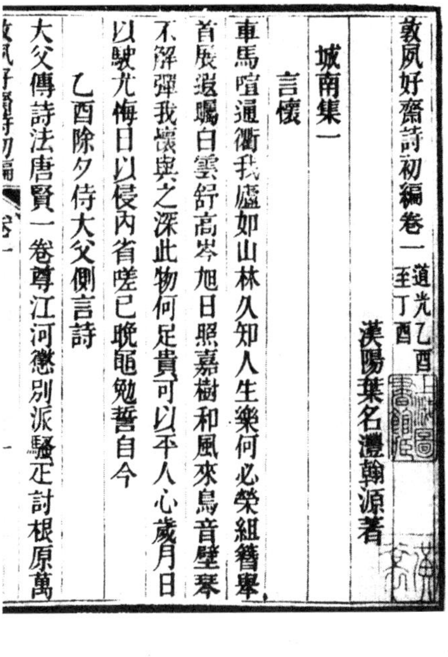
敦夙好齋詩初編卷一 道光乙酉至丁酉
漢陽葉名灃翰源著
城南集一
言懷
車馬喧通衢我廬如山林久知人生樂何必榮組簪舉
首展遐矚白雲舒高岑旭日照嘉樹和風來鳥音壁琴
不假彈我懷臾之深此物何足貴可以平人心歲月日
以駛尤悔日以侵內省嗟已晚黽勉誓自今
乙酉除夕侍大父側言詩
大父傳詩法唐賢一卷尊江河徽別派騷疋討根原萬
敦夙好齋詩初編 卷一

为卷七，颇有芟汰。润臣诗中多故实，不徒以词章胜。卷三有《题王文简公载书图》五首，诗注云图为门人朱载震属禹之鼎作。其三云“飞阁崚嶒倚古松，买书谈艺自从容。风流诸老消磨尽，谁听慈仁寺里钟”。其五云“耕烟笔意亦萧疏，曾见山庄旧画图。何似济南秋色好，鹊华峰下大明湖”。原注：“王石谷所作渔洋山庄图，今藏新城陈氏。”卷十一有《杨文骢画兰竹二绝句（自题崇祯甲申冬戏作）》：“香光弟子笔通神，尺幅题名已甲申。踯跡未闻湘水上，欲将清怨比骚人。”“斜倚疏篁婀娜姿，和烟和雨共迷离。南朝诸客风流甚，更问青溪老画师（马士英）。”

润臣藏书家，多善本，卒于杭州。遗藏零落，五十年前犹及见之。多清刻，皆罕传本。

心嚮往齋詩集

曲阜孔繼鑅宥函

用陶韻詩卷上

灌園四章用歸鳥韻

翺遊八表不如在林戢影惡木不如松岑借問君子好遯何心亦不自審坐我庭陰

遐翺風舉萬里能飛波深雲阻中道何依百齡悠忽實獲一歸投清領素古之所遺

式瞻歸路無復褰裳昔靡身所今有心棲氣抱山靜神與春諧頹言企而萬天無懷

心向往斋诗集

道光己酉刻。前有王相序，吴廷飏序，次目录及道光戊申自识。此为吴熙载手书上板，精妙可爱。

安陸集

宋烏程張先子野著　後學儀徵汪潮生錄

詞

清平樂

屏山斜展帳卷紅綃半泥淺曲池飛海燕風度楊花滿院　雲愁雨恨空深覺來一枕春陰隴上梅花落盡江南消息沈沈

卜算子慢

溪山別意烟樹去程日落采蘋春晚欲上征鞍一作

安陆集

道光刻本。前有黄锡庆序。后附补遗一卷，附录一卷。卷尾双行牌记云“维扬砖街青莲巷柏华陞董刊”。此本刻特精雅，为扬州刻版佳本。

张子野词旧无专刻，潮生搜求碎金，采购遗珠，辑成此集。疾革时以付友人黄锡庆刻之。附录一编，子野故事，收罗尤备。子野以“云破月来花弄影”“浮萍破处见山影”“隔墙送过秋千影”得名“张三影”者也。潮生有诗集曰《冬巢诗集》，凡四卷，友人黄承吉撰长序刻之。详著平生交契，恍如冬巢小传。称其词出入南北宋之间，小令力追南唐，“春容而绵邈，音安而句适”，可见一斑。

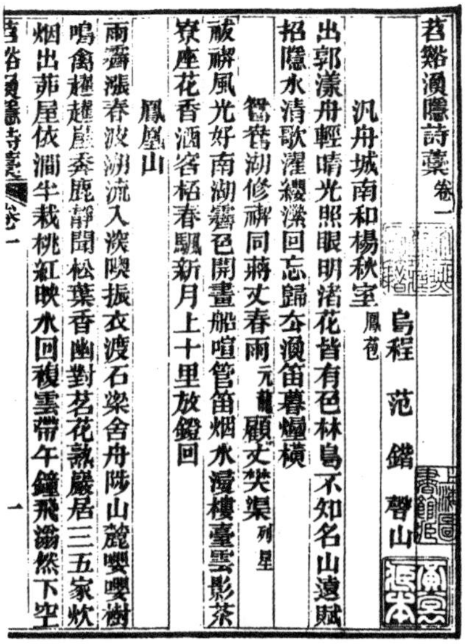

苕谿漁隱詩藁卷一

烏程　范鍇　聲山

汎舟城南和楊秋室　鳳苞

出郭漾舟輕晴光照眼明渚花皆有色林鳥不知名山遠賦招隱水清歌濯纓澿回忘歸去漁笛暮煙橫

鸎脰湖修禊同蔣丈春雨元龍顧丈笑渠列星

祓禊風光好南湖鬱邑開畫船喧管笛烟水繞樓臺雲影茶寮座花香酒客栖春颿新月上十里放鐙回

鳳凰山

雨霽漲春波湖流入溪隩振衣渡石梁舍舟陟山麓嚶嚶樹鳴禽趯趯崖奔鹿靜聞松葉香幽對茗花馥巖居三五家炊烟出茆屋依澗半栽桃紅映水回複雲帶午鐘飛湍然下空

苕谿漁隱詩藁　卷一　一

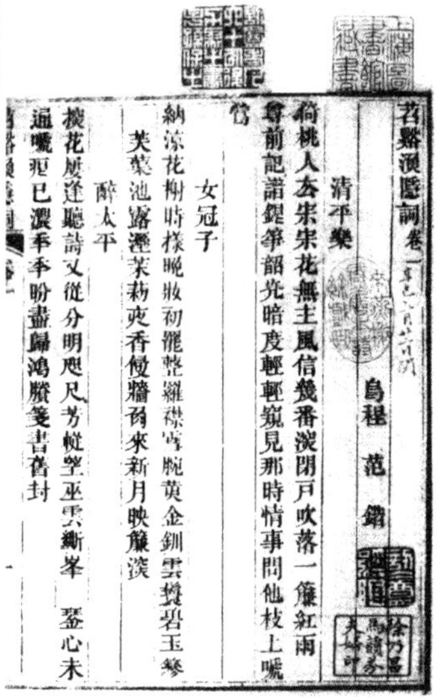

苕谿漁隱詞卷一

烏程　范鍇

清平樂

荷桃人去朵朵花無主風信幾番㳘閉戶吹落一簾紅雨尊前記譜銀箏韶光暗度輕輕窺見那時情事問他枝上啼鶯

女冠子

納涼花榭時樣晚妝初罷整羅襟腕黃金釧雲鬟碧玉簪芙蕖池露遶茉莉爽香侵牆角來新月映簾淺

醉太平

擷花屢逢聽詩又從分明咫尺芳蹤望巫雲斷峯　蛩心未通曬痕已濃手手盼盡歸鴻牋箋書舊封

苕谿漁隱詞　卷一　一

苕溪渔隐诗稿

道光刻本。范声山著书甚多，喜用古体字，此诗稿四卷，刊于道光中，当开板于武昌，亦道光刻本之别格。范锴字声山，号白舫，乌程人。为嘉道中一奇士。尝为贾，游蜀中。久居汉上，遍交宇内文士，留心朝章国故，野史佚闻，乡土风习。所在每有撰作，居乡有《浔溪纪事诗》；居蜀，有《蜀产吟》；居汉口，有《汉口丛谈》。又撰《花笑庼杂笔》，所记奇闻佚事，皆实录，非妄作。《柳如是传》有数本，陈寅恪独取锴所录本，以其源出旧本而近真。又辑吴兴一郡故事，汇而刻之，笃恭乡里，不忘所自。老寿至八九十，不详卒年。平生撰著，以《中国丛书综录》所录为详。然《幽华诗略》则佚而不收。

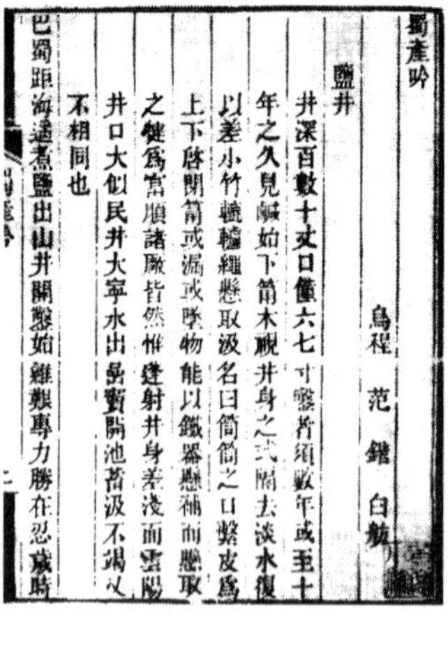
蜀產吟

烏程 范鍇 白舫

鹽井

井深百數十丈口僅六七寸鑿者須數年或至十
年之久見鹹始下筒木礎井身之式隔去淡水復
以差小竹籤轆轤繩懸取汲名曰筒筒之口繫皮為
上下啓閉筩或漏或墜物能以鐵器懸補而懸取
之健為富順諸廠皆然惟犍射井身差淺而雲陽
井口大似民井大寧水出噴石竇隔池蓄汲不竭又
不相同也

巴蜀距海遠煮鹽出山井開鑿始維艱專力勝在忍歲時

蜀產吟 二

范声山所著书

范锴，字声山，别号苕溪渔隐。平生著作甚多，关心史事，搜集文献，为学人所重。凡所经过，民风土俗，山川物产，无不纪录，发之吟咏。多远游作幕，或经营贸易，不详。历游楚蜀，久居汉上。其所著书亦多于道光中刊于汉口。生于乾隆中，颇老寿。卒年不详。所刊书除丛刊乡邦遗献外，有《苕溪渔隐诗稿》四卷，《感逝吟》一卷，《蜀产吟》一卷，《苕溪渔隐词》二卷，《浔溪纪事诗》二卷，《华笑庼杂笔》六卷，《汉口丛谈》六卷，《幽华诗略》四卷，《痴人说梦》一卷。交游有杨凤苞、刘桐、张鉴、施国祁等，皆乡邦名宿。撰“安阜园杂事诗”十余首，详附诗注，不殊吴三桂小史。又撰嘉庆中楚蜀白莲教之乱纪事诗十七首，题注甚详，皆亲历见闻。《汉口丛谈》，更无异于一郡佳志。《杂笔》尤可贵，佚闻遗事多多。如《河东君传》顾苓撰，世传多（岐）［歧］，而陈寅恪撰《柳如是别传》，独取范氏所录本。又记“黄梨洲手批虞山诗残本”，亦人间未见书。类此多有，皆为学人所重。可以知其声价矣。市肆曾有翻印本，残落不完，知原刻之罕觏也。

咸　丰

貓苑

番禺丁　杰仲文　訂
永嘉黃　漢鶴樓　輯
同里陳　杲寅東　校

種類

夫獸類甚繁乎貓固獸中之一類也然其種之雜出又甚不同以之尚論必先因厥類而推暨其種非特用資辨證則亦多識夫鳥獸之名之一助也

輯種類

猫　苑

咸丰壬子瓮云草堂刻。二卷。前有咸丰三年黄钊序，咸丰二年张应庚序，自序。次凡例。分门为七：种类、形相、毛色、灵异、名物、故事、品藻。是为广东潮州刻本，风格与中原颇异。

此本罕传特甚，旧曾见九峰王氏所藏一本，索直甚昂，转瞬即为人挟去，意甚惜之。今日见之，亟挟之归，不更论价，恐不可复得也。古书中草木虫鱼子部杂籍最少，亦最可珍。

鬼趣圖題詠

青浦王昶

精氣爲物游魂變鬼神情狀奚由見睽車
乘象著簭占脂夜能狀徵舊典九磬九韶
和龍門致禮分明通款烟示青靈均鮮大
招敦脄血拇繇稱引赤豹文貍還往還吳
戈犀甲陳精悍可堪盲史更恢奇新大故
小寗虐誕披髮幸訴桑田巫升謂頻黔昆

鬼趣图题咏

咸丰海山仙馆刻本。首有咸丰元年潘仕成序，次例言五则。次目录，据《船山诗集》钞入。正文以行书录成付刻，收王昶、汪棣、袁枚、法式善、沈大成、盛百二、张问陶、钱载、伊秉绶、翁方纲、纪昀、姚鼐、杭世骏、钱大昕等七十二家题咏。后附海山仙馆主人题词。此两峰名作，颇自喜，常以自随。客京师日，一时中朝胜流，无不题赠。积岁久，遂成牛腰。两峰卒，子介人守之，题咏益夥。终归海山仙馆，主人好事，遂付墨板。《例言》云：“刻题咏必当并刻其图，今此八幅中水墨模糊，如烟如雾，有影无形，无能锓版。遂取船山集中所记情状，刻诸卷首，以当图画。船山所记殊详，读者可自得之。”雕版殊精，流传颇罕，南陵徐氏故物也。此图后曾有印本，然题词未能全录，赖此本仅存。

成招定獄全憑屍傷

宋淳祐間湖南提刑參議宋慈著撰內恕錄等書成洗冤集錄五卷厥後代相增易辨驗益精俾洗冤得以昭雪曰洗冤者洗發其冤使無枉縱冤字賅生死兩造檢驗不眞妄擬償抵生者被冤矣實係致命坐令漏網死者蒙冤矣二者均不可不慎○宋慈字惠父讀律佩觿作宋慈惠誤

古人通稱檢驗令人分別驗屍爲相驗拆蒸爲檢驗

凡問人命全憑干證與屍傷干證者見打之人屍傷者被打之迹干證猶有扶同屍傷不容稍僞然惟速驗其屍未變其傷易明久則發變潰爛是傷非傷與顏色深淺長闊分寸便難辨別其弊叢生矣

洗冤錄詳義卷一

海甯許槤編校

檢驗總論

事莫重於人命罪莫大於死刑殺人者抵法固無恕施刑失當心則難安故成招定獄全憑屍傷檢驗爲眞傷眞招服一死一抵俾知法者畏法民鮮過犯保全生命必多倘檢驗不眞死者之冤未雪生者之冤又成因一

洗冤录详义

咸丰六年刻本。前有序，属“咸丰四年岁在甲寅十月丙申朔，越七日癸卯海宁许梿叙于苏城之实事求是斋”。次宋慈原叙，目录，后有“弟楣参校、男诵恒诵宣校字”一行。扉叶许梿手题，又篆书双行牌记云“咸丰六年丙辰九月许梿重校刊讫”。镌版精甚，每册前书衣亦刻成，刊书名、册数及子目，便检阅也。虽咸丰刻，传世甚稀，未尝再遇。

天寶山題詠

龍口巖

峭石立四壁寒泉飛
雨龍人間苦炎熱仙山

赵书天冠山诗帖

咸丰刻本。此本双钩，刻极精。末有嘉庆乙亥孟冬八十三叟北平翁方纲识。亦从真迹上板，能传原作精神。最后朱钧隶书跋。扉叶许梿题签，又篆书双行牌记云“咸丰七年阳月师卯敦室朱氏刊”。许梿刻《六朝文絜》，亦朱钧同参校，此同是两人合作刊行，实亦许刻也。

敦夙好齋詩續編卷一 咸豐甲寅正月至四月

漢陽葉名澧翰源著

薇省二集一

正月四日對酒作

積雪一城遠高齋酒滿杯禦寒忘去聲裘敝比尸喜春來

賀歲人情倦投林鳥侶催亭亭牆下竹天意獨深培

立春前一日吳稼軒舍人昆田邀飲

城市雪初霽春風明日來流光看燕雁事業在樽罍古

劍霄沈水黃金舊有臺前途須努力莫笑馬虺隤

敦夙好斋诗续编

咸丰木活字本。扉叶元和徐立方题签，并“咸丰己未季冬借胡氏排版印行”双行牌记。凡十一卷。首《叶中宪君传》，己未朱琦撰。次总目，后有咸丰九年男恩颐记，云：“先大夫《敦夙好斋诗初编》十二卷，始道光乙酉，迄咸丰癸丑，得诗八百九十八首。皆手自删存，镂版京师。自甲寅后，吟咏益多。数年之间，又得诗九百二十四首。未及芟订，而先大夫遽捐馆舍。……爰是谨奉遗编，商诸胡心耘博士，许为排印，阅半月而竣工。……”是此为琳瑯秘室主人代为排印，十一卷书，半月而讫工，可见排板迅速。卷尾有咸丰己未仁和胡珽《排印叶润臣观察遗诗成书后》诗。

長春花　長傍瓊樓玉宇開

賈母史太君　自飲一杯年高及多子孫者一大杯

木香花　月窓青錦麝塵寒

邢夫人　坐中有清閒而無職守者一杯

玉蘭花　香生别苑晚風微

王夫人　正席正印各一杯

红楼梦酒筹

咸丰刻本。朱墨两色套印。前有庚申仲秋竹叶山斋主人叙，当作于咸丰十年。次兰陵鹿薮氏序，次例言。次酒筹式，次荣宁二府宗派，次人物表。后附西游记令。镂刻甚精，细审原书，系先朱后墨两次套印者。酒筹之制，由来甚旧。明末陈老莲绘水浒叶子，虽是赌具，实亦酒筹之先河。清康熙中刻《红萼轩词牌》，实亦此类。《红楼》风行天下，题诗谱曲，层出不穷，此亦其一。题词及小注，皆寓微意，实亦品评人物之别格。

同　治

依舊草堂遺稿

湖郡費丹旭撰

杭郡汪　鉽編

菩薩蠻

春山一幅鷺溪絹春波一棹垂楊岸可是畫中來篷窗面面開　品題諸卷軸好補煙雲錄殘本掃徐黃兼金購惲王

百字令　重九同人游湖上

秋風容易早匆匆又是題糕時候有客登高翻別

依旧草堂遗稿

此画人费丹旭晓楼遗集，同治刻。扉叶双行牌记“同治戊辰春钱塘汪氏振绮堂开雕”。前有同治六年仁和曹籀序，次钱唐汪曾唯撰传，后有同治五年吴淦跋。然不分卷，诗词杂编，三叶后别起大题，不知何也。丹旭乌程人，善画，与振绮汪氏交善，常主其家之荫园。所图《东轩吟社图》为巨制，有刊本。卒于道光庚戌，年五十。诗篇零落，赖友人为收拾付刻。诗笔清丽，多题画之作。曾写《溪楼延月图》，为厉樊榭作也。年年五月二日，同人于水北楼设祀，楼即鲍氏溪楼，樊榭迎月上处。又曹序有“道光乙酉岁，老友龚定庵招游沪上”语，可补定庵行迹考，附记于此。

張力臣先生遺集敘

吾鄉張力臣先生脩學好古肈精許尗重書尤耆吉金貞石手拓其文考證詳覈顧亭林先生答汪苕文書云精心六書信而好古吾不如張力臣亭林刻音學五書及廣韻雕本皆力臣所手書其子叶增叶箕分寫小字上稽說文砭謬訂俗書法遒古點畫審正今埶林甚重其書其栔印本尤爲世所重也力臣以順治七年辛卯補山陽學諸生與吾鄉閻百詩徵君同歲入學學使爲河南舉人李嵩陽亭林集有寄淮上張文學弨詩近刻漢學師承記謂力臣隱於賈受業於顧亭林案力臣名在橫舍未爲賈人於亭

张力臣遗集

此同治中丁晏辑刻力臣遗文，板心下署“望三益斋”，然丛书中无有也。前有《四库》提要一叶，所著凡二种，此本所辑共文五篇，而以《济州学碑释文》为巨制。书前有道光丁未许梿序，为许氏子孙辑刻古均阁遗著时未见佚文。又有丁晏序，则同治三年作，书即刻于此时。其《唐昭陵六骏赞辨》一文，附图说。图虽未精，为晚清雕板体式，然颇传六骏神色，亦难能矣。力臣更别为考证，亦精博。书为丁俭卿旧藏，有“山阳丁晏藏书”朱文方印。

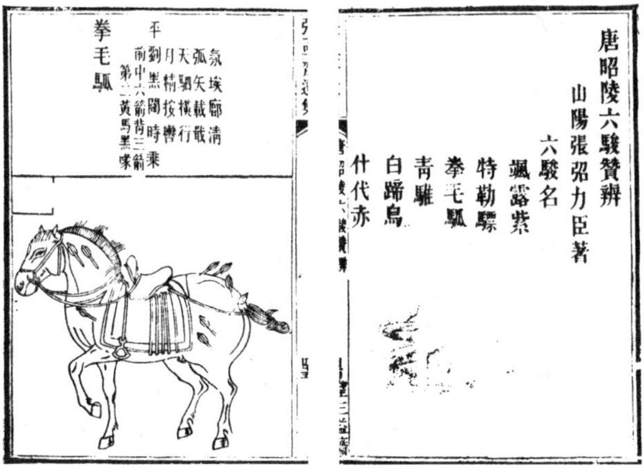

芸香館遺詩卷上

喀爾喀部落女史那遜蘭保蓮友著

偶成

暑退新秋至風清氣爽天繡餘拈筆墨花影到窗前

初夏

一桁疏簾窣地輕落花和絮裊檐楹綠陰滿院紅塵遠時有飛禽墮地聲

芸香馆遗诗

同治甲戌刻本。二卷。前有同治十三年李慈铭手书序。后有同治十三年子盛昱跋。写刻甚精，于晚清雕板中不多见。昱有《郁华阁遗集》四卷，其卷四为诗余。留垞刻本，写刻亦精。昱富收藏，身后归其女夫宝康。知昱亦藏书世家也。

唾絨餘草 辛巳十二月二十三日閱

瓊山吳小姑著　珠浦羅伯瓊編

念奴嬌

楊氏娣偕游玉龍泉

蒼山一桁過橋頭古剎此身如畫樹罩小谿雲淰淰眞向羅衫輕瀉導路春婆攜賤小任輿會淋漓者銀濤噴湧訝龍頭欲變化　正合滌筆冰池泛觴石瀨任鳳鞋游

唾绒余草

同治刻本。扉叶题“海山仙人词”。首“澄海门人黄时春辑于澹香阁”叙，略云：“若我金门夫子篮室吴孺人者，累经孅胄，亟有才名；本自无双，曾来独立。……若春者，南国妖姬，丛台妙伎。虽有涉于篇什，终不接于风流。知音难逢，县绪自接。”次同治壬戌珠浦罗晋先跋。次杂录、题词。次海山仙人小影，罗嘉蓉赞。卷尾双行云“羊城西湖街富文斋刊印”。镌刻疏隽，行款秀雅，亦粤东雕版佳品。

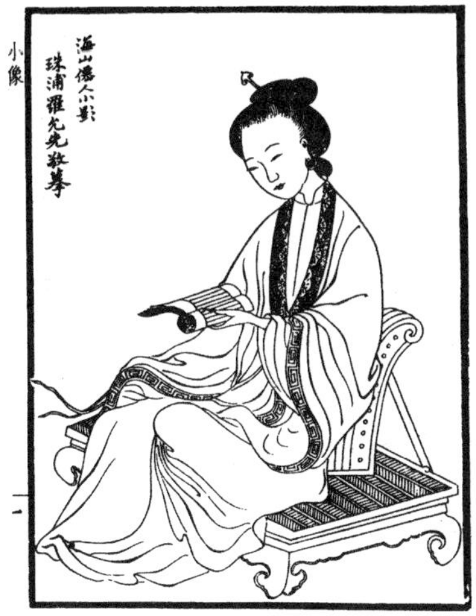

光　绪

序

士大夫身際盛明四方無鬭爭金革之聲樂安居之間暇相與謳歌嗢噱爲壺觴裙屐之遊而事往情遷澌然俱盡不復能舉其姓氏者往往而是東軒吟社者錢唐汪先生小米及其昆季倡始於道光甲申遠近名流嚮附閱九年而烏程費山人丹旭爲之圖錢唐黃明經士珣記之與是社者七十六人而貌於圖者二十七八歷歷猶前日事也光緒元年先生從子子用州守與予同官楚北以其圖來請序余發而讀之喟然曰斯圖之傳於世也人也有天焉先生生長承平席祖父餘蔭家豐於貲顧於世俗奢麗之習一不屑意而專精六藝之文先世故多藏書至先生而益昌其緒窮經撰述間涉詩歌著書如干種鋟版行

东轩吟社画像

光绪刻本。前有乙亥平湖张炳堃序。后附记传题跋。扉叶后有篆书双行牌记，云“光绪二年丙子秋八月泉唐汪氏振绮堂开雕”。后有同治甲戌诸可宝书后。道光甲午黄士珣作记，略云：“道光甲申，海昌吴子律衡照，假馆武林驿汪氏之东轩。轩故汪氏先人雅集之地，因与主人小米远孙续为吟社。月一会，会不必东轩，而东轩为多。……今且岁阳周矣，小米乃属乌程费晓楼丹旭图之。”图中凡三十三人，大抵嘉道间湖上老宿。写手精妙，可为晚清版画代表，与改琦绘《红楼梦图》风格甚近。旧为八千卷楼藏书，有“钱唐丁氏正修堂藏书”印。兹选高嵦、诸秋士等三人一幅，执笔者丹旭自画像也。

古均閣遺箸　海甯許　槤珊林

讀說文記

弌　案吳禪國山碑弌十有弌弌十有九一均作弌此古文之厪見者

元　鉉本作从一从兀鍇本作从一兀均刪去聲字非是當據唐元度九經字樣戴侗六書故引補○音學至晉唐以後湮廢泯沒何可殫述古音之不絕如綫者獨賴此書之存其曰某聲曰某亦聲曰某省聲曰讀若某曰讀與某同又有讀若某某者有讀若某書某某者有卽本字而亦云讀若者有云讀若而竝不著字者聲讀之眇蔑以加矣南唐徐氏兄弟昧于古音凡字率以今韵

古均阁遗著

许珊林梿为清晚期刻书名家，所刻校勘精密，纸墨皆精，见重书林。此遗著为子颂鼎、溎祥于光绪十四年收辑遗文付刻，亦颇精好，然视珊林刻本，则远不及矣。前有谭献撰《许府君家传》，首《读说文记》，珊林毕生研治《说文》，手稿《统笺》散佚不存，此仅辑自汲古本《说文》批校，非其旧矣。卷尾有严留铨跋。后附文一卷，多为平生所刊书序跋，亦未尽。诗只数首而已。卷尾有孤颂鼎书后。珊林亦善书，所作篆隶，雄深朴茂，曾见数品于其家。

思痛記卷上

江甯李圭小池

金陵雄冠南戒夙稱天塹豈惟是六朝以來爲帝王之州就我 國家而言督部開牙將軍建鎮其視他省會不尤綦重歟乃咸豐三年春粵賊自九江安慶順流而下旬日閒竟陷之遂北拔維揚東踞京口若張兩翼然曩者天塹之稱果有異耶賴向忠武公躡賊東下駐兵孝陵衛進遏其衝使不得逞其豕突故鄉村去城較遠者閒未遭賊禍六年五月大營潰忠武退保丹陽旋卒於軍 朝命江南提督和春接統其

思痛记

光绪六年师一斋刻本。二卷。前有光绪五年仁和高鼎序。后有金遗跋。小池别有著作甚多，有记金陵兵事及出使外国纪事，是留心时事之有心人。此记写亲身经历，血泪交并，读之令人惨然不欢，实为记太平天国史事之佳史料。

散霞閣詩略

成都武謙抑齋

即事

影忽月中影空庭蝙蝠飛秋彎寒獸瘦霜葉老逾肥遂遠風聲勁鐘闌夜杵稀天機隨處是情景莫相違

德陽道中　鹿頭關南三十里

天意分夷險咽喉蜀內垣河聲圍古縣山勢落中原市千人聲沸塵春馬跡繇富哉真沃土堤上獸坐鞭

蚕起

一夜風潮沸侵晨始傷晴薄寒留曉驛殘雨送雷聲新

散霞閣詩略　一

澄霞阁诗略

丁酉三月十五日游杭，于松泉阁收得。此册刊于贵筑，印用皮纸，精雅无俦。有顾印愚印记手迹，亦可谓近时善本矣。扉叶题“光绪五年冬彊学簃雕版”，写刻朴茂，与南中刻本风格绝异。后有《武抑斋传》，吴德潚序，王秉恩跋，杨藻跋。谦诗有奇气，如其人，而名姓翳如，遗稿仅存。有“双玉龛藏书记”（朱方），“顾印印愚”（白方）。

日本雜事詩卷一

嘉應黃遵憲公度著

立國扶桑近日邊外稱帝國內稱天縱橫八十三州地
上下二千五百年

日本國起北緯線三十一度止四十五度起偏東經線十三度止二十九度地勢狹長以英吉利里數計之有十五萬六千六百零四方里全國瀕海分四大島九道八十三國戶八百萬口男女共三千三百萬有奇一姓相承自神武紀元至今歲己卯明治十二年爲二千五百三十九年內稱曰天皇外稱曰帝國隋時推古帝上煬帝書自名日出處天子余此詩采

日本杂事诗

《日本杂事诗》二卷，嘉应黄遵宪公度作也。扉叶徐仁铸题，又牌记云：“光绪廿四年长沙富文堂重刊。”前有光绪十六年自序，后有戊戌四月自记。此书光绪己卯译署以同文馆聚珍版刊行后，香港、日本、国内又争行翻刻。此本为第九本，即为定本，世颇珍之。一纸风行，万人争诵，是当日之畅销书也。时国人竞倡改革，日本“明治维新”最受注意，此书际此而出，其畅行也固宜。然重刊之日，正戊戌变法之年。政局大变，新学新政，一时烟销火灭。是此一版本存世之重大意义，可珍重也。公度别有《日本国志》之作，此书则为其副产品。取竹枝词体，

诗后详加诗注。目光深锐，能见其大。政治大端，民生俗信，罔不措意。觇国匪易，公度有政治家绝大见识，于《杂事诗》见之，其于诗国别开新径。世之论者，多以艺术标准衡之，则所见者小矣。

閻氏書

藏書記要

余無他好而中於書癖家藏卷帙不下萬數雖極貧不忍棄去然聖賢之道非此不能攷証數年以來或持槖以載所見或攜匧以誌所聞念兹在兹幾成一老蠹魚矣同志欲標其要竊不自量記爲八則其當與不當冀有識者諒之以爲芻蕘之一得云耳

虞山上善堂慶增氏孫從添筆

藏书纪要

光绪刻本。孙从添撰。写刻精好，字大如钱。扉叶题“光绪癸未佞宋斋刊”，卷尾有嘉庆辛未黄丕烈跋。又一行云“伯寅叔命姪志万录刊，光绪癸未十月”。潘祖荫所刻书，当以此种为精。是从《士礼居丛书》翻出者。从来论藏书之道者多矣，然多作空言，其能从实际出发、言皆中的而有裨实用者，无逾从添此书。黄丕烈赏之于前，潘伯寅重之于后，皆真知藏书之辛苦者。

結一廬遺文卷上

仁和朱學勤

歲出歲入總數考

據道光二十九年戶部奏冊其隨時動用及京城兵餉等項不與焉今以道光十一年歲出歲入單較之其例支銀數名目不同茫無體例不復悉記

直隸省

額徵地丁雜稅二百六十二萬八千九百四十六兩四錢六分三釐

一給辦運鉛斤並馬乾等八萬四千八百八十六兩三錢九分

一給文職俸工武職俸餉並驛站工料等二百四萬七千八百八十五兩五錢四分一釐

结一庐遗文

光绪刻本。扉叶戊申吴俊卿篆。首光绪三十四年缪荃孙序，次目录，凡二卷。写刻精整，板心记字数，云“仿屠琴坞是程堂集体刻之”，自是晚清佳刻。学勤藏书名家，卷首艺风序，琐琐记朱氏藏书故事，厂肆访书，得怡府、徐星伯、韩小亭、彭元瑞诸家书。公子子清继武，收藏遂富。子清殁后，书藏遂散。其精华悉归之丰润张幼樵。五十年前始尽出。宋本《花间集》《艺文类聚》等无一非惊人秘笈，则非艺风所及见矣。书上卷为“岁出岁入总数考”，为学勤官户部员外郎时所制，留心国典，成一代大文；下卷书跋，寥寥数篇，惜其少也。精写精雕，为光绪本中名作。

宣　统

梅村家藏藁卷第一　詩前集一

五言古詩三十八首

贈蒼雪

我聞昆明水天花散無數躡足凌高峰了了見佛土法師滇海來植杖渡
湘浦藤鞋負貝葉葉葉青蓮吐法航下匡廬講室臨玄圃忽聞金焦鐘過
江救諸苦巾峰古道場浮圖出平楚道泉繞墻陰疏巖置廊廡同學有汰
公兩山聞法鼓天親借無著一朝亡其伍獨游東海上從者如墻堵迦文
開十諭廣舌演四部設難何衡陽答疑劉少府人我將毋同是非空諸所
即今四海內道路多豺虎師於高座上瓣香祝君父欲使菩提樹徧蔭諸
國土洱水與蒼山佛教之齊魯一展遊中原五嶽問諸祖稽首香花龕妙
義足今古

塗松曉發

孤月傍一村寒潮自來去人語出短篷纜沒溪橋樹冒霜發輕舠披衣聽
雞唱斷響若鳴灘蘆洲疑驟雨漁因入浦喧農或呼門懼居然見燈火市

梅村家藏稿

此稿凡五十八卷，补一卷，年谱三卷，后更补《秣陵春》二卷，《通天台》一卷，《临春阁》一卷。宣统三年武进董氏于厂肆得旧抄本，有校笔称先大夫云云，疑是公子璟等所辑。校之刻本，增益孔多，遂付刊木，世以为梅村集最足本。前有牌记云“宣统三年武进董氏诵芬室刊”。有王式通序，又禹之鼎为梅村先生写照一叶。全书狭行细字，刊颇精整，为晚清佳刻。然所佚诗文，可补者尚多。余前后于顺治冠山堂刻《吴越诗选》，顺治庚寅朱衣、程如婴刻《明诗归》补得诗数十首；

又康熙刻震泽许振光《得闲草》（前有梅村、澹心两序），项人玉《太璞山人集》等补得序文数篇，知此事殊未尽也。诗多因避忌而删，如《明诗归》卷八选存之七绝《墙子路》云“匈奴动地渔阳鼓，都护酣歌幕府钟。一夜蓟门风雪里，军前樽酒卖卢龙”，既记东夷犯边，更斥明军朽败，虽是诗史，实干大忌，此不得不删之故欤？

惜道味齋集

普定姚大榮儷桓文編

石鼓文足徵記

自蘇勖以石鼓文爲史籀之迹迄今千二百餘年信者十七疑者十三信者固不訊端末尋聲佐鬪疑者亦徒勞往復終無碻證往讀崔浩廣德殿碑頌怪其辭氣與鼓文如出一手亟思推究來歷俾虛聲退而實際出又怪石鼓所載事與文皆關朝章政典會同講武及文字源流不應經史俱無所考見況閱世既久論箸斯繁大率與經部小學史部金石子部藝術集部詩文動多相涉豈有盛名若斯任其久假弗歸之理間嘗流覽羣籍平心靜氣以求合於蘇勖所言終不得一當求合於崔浩之據則衆證奔赴觸目有會恐一人之見不足以破積非遲回久之

惜道味斋集

宣统辛亥刻本。文编二卷，诗编一卷。前有宣统三年自序。大荣所撰尚有《马阁老洗冤录》，铅字排印本，为乡人马士英辩诬者。此集所收多考订文。计《石鼓文足征记》，继俞理初后，举二十一证以明石鼓故事。《禊帖辩妄记》，揭十七妄。又《跋王子安（勃）滕王阁序后》，并撰《王子安年谱》，分纪年、时事、出处、撰著诗文等四格，条列详明，最为力作。书不分卷，大题下书“文编”“诗编”以别之。诗有《避暑山庄词》并序。皇皇大篇，详著离宫故事。大荣黔之普定人，博学好辩，亦黔人之能读书者。辛亥后犹撰作不辍，多见之《东方杂志》中。

清刻之美（代跋）

清代刻本书过去一直不为藏书家所重视，编书目时不予收录，无人加以研究，印书影图录时更挨不到她的份儿，说起来实在是一件怪事。张之洞的《书目答问》开始注意到清刻本，但特地声明“此编为告语生童而设，非是著述”。直到五十多年前北平图书馆编《善本书目》，才加印了两册“乙编”，著录清刻之“精善稀少”者，算是开始转变了风气，但也还只能处于“善本”的从属地位。六十年代初北京图书馆编印《中国版刻图录》，破格收录清刻书影，仅五十种，后来接受意见，再版时进行了补充，但也还是远远不能反映清刻的整体面貌。序文中对明清两代刻书也仅只是合并论述，语焉不详。从上面简单的回溯可以看出数十年来藏书风气逐渐转变情形，正是一种合理的发展变迁，只是不免过于迟缓了。

造成这种状况的原因主要自然是贵古贱今的习惯势力。宋元本时代早，传本少，照“经济规律”说自然应更为贵重。明本流传较多，但比起清刻来，还是珍贵得多。不过这一切只能说是一种“商业观点”。陈乃乾在《上海书林梦忆录》里说到缪荃孙，指出他是造成这种“流弊”的重要责任者，是说得有道理的。但这恐怕也并非他一个人的力量，因为这里说的实在是一种“时代风气”，缪只不过是一个代表性的人物而已。陈乃乾指出缪荃孙曾发明了一种编书目的格式。因为当时有钱的藏书家都要聘请名人编写自己的家藏书目，以便留传后世。像叶昌炽、王国维、缪荃孙、张元济都是一时的理想人选。为了简化工作程序，不能不定出一种格式来。平心而论，这也应算作一种进步，比起早期的书目来那改进是显然的。问题只出在缪荃孙划定的善本与非善本的界限，照陈乃乾的归纳，那原则共有四条：“（一）刻于明末以前者为善本，清朝及民国刻本皆非善本；（二）钞本不论新旧皆为善本；（三）批校本或有题跋者皆为善本；（四）日本及高丽重刻中国古书，不论新旧，皆为善本。”这归纳是大致不错的，只要一看缪荃孙自己编的《艺风堂藏书目录》（特别是《再续录》）就能得到证明。因为缪艺风的名气大，威望高，所以大小藏书家不知不觉都来遵从这规定，否则怕就要算是不够格。那流弊之一自然是，“其康雍乾嘉诸刻本，不论校刻若何精善，传本若何难得，皆不足当藏书家之一顾”。

这种机械化“一刀切”的规定，一看就知道是荒唐的。世界上任何事都不能这样硬切，切的时候必须讲究方法，不能背离实事求是的精神。在文化艺术上的许多问题尤其是如此。就拿缪式善本定义来说，那一刀落在了崇祯十七年甲申（一六四四）那一年。实践早已证明这是不妥当的了。但流风所及，缪的遗风在今天也并未销声匿迹。听说今天的文物出口规定也在年代上划着一条线，用以区别是否可以放行。具体情况不大清楚，那一刀好像是切在清末，比缪方式移后了三百年。我想，制订这样的规定无非是为了办事的方便，但谁也不去想一下，这一刀切下去会发生怎样的流弊，而在事实上正是否定了清代以后直至遥远的未来中国人民的创造力，否定了今后产生文献上艺术上珍品的可能。这是一种对现状与未来的可怕歪曲，是极不科学的。清代刻本在版本史上遭到的不公正对待，也正是属于同类的情形。

说到清代刻本在我国雕版史上的地位，自然应该从许多方面着眼，但这不是一篇短文所能讨论的。现在只想从雕版艺术角度来作一点初步的观察。这在过去的藏书家就谈得极少或是不屑或不敢谈。自从洪亮吉在《北江诗话》中把藏书家分了等以后，就不大有人敢碰这方面的问题。他提出的等级次序大约是考订家、校雠家、收藏家、赏鉴家、掠贩家。比较注意雕版艺术、印刷纸墨……的就被列入仅胜于“书贾”的“赏鉴家”之列。洪北江这样说自然有他的理由，只要看他举出的第一等的“考订家”代表人物是钱大昕与戴震，就可以明白这是清代朴学极盛时期的流行观点。藏书是为了读，不能只当作古董鉴赏，这当然是不错的。但把赏鉴家一律看作“玩物丧志”，也不免同样荒唐。被举出的赏鉴家代表人物是黄丕烈与鲍廷博，就既不公平也不准确。黄、鲍都是有重要贡献的藏书家兼出版家，《士礼居丛书》与《知不足斋丛书》至今还是文史学者重要的读物。鲍、黄两家的手校本今存尚有数百种，即使他们的校勘方法有缺陷，如黄丕烈的“佞宋”，重视宋版到了迷信的地步，但他们的辛勤校读，对典籍的保护与流传，功绩是不可磨灭的。这好像也是一种“文人相轻”的现象，向来做学问的人都看不起赏鉴家，直到近代余嘉锡先生为《黄顾遗书》作序，还把黄丕烈着实奚落了一通。

朱自清先生给自己的旧诗集题名为《犹贤博（奕）［弈］斋诗钞》，他这是自谦，把业余写写旧体诗说成是比打麻将下象棋略胜一筹的营生。其实又何必如此。现在桥牌、棋类都已正式列入国际运动项目，不再受到轻视。收集旧书、赏鉴版本也不见得就比集邮来得低级。在这里需要的正是一种博大的胸怀。应该养成一种良好的习惯，懂得尊重别人的工作与爱好，不只将自己的专业看作天下第一重要。百花齐放的局面，也只有在这样的祥和空气下才会迅速到来的吧。

有清三百年间一共刻了多少书，至今也还没有确实的统计。要想大致有个完整的鸟瞰概念，最好是印出一部书影来。以时序为经，以地域为纬。这将使人们比较容易地看出雕版风气的转换，不同地区风格面貌的差异，无论对版本的赏鉴或鉴定都会有很大的方便。不过选择标本可以有不同的眼光。前期与后期刻本的遗存也大相悬殊，不能不考虑适当的取舍。康熙乾隆之间的文字狱与销毁禁书，道咸之间的太平天国战争，在典籍流传上是两个重大关键时刻。前者造成明清之交出版物的大量毁灭，后者使许多嘉道以还江南雕版中心地区在战火中遭到损失。比较下来，乾隆嘉庆两朝留下的印本就比较多些。这就是清初刻本与某些道咸刻本成为罕传的稀见书的原因。清初承晚明的遗绪，直到康熙中叶，刻书风格一般接近晚明；此后经雍正、乾隆，进入了雕版全盛时期，精雕名刻层出不穷。从嘉庆起，雕版风貌逐渐落入草率寒窘的格局，直至清末，再也没有能恢复逝去的光辉。在这里，清代三百年社会经济的消长变化也是反映得异常清晰的。

地区刻书的比较研究就更为困难。北方各省与西南边远地区的雕版业是不能与出版中心的苏、杭、金陵相比的，就是北京也不例外。因此今天所见的遗存也主要是雕版业集中地区的产物。想求得较全面的了解，一个可行的办法是借助地方志书。《中国版刻图录》是注意到这一问题的第一部书，不过这样做也有许多困难，非经过细密的考察与文献比勘，不易获得正确结论。简单地认定某地地方志或地方人士著作一定就是当地出品的方法并不是最可靠的。如张岱的《西湖梦寻》，《图录》定为山阴刻本，就不一定准确，据原书的凡例，书当刻成于粤东。判定版刻时代也有不少困难，除了保存着明确记载刊刻年代的刻书牌记或扉叶的书，都不能简单地根据序跋推定。序文有原序、旧序与新序的不同；也有手稿编定后多年才付刻的，也有雕版辗转易手重印的，情况错综复杂。《贩书偶记》在这个问题上常有错误。例如汪士慎的《巢林集》、罗聘的《香叶草堂诗存》都刻成于乾隆晚期，两书版片后来都归了懒云草堂金氏，于道光中加新跋重印，就被误认为道光刻本。又如吕留良的《吕晚村先生文集》，刊刻风格与康熙中雕版无异，估计当与吴之振的诗集及《宋诗钞》同出一家写样雕工之手。如非扉叶上偶存“雍正乙巳天盖楼镌”朱印，就很难确定刻于雍正中。以上说的是刊刻绝对年代的确定，至于约略的雕版时期的判断倒并不困难，只是不能肯定绝对年代而已。必要时著录使用“××几年序刻本”，较为妥当。

清刻一般可分写刻与宋体字刻两大类，精粗美恶各不相同，过去认为软体字写刻书就是“精刻本”（《贩书偶记》即如此标示）是不准确的。中国雕版早期的作品无一例外都是写刻本，从唐五代起，历两宋、元，直至明初无不如此。宋刻中精写付刻如世彩堂本的韩柳文，可以说是精极了，但近于后来方板的宋体字本的《金石录》，细看也依旧是极好的写刻本。这风气直到明代正德、嘉靖，才有了转变，出现了“宋体字”。开始字形是方的，后来渐趋狭长，或如汲古阁的微扁，总之是出现了规范化的字型。这在雕版史上是一种进步现象。书籍需要的激增，手工业作坊的发展，使操作过程日益变得规范化，过去那种一二有名书手包办写样的方法已不适合时代的要求，必须设计出一种规范的、易于仿行的书体，使并非书法艺术家的写手也易于掌握，这就是大量宋体字刻书出现的原因。同时也不可避免要出现大量粗劣的作品。今天我们看到的大量明末坊本、清代刻本，很多都属于此类。宋体字本书也有不同的时代地区风格，如明富春堂刻曲，就使用了一种奇怪的字体；嘉靖中关中许宗鲁刻书，也有自己的特殊风格。到了清代的内府刻书的所谓“殿本”，各地官书局所刻的“局本”，几个出版中心地区的产物也都出现了自己特异的风格。

在大量粗恶的雕版书之外，宋体字刻本也自有其精美的作品，它那静雅的气息、疏朗的格局，我以为有时更要超出一般软体字本之上。看多了软体字刻书，正像吃多了奶油食品，是会使人发腻的，这时就能发现精致的宋体字刻书的好处。如乾隆中杭州所刻的《宋诗纪事》《东潜文稿》等，都是这一类的代表作品。像杭州“爱日轩”这样的书坊也接受作者的委托代刊书籍，从乾嘉以还，风格也时时在变，字体逐渐变得清瘦细长了，但依旧保留着秀美疏朗的特色。过去的藏书家常说从此可以看出“世运的升降”，虽然是一句迷信话，但其实并不奇怪，它确实是社会经济生活变化的曲折反映。只要我们依时代顺序把不同时期的出版物进行对比，一切都可以看得清清楚楚。

为读书界所熟知并赞赏的写刻本，也即软体字的精刻本，在有清一代雕版史上自然占有特殊重要的地位。它所继承的传统可以追溯到明代嘉靖、隆庆、万历时代，那是从宋代起经过元代赵（孟頫）体书盛行后写刻传统的又一次高峰，从明初的粗放转趋非凡的精丽，一百多年来不绝如缕，到了康熙又逐渐恢复了。开始是文士们珍重地写成了他们的诗文作品，付工雕版，这是要以有比较安定、富裕的生活为必要前提的。与此相对是皇家官方的出版机构所刻，如武英殿与曹寅主持的扬州诗局，都备有大量高明的书手，后者刻出的《全唐诗》与《楝亭十二种》，煌煌巨制如出一人手写，虽然免不了有呆板局滞的毛病，但到底是了不起的。明代为了抄写《永乐大典》，集中了大量的书手，但写本风格精粗就很不一致，比起清代的《四库全书》，是不及的。徐乾学为纳兰性德刻《经解》及《通志堂集》，和为自己所刻的《憺园文集》，精写付刻，也是有代表性的官方刻书的标本。

与此相对的是风起云涌的私家刻本，精品真是多极了。叶德辉《书林清话》曾列举林佶手写《渔洋精华录》《午亭文编》等事例，当然只是不完备的著录，可以大加补充，通过调查写出一份较完整的著录来。如惠周惕的《研溪先生诗集》，每卷后都有"小门生王薛岐谨录"一行，写手之精，殊不下于林吉人。风格与顾嗣立的《书馆闲吟》正同。清初以手书顾炎武的《音学五书》上板而著名的张力臣（弨），又曾手写他父亲张致中的《符山堂诗》，刻板瘦劲如活字本。雍正中项氏群玉书堂刻《绝妙好词》，精美绝伦，与同时或少前玉渊堂刻《之溪老生集》等，风格如一。金冬心所刻书，经徐康《前尘梦影录》介绍，人们都知道其刻意经营，完全当作雕版艺术品来制作的种种。不过传本绝稀。曾见他在乾隆庚午（一七五〇）所刻的《画竹题记》，卷尾有一行云，"金陵汤凤仿宋本字画录写"，用粗黄宋代印经纸精印，墨色晶莹，大约用的就是徐康所说的明墨。像这类书，刻印者已经不仅将书册作为传播思想的工具，同时作为一种"文玩"性质的东西来制作欣赏了。金冬心曾经刻过许多方砚台，还做过灯影，加上他的绘画，大部分都是为了生活，只有刻自己的这类小集子，用力最多，印数奇少，完全没有功利目的，只用以自怡悦。世间有不少艺术品都是这样制作出来的，制作者没有料到，这些只供自己和朋友欣赏的物事有朝一日将成为传世的艺术珍品、文化遗产。我们应该知道加以珍重，不能简单地用“玩物丧志”的口号来加以责难。

这一类的精刻本，多半不是书坊的出品，其制作动机也很少是为了营利。多年前我曾在郑西谛案头见过一部平湖沈彩的《春雨楼集》，原刻罗纹纸初印，光彩照人，书前有作者名印若干方，其中之一是“青要山人”。这部女诗人手书上板的集子真是使人见之眼明，从这书可以懂得初印与后印、佳纸与普通纸、原装与改装……的区别，那是很难传述的。后来我也得到了一部《春雨楼集》，也是初印（这类书不会有许多印本的），但与西谛那一本是不可同日而语了。这集子在卷尾常有作者题记，如卷四后有“七月巧日，薄病初起，菱芡既登，秋海棠盈盈索笑，香韵清绝。御砑绫单衣，写于奇晋斋之东轩。”这就证明是作者手书上板的本子，也证明她的丈夫陆烜的《梅谷十种书》中有几种也出自她的手写。

宛平查为仁的《蔗塘未定稿》的开花纸印本，也是可以作为乾隆中精写刻本的代表的。真是纸洁如玉，墨凝如漆，笔法刀工，风神绝世。过去不知是出于何人之手。后来又见汪沆的《津门杂事诗》，风貌全同，知同出一人手写；最后得到陈皋（对鸥）的手稿《沽上醉里谣》，才知道几部书都是他手书上板的。这稿本前半部简直就是上板前的底本，后半才有随时录入的手稿，还有许多改定，变成了行草。陈皋与厉鹗、万光泰、汪沆、符曾、吴陈琰等都是水西庄中的上客，是查为仁殷勤招接的好朋友。查氏的园亭一时聚集了众多的杭州名士，成为文艺沙龙那样的地方，这是研究天津文化历史不能遗忘的。水西庄早已湮灭了，只剩下几部精刻书还是当时活动的见证。

清道光以后刻书别有特色的还可以举出一个乌程范锴。这也是一位奇特的人物。好像一生没有做官，也许在经商，长期流寓汉口。但对三吴一带的文士交往甚密，也注意藏书掌故。见识丰富，著书若干种，都有价值。他喜欢用奇字刻书，满纸都是怪字，常将篆隶化入今体。书刻得并不精致，但一见就知道这是他的著作了。如《花笑庼杂笔》《汉口丛谈》《浔溪（记）［纪］事诗》《幽华诗略》等都是。他还有一卷《蜀产吟》，分咏四川名物，各有长序。如早期有关四川“灯戏”的记载，就见于此书。

过去徐森玉先生很推重许（梿）刻。这也是一位值得注意的刻书家。许梿生活于嘉庆、道光、咸丰之际，所刻书多自用欧体小楷精写上板，著名的有《六朝文絜》（我曾得到一部墨印未套朱本，非常少见）、《笠泽丛书》等。这是一位极为严谨的刻书家，不但书写工丽、校对细密，对版式、用纸、装订无一不注意精益求精。所刻大册书《字鉴》与小册书《刑部比照加减成案》正续编，一律工整如一。有的书不用签条，书名就印在封面纸上。初印本序跋多钤自用名印，各各不同。他还用双钩法刻过《赵书天冠山诗帖》，细如毫发，工整绝伦。他的兴趣广泛，所刻多实用书，如《洗冤录详义》等。但一丝不苟，极为认真的从事刻书工作，使之于实用价值之外，别具艺术品的特征。可惜他晚年刻书多成于道咸之际，太平天国战争中书板毁失，流传绝少，也终于不能知道他一生一共刻了多少种书。

至于清代版刻的装饰风格，也是多种多样的。康熙中《红萼轩词牌》，仿酒牌形式，每半叶一词，四周有各色花边，无一雷同；两色套印的书也所在多有。用纸有开花、罗纹……的不同品种。这许多都是构成一种雕版艺术品的必要条件。

在版本研究中涉及其艺术性，过去是注意不够的。现在是到了应该从工艺美术的角度，对这一问题进行研究总结的时候了。同样一部古典名著，一册精刻旧本与一册铅印新书给予读者的感受是不同的。在这里我并不想提倡怀古与古董家数，只是想说明，前人曾经在出版印刷工作中作出过怎样辉煌的业绩，我们应该有所了解，并尽可能吸收那优点和长处，放进今天的工作中去。我们总是希望能够多出版好书，不只是内容好，而且要在版式印刷、纸墨、装帧上都达到一个新的高度。一本好书是两者的统一，忽视了任何哪一方面都是不可取的。

一九八四年十二月二十一日

清代版刻风尚的变迁

一

常熟毛氏汲古阁刻书，始于晚明天启，到清康熙时犹有刻书存世，是中国雕版史上由明入清的代表人物。毛晋是经营地主，又是雕版业的巨商，所刻“十三经”“十七史”《津逮秘书》《六十家词》《六十种曲》唐宋元人文集等数量巨大，印行极广，成为一时广大读书界知识资粮供应者，而目光远大，于正经正史外，广涉俗文学的曲本，影响深远，是文化风景线上一个触目的亮点。不能不使人联想起三百年后的商务印书馆，虽然时代不同，规模迥异，但大体上有极相似处。毛晋又是著名的藏书家，毕生搜求旧椠名钞，藏于汲古阁中，原是为刊书校雠之用，虽然成效不尽理想，但那用意与商务印书馆的创建涵芬楼与东方图书馆是并无二致的。这也是毛子晋识力过人之处。

陈瑚《毛潜在隐居乞言小传》说：“崇祯壬午、癸未间，遍搜宋《遗民》《忠义》二录、《西台恸哭记》，与月泉吟社、河汾、谷音诸诗，刻而广之。未几，遂有甲申、乙酉南北之事，每自叹人之精神意思所在，便有鬼物凭依其间，即（余）［予］亦不知其何谓也。”虽然毛、陈的理解迂远可笑，但却透漏了毛子晋并非不关心政治，同时还是颇有民族意识的。他刻过茅元仪的《石民四十集》，多半是记述晚明史事之作。他还刻了茅元仪辑存的《江村筒寄》，是明末忠义之士的往还函札，所涉也全是明末抗清的史事，此书幸而不被清初诸臣所见，不然当是全毁禁书目中之物。汲古阁还刻了不少明遗民作品，如余怀的《甲申集》《咏怀古迹》《七歌》等，后者是亡国遗民呼天抢地极沉痛的呼号，诗末特标“琴川毛氏汲古阁镂”字样，可见胆识。冯班的《冯氏小集》等，冯舒的《怀旧集》，钱谦益的《列朝诗集》，也是汲古阁刻的，多半是禁网中物。长洲杨补的《怀古堂诗选》，其子杨炤经营刻板，金俊明序说：“方炤之谋刻也，过隐湖谒子晋，子晋拟独任，炤辞曰，毋重烦先生，吾乡数君子已刻其半。子晋遂任首卷，刻日而竣。”这是子晋勇于为遗民刻集的动人故事。《怀古堂诗选》是宋体字刻，若无俊明一序，几不知其与汲古阁尚有此一段因缘。据此可知毛氏所刻此种书不知尚有多少。今见虽无堂号、而刊书字体风格确属汲古阁刻者尚有康熙南涧山房刻《今词苑》，乾隆二十一年前后四雨庄刻张埙《碧箫词》等，可知汲古刊书，至乾隆中流风尚未替也。

二

顺治十四年丁酉，蔗余道者序朱彝尊《南车草》说：

“自变故以来，诗书之气无所附丽，天下之才人，往往化为诗人矣。此诗之幸耶，抑人之不幸也……顾以沉郁顿挫之致，写悲风于天末，则诗已为不幸，况于人乎。”这一节话将乙酉以后中国知识界的痛苦无奈心情刻画尽了。家国之感，生民之痛，一一化为诗篇，这也是清初刻书情状的一个缩影。一时不但诗文集，就连选诗总集，也形成了一时风气。如山阴祁氏冠山堂刻的《吴越诗选》，选者三人，魏耕、朱士稚、钱缵曾都死于清廷追捕之下，可见斗争之惨烈。萧云从刻绘像《楚辞》于弘光乙酉，也是寄寓家国之痛的作品。当时出现的大量诗文集，禁毁之余，留存绝少，只能从《禁书总目》中得知名目。民间书坊的营运，可以从大量曲本的出现窥知端末。随着昆曲的兴盛，需要大量的新剧本，像李玉这样的作者，在落魄失志之余，不能不投身于戏曲的创作，书坊随之也大量刊行。吴伟业称李玉：“甲申以后，绝意仕进，以十郎之才调，效耆卿之填词。所著传奇数十种，即当场之歌呼笑骂，以寓显微阐幽之旨。”李玉的曲作《精忠谱》《麒麟阁》《千忠会》等，有的是写明末实事的现代剧，有借前人故事，寄寓自己家国兴亡之痛的，如写建文帝故事的《千忠会》中的“惨睹”“代死”“搜山”“打车”诸折，都是惊心动魄、血泪交织之作。作者说的是历史故事，抒发的则是己身的亡国之痛，给观众读者的则是说不尽的感念影响，这一时期书坊的业绩、功效是不容忽视的。与同时大量涌现的私刻诗文集，同为时代声音的记录。

三

这大抵是顺治一朝的情形，官方看实在闹得不像了，康熙初遂有私人刻书之禁。加之以文字狱的初试，佐之以怀柔政策，出版方向方有显著的扭转。江宁织造曹寅就是执行怀柔政策的要员。他的成绩不错，大批与清廷处于对立地位的“山林隐逸”之士都和他相与或敷衍，其成绩可于多卷“楝亭图”的题咏约略得见。其中固多有声名不彰的脚色，但鼎鼎大名的遗民也着实不少。如写过《七歌》的余怀，也不能不草草画了一座茅亭交差，但终于不能不写下图名并署款。不能说这不是曹寅也即清廷的胜利。

康熙中叶前后出现的大量诗文集，中间沧桑之感逐渐湮灭，而雕版却逐步精致起来。为艺术而艺术的风尚起来了，诗酒唱酬、留连光景成了诗人们的不二主题，可以康熙二十五年刻成的朱彝尊《腾笑集》为代表性的结集。竹垞在自序中说：“竹垞主人，少无宦情，耕长水之南。年五十矣，天子下诏征文学之士，备顾问著作之选……主人以布衣通籍，洵异数矣……主人以诗文流传湖海四十年，一旦致身清美，入侍禁近，赋命诚非薄矣。卒龃龉于时，人方齿冷，宜其焚弃笔砚勿复为。顾仍为之不已，则笑之者亦不已也。”此集中诗不外应制、唱和、题画、送别之作，有不少未收入《曝书亭集》。竹垞少年为抗清义士，晚岁为清廷贵官，弃早岁激昂慷慨之作，辑后来无聊篇什，题集名为“腾笑”，不能掩其自责忏悔之情，此序可以视为同时侪辈抑塞心情的自状，是有划时代的意义的。

这一时期出现了不少精刻本书，也就是通称软体字的精刻本。有名的有林佶写刻三种，顾嗣立的《书馆闲吟》十卷也是林佶写刻的。惠周惕的《研溪先生诗集》和《诗说》是“小门生长洲王薛（歧）［岐］谨录”付刻的。秀媚无俦，不愧为雕版艺术精品。康熙中杨希洛刻王皜手书付刊的白朴《天籁集》二卷附摭遗，也是典型的精写刻本。字体秀挺，雕工精妙，朱竹垞序及孙大雅等题词均手书上板，精妙非常。

康熙雍正乾隆三朝内府也刻了大量的精本书，如《康熙字典》《雍正朱批谕旨》等。铜活字本有陈梦雷《古今图书集成》一万零四十卷，武英殿聚珍版（木活字）丛书一百三十八种。不过流传不广，除《字典》外大都深藏内府，影响甚微。可是到了二十世纪三十年代，情形大变了。鲁迅先生说：“但《东华录》《御批通鉴辑览》《上谕八旗》《雍正朱批谕旨》……等，却好像无人过问，其低廉为别的一切大部书所不及。倘有有心人加以收集，一一勾稽，将其中的关于驾御汉人，批评文化，利用文艺之处，分别排比，辑成一书，我想，我们不但可以看见那策略的博大和恶辣，并且还能够明白我们怎样受异族主子的驯扰，以及遗留至今的奴性的由来的罢。”（《买〈小学大全〉记》）

鲁迅先生告诉我们这些内府刻书的价值所在和使用的方法，不久以前好像也有人对雍正谕旨作过研究，可惜的是这些宝贝在近年几场浩劫中多已化为造纸原料或灰烬了。

四

乾隆一朝，中国的读书人除了钻进科举考试的圈套以外，又饱受了文字狱的镇吓，无可奈何又寻到了另一个逋逃薮，躲入“学问坛”里去避祸，这就是考据学兴起的诱因。雕版业也因之大为兴旺，涌现了不少有名的刻本，颇有百花齐放的态势。

开风气之先的还不能不属康熙中徐乾学为纳兰容若刻《通志堂经解》一百三十九种，恭楷写刻，巨帙精雕，衍为一时写刻风气。稍后，乾学又为纳兰刻《通志堂集》，写手刊工全同，为一时名书。乾学自己的《憺园文集》，也属此种风格。明珠、乾学势败，《经解》被弘历攫为己有，改题《御制补刊通志堂经解》。乾学集初刻成即死去，丧中赠人数十部，有人加以指摘，家人遂不肯再出以问世，所以流传不广。这是清初刊书与政局变化相关的一例。

康熙四十四年，曹寅在扬州建立“诗局”，网罗名士编刻《全唐诗》，煌煌巨帙，通体写刻极精，给同时雕版以甚深影响。曹寅更刻《楝亭五种》《楝亭十二种》，同为“诗局本”的代表作品，始开辑刻古逸名著风气，这是曹寅留给后代影响深远的文化建设遗迹。

康熙末嘉定陆廷灿刻书不少，除《王常宗集》为写刻精雕外，尚有《艺菊志》《续茶经》《南村随笔》《孤山志》等，都是宋体字刻，校刊甚精。《续茶经》中茶具图，都从明刻茶书中翻雕，《艺菊志》前更冠以御制一叶，朱印，亦是别格。

雍乾中鲍鉁也刻书不少。鲍鉁是长兴令，与金农、姚世钰等友善，也是一位旗下人而能广交一时名士的人物。虽官位不高，风气不广，不能与曹寅比，但两人的作风有相似处。所刻《汪氏说铃》写本精刻，与旧本丝毫不爽。所刻宋体字书，凝重大雅，如《茶山老人遗集》《孔堂初集》《雪泥鸿爪录》等，都有俊逸亭、前度轩刊书牌记，自刻诗文杂著也都精好可观。

嘉善曹廷栋著书颇多，自刻传世。他的书多用宋体字，书法厚重，与一般乾隆刻不同。《逸语》可为代表，用桃花纸精印，绝可爱玩。他还有《昏礼通考》《老老恒言》《产鹤亭诗》诸种，诗稿陆续刻成，直至九稿。中有《魏塘纪盛》一种，是咏嘉善一地民俗风物的竹枝词。

金农自刻诗文集，用仿宋体，倩名工抚刻，用宋纸模印。《冬心先生画竹题记》，款属“金陵汤凤仿宋本字画录写”，在同时仿宋刻本中实为白眉。又有《冬心先生续集自叙》一种，为丁敬手书上板，精绝。诸集流行绝罕，徐康《前尘梦影录》曾记其事。曾见徐乃昌旧藏冬心集五六种，皆用旧纸开花纸印，有冬心自钤名印，真惊心骇目之书。后归郑西谛，今在北京图书馆。雍乾之际，扬州民物丰阜，盐商巨贾多好风雅，冬心生活在如此环境中，卖画为生，同时也做文玩交易，他善制各式灯彩，又喜旧砚，有《砚铭》一卷，看来也是他经营文玩之一端。难怪自刻小集，也肆意求精，终以雕版印刷的极高成就留存于艺术史中，绝非偶然。

一时名人自写付刻诗文集也成为风气，汪士慎的《巢林集》就是自书上板的，也是精致的作品。朴学家江声用小篆字写自著《尚书集注音疏》，刊成于乾隆五十八年。郑燮自写《板桥诗集》刊板，也是一时名作。黄子云自写刻《长吟阁诗集》《野鸿诗的》，则杂以行楷，较端整的软体字刻更多别趣。同样以行书上板的还有陆钟辉的《放鸭亭小稿》。陆是乾隆中扬州有名的盐商，喜风雅，所刻《笠泽丛书》《南宋诗选》都极精工，他刻自己的诗文集却用行书体，则是以别格自见也。乾隆中平湖沈彩《春雨楼集》也是作者手书上板的。以簪花小楷书成，精刻以行。她还喜欢在卷尾自缀小跋，风神绝世。曾于郑西谛处见此集的桃花纸初印本，钤有“青要山人”小印，真是书林妙品。

乾隆刻查为仁《蔗塘未定稿》系杭州词人陈皋手书上板，楷法精熟，姿媚横生，刊工亦佳，桃花纸精印，为书林妙品。我曾见皋自写词集原稿，与查集一般无二，始悟此书写样亦出其手。查集凡七种，外集五种，全书不易得，藏书家得其零种亦珍重收藏。

乾隆戊寅静致斋刻《橘巢小稿》，是长洲王世琛的诗文集，通体由孙男邦誉膳写成付刻。恭整端丽，为苏州刊书精本上选。用罗纹纸模印，更增雅趣。世琛是清代苏州状元之一人，是以叶昌炽重视此书，加以著录，不愧为中吴文献精品。

嘉庆苏州石契斋用颜体正书刻书，精妙非常。所刻有徐坚的《茧园烟墨著录》和《许氏巾箱集》，都有沈钦韩叙录。

余集手书上板的《续夷坚志》，由大梁书院刊行，也是著名的书。道咸中吴熙载喜为友人写样，早年所写有孔继鑅的《心向往斋诗集》，精丽飘逸，不异佳帖。晚年所书少率易，也多有姿媚，如《栖云山馆词》等皆是。

五

乾嘉以还，朴学之风大盛，考据家辈出，在雕版业中别起翻雕宋元旧本之时尚。其中代表人物有黄丕烈、顾广圻、鲍廷博诸人。鲍以文刻《知不足斋丛书》，用宋体字巾箱小册，所收皆精校重刻不经见的秘册。鲍氏早年还刻过大本精雕的《湖山类稿》《水云集》《九灵山房集》等，则多不为人注意。以文据旧本重刊宋遗民汪水云诗，旧本残失处仍留空白叶，不失原书面目，可见其刊书态度忠实。

黄丕烈所刻《士礼居丛书》，都据古刻旧本，敬谨翻雕，是一时名重的书。他刻书多得顾千里之助，精校以行。千里后更为孙星衍、张敦仁、胡克家、秦恩复、吴鼒、汪士钟等校刻古籍，所据多为宋元旧本，精摹覆刻，别附校记，形成清代整理古籍的显著特色。

黄丕烈除自刻“丛书”外，还代友人刻书。他为戴光曾刻万年少《墨表》，精写付刻，是墨史中名著。又代云间沈氏刻《四妇人集》，都据宋明本旧钞翻雕。刻本之精，一时无两；更用桃花纸抚印，纸墨晶莹，夺人目睛。丕烈自藏宋本《梅花喜神谱》，曾借袁寿阶摹写一本，后由云间沈氏啸园覆刻，于嘉庆辛未刻成，亦荛圃代为经营，是为此谱《古逸丛书》影印之前惟一覆本，有“侨吴七十老人魏塘夏天培镌”题记，用桃花纸精印，亦雕版中精品。后又刻《静好楼双兰记》，传本更稀。

乾嘉以还，在金陵、苏州、杭州出现了不少著名的刻工，如金陵的顾晴崖（曾刻《餐花吟馆词钞》），穆大展；苏州的许翰屏，曾写刻李佩金《生香馆诗词》，有牌记云“长洲许翰屏仿宋书，周宜和董刊”，也是十分精美的本子。江宁刘文奎，曾刻汪中的《述学》。杭州爱日轩陆贞一，刻书甚多，大半精好，如丁敬的《砚林诗集》《绝妙好词笺》、魏谦升《翠浮阁词》等，兼用宋体字与写刻，各极其妙。过去一般通称写刻本为精刻本，以别于宋体字书。其实后者亦多精刻佳本，不让写刻。浙江一隅，从朱彝尊等的《浙西六家词》，至厉鹗的《秋林琴雅》（康熙六十一年无尽意斋刻），都是极工整而秀雅的刊本。到乾隆中，赵一清的小山堂刻《水经注释》、厉鹗的樊榭山房刻《宋诗纪事》，都是煌煌巨制，而通体清整，自然大雅，代表了浙刻传统风貌。实在也不能不称之为精刻善本。扬州有砖街青莲巷内的柏华陞，也是有名的刻字铺，曾刻陈逢衡的《山海经汇说》，字体瘦劲，别有淮上气息，为苏北刊书后劲。张子野的《安陆集》，可为精刊代表。

乾嘉以还，名作叠出，传世稀见者有沈彤的《果堂集》和《周官禄田考》附《释骨》，王鸣盛的《西庄始存稿》，王宗炎的《晚闻居士集》，张鉴的《冬青馆集》道光原刻，赵一清的《东潜文稿》小山堂刻，沈钦韩的《幼学堂集》，法式善的《存素堂集》初、二刻，沈大成的《学福斋集》等，都为藏书者珍重，是清代雕版极盛时的代表作。

六

道光季年，雕版业已呈衰颓之势，到太平天国起事，更遭到邻近毁灭的厄运。江苏、浙江、安徽一带所受兵燹最重，出版中心不复存在，书籍文物荡然无存，实在是一场文化浩劫。其幸而留遗的也几经流离转徙，清末著名的藏书大家有的就是收拾劫后余烬而得名的，如海源阁。古书如此，新刻尤甚。因此道光咸丰两朝的刊书流行最少，其罕遇难求较乾嘉尤有过之。试举一例，瞿中溶的《奕载堂文集》，是道光辛卯开雕的，卷首大题卷一，但无卷二以下诸卷，版心只题“文集”二字，叶数亦墨钉，当是刻而未成之书。中溶为钱竹汀女夫，学问湛深。卷中有《刘河记》一篇，附精图，考定吴淞水系甚详悉。是非无用之书，而遭难版毁，流传稀若星凤，为道咸刊书罕见者。

道光中更有乌程范锴，刊书多用奇字，别具一格。范君著作繁富，旅居汉口，其著书多由汉口梅氏付雕。所著多有关史实，“杂笔”中收有《河东君传》，为顾云美撰。此传今存四本，陈寅恪独取范锴本，以为最胜，可知范著真价。范锴在所著《浔溪纪事诗》（道光乙未刊）后序中记：“汉口剞劂氏梅玉溪善碑刻，其尊甫春华老人与余相交有素……乙未春玉溪来言，近有写样者，颇识偏傍，不致写俗体字。余因以稿本付之……八阅月始返，而诗刻已竣，似篆非篆，无可更易……姑存成事，阅者幸勿讶其怪诞。”是范氏亦自知刻书失误，然其后所刻诸书，一仍旧贯，是更深喜之矣。范锴著书尚有《苕溪渔隐诗稿》四卷、《感逝吟》一卷、《花笑庼杂笔》六卷（道光廿四年，锴年八十）、《汉口丛谈》六卷（道光二年）、《幽华诗略》四卷（道光廿一年）、《蜀产吟》（道光十六年）、《苕溪渔隐词》二卷（道光十四年）等诸种，传本均稀。

道咸间又出现了一位刻书名手——海宁许梿。刊刻之精、校订之谨，以及纸墨装池，在在都极用心。在黄、顾之后，太平天国兵燹之余，为晚清继起的一刻书大家。他的著名刻书《六朝文絜》，是自己手写上板的，有墨印与套朱两种印本，后者于卷中圈掷及书眉评语，都套印朱色，精整已极。初印本用开花纸印，更是精彩纷呈，悦目赏心，实在是雕版艺术精品。此书后有翻雕本，但精彩远逊，更无论广东套印李商隐诗之类，婢学夫人，更是自郐以下了。许梿所刻尚有元李文仲《字鉴》（道光五年）、《笠泽丛书》（嘉庆己卯）、《古均阁宝刻录》（咸丰八年）等。他还刻过政书如《刑部比照加减成案》三十二卷又续编三十二卷，道光中刻巾箱小册。虽是卷帙繁多，但刻来一丝毫不苟，和咸丰中刻的《洗冤录详义》都精整可观，原书封面也一并刻成，详著门类，以便读者，可见刻书家的用心。此外还刻有《赵书天冠山诗帖》，则是与朱钧合作的。双钩原迹，也是极精之作。《钞币论》，也是他自撰但用许楣名刊布的。咸丰八年更刻有《古均阁宝刻录》，是他手摹宋拓《夏承碑》并加释文之书，显示了他金石家的本色。许梿为师友所刊遗集尚有许谨身的《师竹轩词钞》和蒋夔的《青茎诗集》，都刊于兵火仓皇之际，但也一丝不苟，精整可观。

七

晚清是学术中衰的时期，少有大师级的人物出现，但乾嘉以来丛书刊刻的风气却更发扬光大。《别下斋丛书》《涉闻梓旧》等开其端，缪荃孙继其后，他为盛宣怀刻《常州先哲遗书》，为刘世珩刻《聚学轩丛书》，为张钧衡刻《适园丛书》，都是大部头校刻精善的。他自己也刻了《云自在龛丛书》《烟画东堂小品》等，效法蒋光煦的遗风，收罗流传有自的钞校稿本，保存文献，起了很好的作用。罗振玉又刻《玉简斋丛书》等，方法并同，且试用珂罗版影印秘册，尤有特色。王鹏运刻《四印斋所刻词》，继汲古遗风，广搜善本，精校刊行，是词学一大结集。此种风气到民国初仍未消歇，吴伯宛刻《双照楼所刻词》，更选用宋元旧本，抚刻以行，较王半塘更进一境；后由陶湘续刻卒成，用佳纸精印，为一时名作。晚清雕版业得此诸种以殿之，也可以说是一种光荣的结末。

二〇〇二年七月十六日

附：齐鲁书社初版被替换各篇

康　熙

蕭客 戊申至辛亥

閩漳浦林炎二火著

暮春餞徐大對三宅

百年一面識孤立兩人同坐我靜聽下暮門昏水中蓮堤草碧花叢樹雲紅老愧徐陵友依依與不窮

因題淵曰

新豔非常

淮陰

惆悵蕭船叢還謀假王身勳業歸亭長恩仇

冷鸥堂集

康熙刻本。卷首大题“莼客（戊申至辛亥）”是康熙七年至十年三年诗也。炎尚有《莼阁诗藏》亦康熙刻。又见其《癸酉岁日记》钞本一册，题“六十二叟漳浦赵炎莼客随笔”，每卷前有半林卢元昌评点，可知其人时代。此书前有康熙庚戌傅为霖序。又吴梅村等评语。此本亦康熙刊习见体势。

龍亭樂府卷之一

當湖陸樹林士鞚 一字鄭蕃

西湖 黃鑌官

佳麗錢塘冠中宗裁不就漢𡫪叙𠑽鋪齊特是西湖俊色詭譽能謂當尤物數才顛畫圖掄爭服猜膜嗜討幢醉花陰

右駕天目負崇墉蟠峙三間遶徐奔濤融冠規判章星漱瑩遇暴孤淺古百泉𤁓灑千頃游垂喜是𧩿

鹊亭乐府

康熙刻本。澹归今释序，康熙辛亥蔡启僔序，朱彝尊叙，康熙丙寅陆肯堂序。

榕莊文集

蕭山張遠邇可著

易經本義發明序

未畫之先易存乎天既畫之後易存乎人存乎天者理也存乎人者理而兼數也言數不言理其體不立言理不言數其用不行漢儒專言理而不及於數晉人好清言而理與數兼亡宋興諸儒輩出伊川程子倡明經學亦止言理而遺數不有朱子易何以明闡審取其本義而識之有天道焉有人道焉天道者易之本然也人道者易之當然也如乾之一卦元亨利

卷[illegible]　易經發明序

梅庄文集

康熙刻本。卷前有己卯张希良大字草书序，己卯方象瑛序，毛际可序，张远有《杜诗会粹》，刻板较此为精，皆浙东风貌也。

北山詩鈔卷一 乙亥至丁丑

濠梁 徐麟吉 日馭著

山陽 張鴻烈 毅文

吳江 潘耒 次耕 選

浙西 魏坤 禹平

錢塘 沈用濟 方舟 訂

五言古

漂母祠

城下哀王孫進食亦偶爾母即吝一飧王孫豈餓死
感其咨嗟心不與咤叱比千金何足酬藉以報知己

北山诗钞

康熙刻本，十二卷。卷前有浙西魏坤序，辛卯沈用济序，庚寅张鸿烈序，潘耒序，许志进序。次杜茶村、王阮亭、阎百诗等“论诗十一则”。此本与《蓉槎蠡说》刊刻颇类，自是一时风气。

南遷集

聚肖周鉞鐵門

癸巳八月捧賓川之檄出都次用張匠門檢討贈行詩韻

未斷三刀夢重教典一州昆彌程太遠燕市別添愁眼望盧溝月魂驚洱海秋歌聲分竹肉贈語比琳球鄉曲情偏昵承明學最優漫言詩可將贐有酒能侯德業君何等文章本後流祇期充菽水誰計得甘柔吏道應聽策輿人枉誦謳浮生嗟泛泛行路悵悠悠往矣驪難足歸與待鶴頭白雲親舍在樽俎且淹留

附原韻

铁门诗钞

康熙刻本。前有康熙六十一年岁次壬寅秋九月宗圣裔榆宾受业曾宗传拜手序。凡六集：《南迁集》《箐园集》《敦牂阁集》《鸡足集》《铁船集》《铁船二集》。此云南刻本，纸用棉料，皆滇中风气。开板与中原所刻微异，但仍同一时代产物也。旧为汪启淑藏书。

太蒙山人集卷一

婁東吳偉業梅村鑒　同學蕭子春閱

古歙項　琳人玉著　男習輞枝訂

五言古

征婦怨

龍虎相排厄紛紜爭失鹿百金募壯夫健兒篤千聚募

子血氣雄掉臂矜驍逐義聚傳漁樵俠豪漸離筑黃金

將馬頭應募交河北長征不恤家誰容艷膏沐時物屬

太璞山人集

康熙慕贤堂刻本。吴伟业序，洪之坊序，顺治庚子自序，徐秉义撰“太璞山人传”。

南崖集卷第一

常熟陶元淳子師

請免荒糧絶丁

六月日到官延見父老告以大人體國憂民命該地方條列利害皆感激稱謝因言昌化糧多田少差多丁少禍罹種於前朝苦莫甚於今日語次悲酸且求且泣職聞之心動姑用好言慰遣已復從容究其端緒乃知其苦豈有不能一日忍者請爲大人陳之何謂糧多田少昌化原額田四百四十頃有零自明正統以後頻遭水

南崖集

康熙诒清堂刻本。四卷。前有赵执信序。此集实为政书，皆官领南昌化厓儋间时公私文书。卷四为《浮粮考》。刊刻精甚，每叶下有刻工姓名。开板已渐开雍正风气。卷尾有“男贞一、正靖谨校”一行。后附子陶正靖稺衷《晚闻存稿》二卷，刻于乾隆中，虽亦颇精整，但率易多矣。

霞舉堂集卷一

仁和王晫丹麓著

賦

秋雲賦

秋夜不寐偶步中庭有微雲自南來狀如白衣須臾滅沒因嘆人情之薄何異秋雲感而賦之其辭曰

斗柄西指天下皆秋商風始授鶉火初流陰液凝而露降金氣散而河浮步中庭而仰觀感微雲之悠攸爾其觸石而起含陽以運山川方出柱礎旋潤非氣非烟若遠若近行來無力歸去何迅雲師從以變集

霞举堂集

康熙刻本。三十卷。前有洪若皋序，方象瑛序，此为典型康熙刻本体势。尚有康熙十九年文沾堂刻三十五卷本，与此不同。

雍　正

攄懷藁

震澤席　玕貢珍著

松巒晚眺

乘興閒從曲徑穿來看疊畫景無邊菰蒲渚淺涵斜照楓柏林疎出暮煙古寺鴿依斋罷磬野溪鷗引釣歸船一灣新月湖南角又到遊山拄杖前

春日同徐東皋陸上游金天士遊支硎山

攀躋直上碧峰頭四面煙霞一望收如畫好山

摅怀稿

雍正刻。卷前有雍正丁未杜诏序。写刻精妙，少近方体。洞庭席氏世有藏书，尝刻唐人小集，与此风格颇近。

乾　隆

南垞詩稿卷一

武功馬位　思山

閶闔篇

九重宮闕飄和風碧瓦照日光玲瓏苑花禁柳弄春色曉鐘聲動千門通昭容擁扇上階立至尊端拱爐烟中萬方朝賀四海樂聖德自與唐虞同小臣拜蹈獻二典陛下世世垂豐功

鳳臺曲

鳳凰臺高高入雲仙樂縹緲鈞天聞夜靜嬴娥

南垞诗稿

乾隆刻本。六卷。前有乾隆五年杭世骏序，乾隆庚申苏臣序，乾隆辛酉张照序，谢芳连序，后有乾隆六年邵廷建跋。版心下有“疏雨书堂”四字。思山尚有《秋窗随笔》，亦疏雨书堂刻。此本椠刻极精，版式宽展，气息雅静。较通常写刻远胜。

伊園詩存

高沙夏廷棻祁階著

擬騷九歌

求羲軒

馭赤虬兮八極乘白螭兮九州披珠衣兮帶劍佩琳瑯兮鳴璆求羲軒兮委贄叅夔龍兮遨遊世文明兮聖哲尚何人兮蓬卯握瓊琚兮遠道將授佩兮有由懷玉質兮抱璞身將進兮更猶聊相羊兮延佇長矯首兮前修

余洵美

伊园诗存

乾隆刻本。前有乾隆癸酉王安国序，乾隆庚午弟之蓉序。末有男元春识误。刻版精好，焦理堂藏书。

出塞日紀

八月二十日從京城起行出德勝門宿未行時京師戚友阻予行不聽至有叱予為呆人者

二十一日早行至沙河鞏華城外午食經昌平南門由西門出城古槐夾路石道平敞山光嵐影遥映於酒旗茶旆間楚楚可人行十餘里車夫為指天壽山下十三陵起立車上西望之但見黃屋數處滅沒隱顯于高峰之下沙溝衰草老柳殘暉景色蒼涼三十里至居庸南口城歇將近口便已行礐确間車箱欹側軒輊不寧矣南口兩山對峙距口

出塞日纪

乾隆刻本。大题《出塞橐中集》，前有雷铉序，吴直序，方南堂札，乾隆甲戌程扬宗序，乾隆壬申宗澜序，“乾隆辛酉仲夏杭霭山客夏之璜识于鄂尔坤河之穹庐”之自序。潘果跋。此夏湘人随德州卢见曾发军台效力记行之作。较雅雨《出塞集》尤稀见。写刻亦自精雅。

蕉餘集卷一

嘉興金陳登禾籍

寓懷八首

陶公高隱士尙有乞食時長貧分則爾志士無苦辭外雖無苦辭中心亦難持我有親父母未竭烏烏私

飢寒割深愛不顧平生恩東西路傾側保無離散魂信去道安樂書來報生存一年餘一篋憂

蔗余集

乾隆留余堂刻本。前有乾隆乙亥门人钱载序。大字精雕，浙中开版之精善者。

牡丹詩

丁文衡著

同龔洢城戴氏觀牡丹

戴府丞宅舊爲沈襟江侍御且適園余覩其亭榭池樹觸焉不但爲牡丹一寫翠色侍御孫蘧夫先生一若見其妙繪也

春時亭榭好當日此應芳碧柳腰皆細幽人口更香自天衣欲染入夜月如霜石畔紫雲起明

牡丹诗

乾隆刻本，前有乾隆元年甥汪惟宪撰《丁茜园先生传》，次周初序。文衡字公铨，雍正癸卯卒，年七十一。所撰《湖上词》二卷，已刻。《说狐》，刻入《说铃》。余文集等俱付老友吴石仓，日记三十卷藏之丁敬家。此亦杭州雕板精品。

半舫齋古文卷一

高沙夏之蓉醴谷氏著
秣陵戴祖啟敬咸批點

東巡頌

皇帝御極十有三年。大孝備舉。文德覃敷。念古者聖帝明王。厥有巡狩之典。遹沛德音。下明詔。將觀於泰山。肇舉殷禮。既而萃於孔林。惟是朝夕定省。或恐有闕。遂覲奉皇太后車駕以行。一時議禮之臣。遂而請曰。巡者循也。民可循則循之。狩者守也。爲我守土則從而循順之。然

半舫斋古文

乾隆刻本。前有方苞、陈兆仑、朱仕琇序，凡八卷。总目后有乾隆辛卯秣陵门弟子戴祖启识语。卷尾有“男晓春孙味堂仝校订”一行。

讀史提要錄卷一

高沙夏之蓉醴谷氏編

西漢

得天下以得民心爲本得民心以寬大爲本高祖初入關懷王以爲長者酈生以爲長者王陵之母以爲長者皆寬大之謂也即其不斬子嬰自謂懷王遣我以能寬容故約法三章除秦苛法父老爭持牛酒勞師得天下之本實在於是若項羽在新安城南坑降卒二十萬至咸陽焚燒宮室火三月不滅虐焰如此安得不失天下之望此乃劉項興亡大關鍵也

读史提要录

乾隆壬辰刻本。前有乾隆壬辰陶易序，又自序，凡十二卷。卷尾有一行云“广陵汤鸣岐镌”。两书皆夏之蓉作，刊刻亦同时。精写精雕，为广陵刻本代表作。

目錄終

詩詞通韻卷一

樸隱子編次

平聲上

一東

翁音 古詩詞二冬通用

合口呼 ㊀宮 翁 烏公切 ㊂ 烘 呼公切 ㊂ 洪 胡公切 谼 鴻

紅 葒 虹 訌 ㊀角 公 孤翁切 工 攻 功 玒 釭

玔 弓 躬 宮 ㊁ 空 枯翁切 悾 崆 ㊀徵 東 都籠切

涷 蝀 ㊁ 通 他東切 恫 侗 ㊂ 同 徒東切 峒 侗

诗词通韵

乾隆刻本。五卷。前有例说，后附《反切定谱》一卷，有自序。上下线口，椠刻精雅，为乾隆刻佳本。

嘉 庆

柳南偶鈔 羅英帙

古岡莫雲漢懋霽録

隨鍹 字暖兹

送春

送春春復至春亦何當惜所惜來春人不如舊顔色

黃居石 字圮仙

鄂城留别吴毅吾明府

柳南偶鈔 一 羅英帙

柳南偶钞

嘉庆刻本。前有嘉庆元年自序。此为继顾迂客《冈州遗稿》而作者。后附秀水盛复初选《诵芬阁诗选》云汉祖若父所作；《倬亭诗选》则云汉自作。有谢廷龙跋。刊刻精整，为岭南佳刻。

金鼓洞志卷一

仁和朱文藻朗齋纂輯
住山張復純健修募刊

仙蹟

道院有仙蹟二一曰呂祖畫像一曰飛來野鶴題字其所繇來並詳卷中道院自有此二蹟鶴林之名始盛著於時護法雲集迥異翔典之日矣二蹟石本皆依眞蹟敬摹縮本冠於簡俾遊俗展覽竦然起敬有以啟其瞻仰之志云

金鼓洞志

嘉庆刻本，八卷。前有嘉庆丁卯潘世恩序。卷首一卷，皆御制诗。刊刻独有乾隆时遗意。光绪中钱塘丁氏曾重刻之，此则原刻也。有吕祖画像及抚刻“飞来野鹤”四字。雕镂甚精。

道　光

秋槎雜記

寶應劉履恂著

內篇

世知康成合易彖象於經案魏志高貴鄉公曰今彖象不與經連而注連之何也是注連彖象經不連彖象經注各別非如馬融之注周禮也

魏志管輅傳注引輅別傳曰劉邠問易言剛健篤實輝光日新斯爲同不也輅曰不同之名朝旦爲輝日中爲光徐季龍與輅論龍動則景雲起虎嘯則谷風至以爲火星者龍參星者虎火出則雲應

秋槎杂记

道光元年兴让堂刻本。山阳汪廷珍序。后附《义迹山房诗稿》《行略》。刊刻精谨。卷尾有子宝树跋，行略属“子宝树宝楙宝楠谨述”。

爵位故以興焉興焉者鳲鳩因鵲成巢而居之而有均一之德諭猶國君夫人來嫁居君子之室其德亦然也室者燕寢也之子于歸百兩御之百兩百乘也諸侯之子嫁於諸侯送迎之車皆百乘箋云之子是子也迓迎也是子如鳲鳩之子其往嫁也家人送之良人迎之車皆百乘象有百官之盛維鵲有巢維鳩方之方有之也之子于歸百兩將之將送也維鵲有巢維鳩盈之盈滿也箋云滿者言衆媵姪娣之多也之子于歸百兩成之能成百兩之禮箋云是子有鳲

蜀石经残字

道光六年刻本。前有丙戌醒翁老人“重刊蜀石经残本叙”。道光八年陈宗彝跋。道光乙酉顾千里跋。卷尾有双行行书牌记：“道光六年岁在丙戌正月石经精舍刊行”，并记叶数字数。道光五年独抱居士跋尾后一行云：“江宁顾晴崖家刻”。此亦当时名工。

催科圖

蒋辛田先生遗书

道光刻本。首有蒋侍御像，次志传，次“流民十二图”，奏疏，扉叶题“道光甲午冬日耕砚田斋开雕”。蒋伊字渭公，常熟人。康熙癸丑进士，选庶吉士，改御史。尝集民间疾苦，绘十二图以献。计“难民妻女图”“刑狱图”“寒窗读书图”“春耕夏耘图”“催科图”“鬻儿图”“水灾图”“旱灾图”“观榜图”“废书图”“暴关图”“疲驿图”。清代板画，至中晚渐趋率易，无复前期之工致。其劣者往往徒具线条，不成形象。此十二图实已渐开其端，然多存当时社会实状，人物衣冠，亦社会史之可资参考者。

胡少師總集卷首

宋史本傳

胡舜陟字汝明徽州績溪人登大觀三年進士第歷州縣官爲監察御史奏御史以言爲職故自唐至本朝皆論時事擊官邪與殿中侍御史同崇甯間大臣欲便已遂變祖宗成憲南臺御史始有不言事者今多事之時以開言路爲急乞下本臺增入監察御史言事之文以復祖宗之制以内艱去服闋再爲監察御史奏河北金兵已逼備禦尤不可不講欽宗即位

胡少师总集

道光己亥金紫家祠刻本。宋绩溪胡舜陟著。裔孙培翚编辑。六卷，首一卷，附录一卷。前有道光十三年汪泽序。目录后有道光十九年裔孙培翚识语。刊刻精雅，旧为结一庐朱氏、敦夙好斋叶氏藏书。

餐花吟館詞鈔卷第一

上元　嚴駿生　小秋

減字木蘭花

半簾微雨桐葉蕭蕭如細語儂已多愁偏又聲聲總是秋　一鐙如豆夢漸糢糊人漸瘦添與淒涼照上屏山影不雙

喝火令

空幻三生夢難禁五夜鐘去年今日恰相逢誰遣水流花謝過眼忒悤悤　醉潤歌脣酒香招舞袖風輕雲滿地月溶溶笑指迴廊笑指碧闌東笑指枇杷花裏鐙影小窗紅

餐花吟馆词钞

嘉庆道光间递刻本。六卷，前有序及题词一卷，嘉道以还自吴锡麒、唐仲冕、吴鼒、梅曾亮、顾广圻以下皆有赠言。后嘉庆十一年自序，道光四年蔡宗茂跋。前四卷刻于嘉庆己卯，后二卷续刻于道光四年。卷尾一行云“金陵顾晴崖家镌”。亦著名刻手，与杭州陆贞一为一时瑜亮。

咸　丰

聽雲樓館西游感懷吟草

陽湖　湯成彥　秋史

壬子仲冬薄游燕豫訪一二舊交職盡度伊洛始
假命駕入秦嶽莫饑驅不勝嶺寥蕭瑟之感攄
今追昔卽事書懷不求隔辭之工唯以編年爲
體謝靈運述德之作庾蘭成思舊之銘均取則
焉旅次少暇走筆錄之縱言竭論不自知其瑣
雜也得詩百首

紅杏橋邊路歸然甲第坊吾廬嗟茂草人事感滄桑已
籍泉明經會稽陸賈裴從曾王父藕岡先生乾隆壬戌以第三人及第與先曾王父丞
翰府君居恩賜則先生故宅宅有紅杏橋後以盈歲賣爲先生官吳籍沒祗餘新燕子巷口

听云仙馆西游感怀吟草

咸丰三年刻本。前有黄爵滋序。后有朱鸿训跋。附词一卷，非同时刻也。此集前扉叶题“咸丰三年刊于锦城浣花草堂”。是蜀刻也。

雪煩山房詩集卷一

吳縣 徐傳 夢白

新鶯草

傳年十八未知詩偶於春日散步林園得新鶯初囀小桃紅句從兄雪亭見之教傳作詩爰與諸同人結吳中吟課越二歲得詩百首名曰新鶯草誌始基且明不咸聲也

擬謝臨川遊山

裹糧尋異景拂衣杖輕策深林含細響遥峯凝秀色透

雪烦山房集

咸丰三年木活字本。前有咸丰三年宋翔凤序。次郑锟、顾承（乾隆五十七年）、陈鹤旧序。次顾承撰《梦莲居士传》。次钱大昕、张思孝、竹堂、吴翌凤题词。集凡十卷。卷末有男立方识。又“校讹”一叶。其卷五为《滇游草》，作于嘉庆六年至九年，颇记滇南风物土俗。

淮海秋笳集

晚翠軒詞　儀徵張安保石樵

浪淘沙

題尤氏城西草堂

編槿作籬笆，滿地黃花，半村半郭野人家。幾本甘蕉高過屋，綠映窗紗。　流水半灣斜，繞徑桑麻，此間堪種邵平瓜。坐久渾忘歸路遠，深樹啼鴉。

前調

烟水太迷茫，雨驟風狂，十年飄泊在他鄉。遙指扁舟歸去路，蘆荻淒涼。　幾樹瘦垂楊，漸換輕黃，西風瑟瑟做

淮海秋笳集

咸丰庚申迟云山馆刻本。前有甘泉李肇增序，次目录。刊刻精雅，与康熙刻《浙西六家词》颇肖，然书手风格已显著不同。

同　治

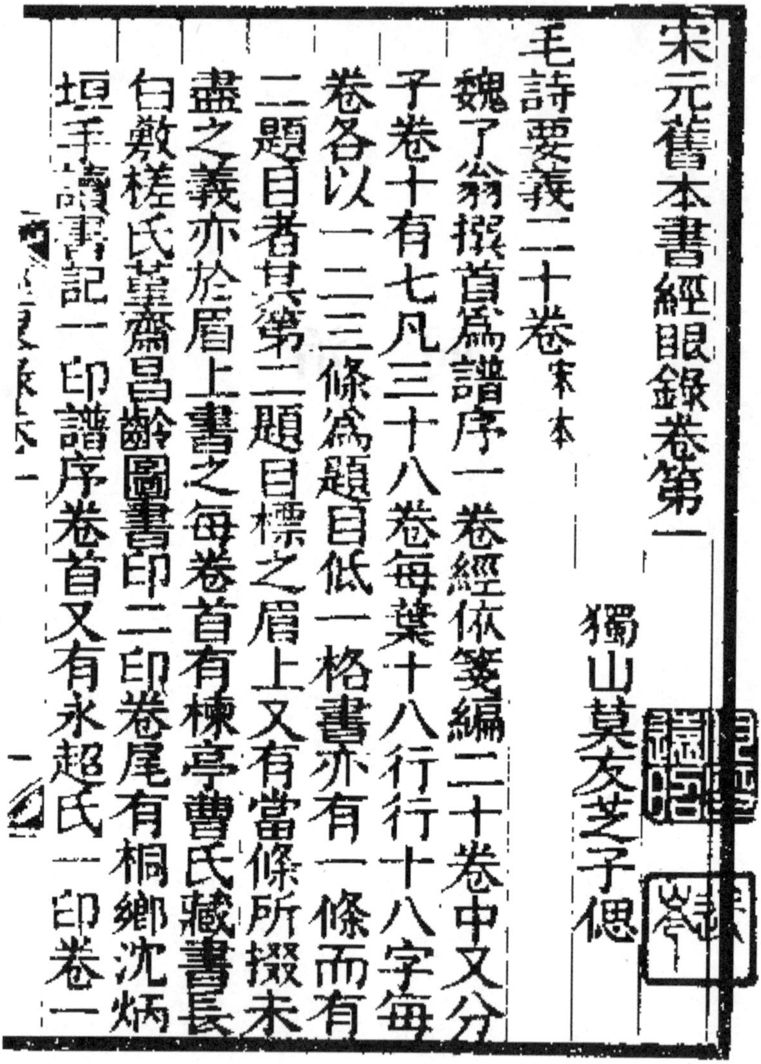

宋元舊本書經眼錄卷第一

獨山莫友芝子偲

毛詩要義二十卷宋本

魏了翁撰首爲譜序一卷經依箋編二十卷中又分子卷十有七凡三十八卷每葉十八行行十八字每卷各以一二三條爲題目低一格書亦有一條而有二題目者其第二題目標之眉上又有當條所摭未盡之義亦於眉上書之每卷首有楝亭曹氏藏書長白敷槎氏堇齋昌齡圖書印二印卷尾有桐鄉沈炳垣手讀書記一印譜序卷首又有永超氏一印卷一

宋元旧本书经眼录

同治刻。三卷。附录书衣及碑帖题语二卷。目录后有同治癸酉第二男绳孙识语。略云："右宋金元明椠本及旧钞本稿本书凡百三十种，悉同治乙丑迄己巳数岁中先君客游所见者。……今年春姑夫黎莼斋先生自吴门来金陵，谓足备目录家之一，亟欲寿梓。"是黎庶昌刻于金陵之本。雕椠精好，与友芝诗刻本写手如一。每叶中缝记字数。卷末有"孙小农校字"一行。

光　绪

夏小正天象攷

唐書大衍日度議曰夏小正雖頗疏簡失傳乃羲和遺跡何承天循大戴之說復用夏時更以正月甲子夜半合朔雨水爲上元進乖夏紀退非周正故近代推月令小正者皆不與古合開元術推夏時立春日在營室之末昏東井二度中古法以參右肩爲距方當南正故小正曰正月初昏斗柄縣在下魁枕參首所以著參中也季春在昴十一度半去參距星十八度故曰三月參則伏立夏日在井四度昏角中南門右星入角距西五度其左星入角距東六度故曰四月初昏南門正昴則見五月節日在輿鬼一度半參在日道最遠以渾儀度之參體始見其肩股猶在噣中房星正中故曰五月參

食旧德斋杂著

光绪壬午刻本。后有光绪八年王家凤跋。卷尾有“江夏王树之、钱桂笙同校”一行。此宝应刘岳云撰。刊于湖北志局，卷叶数尚是墨钉。又有四川尊经书院重刊本，此则原刻也。封面旧人题字一行云“光绪丙戌初冬佛卿所饷”。

碧聲唫館談塵卷一

仁和許善長季仁甫集

寶譜

癸亥春三月奉
命錄寶譜善長與楊子恂前輩仲愈共襄厥事得以仰瞻
國寶共二十五方曰大清受命之寶以章皇序曰皇帝奉
天之寶以章奉若曰大清嗣天子寶以章繼繩曰皇帝之
寶以布詔赦曰皇帝之寶以肅法駕曰天子之寶以祀百
神曰皇帝尊親之寶以薦徽號曰皇帝親親之寶以展宗

碧声吟馆谈麈

光绪戊寅碧声吟馆刻本。四卷，前有自题词，后附《砚辨》一卷，有自序。

宣　统

炳燭里談卷上

江寧陳作霖伯雨

碑亭

自來建碑者必有亭以覆之　國初豫親王下江南兵不血刃民感其惠立碑以頌德今城北之碑亭巷是也而水西門外又有王家碑亭則三藩之亂簡親王率旗兵駐守江寧毫髮無犯於民閒無所騷擾遂即其屯營處立此碑今皆傾圮無存過其地者應念　祖宗恩澤之厚而無忘締構之艱云

炳烛里谈

宣统辛亥刻本。前可园老人自序。三卷。小字，刻不甚精。卷尾有“孙祖同校字”五字。

图书在版编目（CIP）数据

清代版刻一隅：汇编本/黄裳著. -- 济南：山东人民出版社，2020.1
（黄裳集. 古籍研究卷. Ⅲ）
ISBN 978-7-209-12055-5

Ⅰ. ①清… Ⅱ. ①黄… Ⅲ. ①清刻本－研究
Ⅳ. ①G256.22

中国版本图书馆 CIP 数据核字(2019)第 106105 号

清代版刻一隅：汇编本
QINGDAI BANKE YIYÜ：HUIBIAN BEN
黄 裳 著

主管单位 山东出版传媒股份有限公司
出版发行 山东人民出版社
出 版 人 胡长青
社　　址 济南市英雄山路 165 号
邮　　编 250002
电　　话 总编室（0531）82098914
　　　　 市场部（0531）82098027
网　　址 http://www.sd-book.com.cn
印　　装 北京图文天地制版印刷有限公司
经　　销 新华书店

规　　格 16 开（160mm×230mm）
印　　张 35.5
字　　数 360 千字
版　　次 2020 年 1 月第 1 版
印　　次 2020 年 1 月第 1 次
ISBN 978-7-209-12055-5
定　　价 90.00 元